KB155984

소설의 기교
The Art of Fiction

소설의 기교
The Art of Fiction

데이비드 로지 지음
김경수 · 권 은 옮김

역락

1990년부터 1991년까지 약 1년에 걸쳐 시인 제임스 펜톤은 『인디펜던트 온 선데이』지의 북섹션에 매주 <아르스 포에티카Ars Poetica>라는 제목의 칼럼을 연재했다. 이 제목은 로마의 시인 호라티우스의 유명한 <시론>에서 따온 것이었다. 펜톤은 매주 짧은 시 한 편 또는 시의 일부분을 발췌한 후, 그 작품과 시 일반에 빛을 던져주는 논평을 실었다. 그 신문사의 문학담당 편집자인 블레이크 모리슨이 1991년 초에 내게 전화를 걸어 제임스 펜톤이 연재를 마칠 때쯤 소설에 관해서 비슷한 형식의 글을 쓸 의향이 있는지 물어왔다.

나는 보통 저널리즘과 관련된 제안을 받아들이는 데에는 시간이 필요하고, 대부분의 경우에는 거절을 하곤 한다. 그러나 그 경우에는 블레이크가 말을 채 끝마치기도 전에 이미 승낙해야겠다고 생각했다. 근 30년간, 그러니까 1960년부터 1987년까지, 나는 소설가이면서 동시에 학자로서 버밍엄대학에서 영문학을 가르쳐왔다. 그 기간 동안 나는 소설 작품과 소설 장르 일반에 관한 문학 비평 저서들을 여러 권 출간했고, <소설의 형식>이라는 과목을 가르쳐왔다. 1987년 재직하던 대학에서 일찍 퇴임한 후로는, 나는 순수하게 학술적인 것을 원하는 독자들을 위한 비평적 글쓰기를 그다지 계속하고 싶지 않았다. 그렇지만 나는 내게 여전히 소설의 기법들과 소설의 역사에 관해서 이야기할 것들이 남아 있다고 생각해 왔다. 그런 글들은 보다 일반적인 독자들이 더 흥미를 갖게 될지도 모르고, 그런 점에서 주간 신문의 칼럼난은 가장 이상적일 것이라 생각했다.

연재할 글의 형식은 텍스트 중심이 아니라 화제(話題) 중심으로 삼아야겠다고 나는 이내 결정했다. 왜냐하면 시 작품들과 달리, 소설은 신문란에 전문을 통째로 인용할 수 없기 때문이다. 매주 나는 고전에서 현대에 이르는 소설들에서 한두 개의 인용문을 짧게 발췌하고 '소설의 기교들'의 특정 양상을 설명하였다. 펜톤의 <아르스 포에티카>를 따른 이 제목은 연재의 제목으로는 불가피한 것이었다. 나는 헨리 제임스의 널리 알려진 동명의 책 제목을 무단 도용하는 것 같아서 마음이 불편했지만 그대로 쓰기로 했다. 제인 오스틴, 조지 엘리엇, 헨리 제임스와 같은 작가는 예외로 하고, 나는 매주 다른 작가들의 작품에서 예문을 선택하였다. 대상 작가들은 영국과 미국의 작가들로 한정했는데, 그 이유는 그들이 전문적인 용어로 말해 '내 분야'였고, 그 이외 지역에서 발표된 소설들을 면밀하게 분석하는 일에는 확신이 적었기 때문이었다. 이 책이 출판되기 이전에 이미 논평한 부분도 있고 일부 수정된 부분도 있다.

나는 '서두'에서 출발하여 '결말'에서 끝을 내려고 의도했었다. 이 양자 사이에, 한 주의 칼럼은 종종 다음 주 칼럼의 화제를 제시하곤 했지만, 소설 이론을 체계적이고 심도 있게 설명하기 위해 연재물을 기획하지는 않았다. 책으로 출판하기 위해 원고를 다듬는 과정에서, 나는 여러 상호 참조 표시를 집어넣었고 색인을 덧붙였다. 그것은 화제들의 다소 무작위적인 구성을 보완하기 위한 것이었다. 한번 스승은 영원한 스승이다. 비록 이 책이 '일반 독자'를 상정하고 있기는 하지만, 그런 독자들에게는 다소 낯설지도 모를 기술적인 용어들을 설명을 곁들여 사용하였다. 왜냐하면 용어의 정확한 설명 없이는 문학 텍스트를 분석할 수 없기 때문이다. 적절한 도구 없이는 자동차 엔진을 분해할 수 없는 것과 마찬가지 이치다. 용어들 중 일부는 '상호텍스트성'과 '메타픽션'과 같이 현대적이고, 일부는 전통적인 수사학의 웅변적 특성인 환유와 제유처럼 고전적인 것으로, 현대의 언어학이 아직 충분히 향상시키지 못한 것들이다. 만약 웨인 부스가 먼저 사용하지만 않았었다면, 이 책의 제목은

<소설의 수사학>이 되었을지도 모른다. 나는 언제나 소설은 본질적으로 수사학적인 예술이라고 생각해 왔다. 다시 말해, 소설가들은 우리가 독서 체험을 하는 과정에서 이 세계의 특정한 관점을 공유하도록 설득한다. 그리고 반 고흐가 <소설 독자>라는 그림에서 잘 보여주고 있듯이, 그런 시도가 성공하면 우리는 허구적 사실에 깊이 빠져들게 된다. 비록 자신의 예술적 의도에 따라 그런 효과를 깨뜨리려고 하는 작가들일지라도 일단 먼저 그런 마법을 걸어야만 한다.

원래의 원고는 칼럼 연재 분량에 맞게 쓰였지만, 대부분 좀 더 긴 분량의 글이 되고 말았다. 블레이크 모리슨과 잰 댈리의 도움으로 적절한 분량으로 조정할 수 있었는데, 여기서 그들에게 감사의 뜻을 전해야겠다. 책으로 묶으면서 나는 그들이 삭제한 부분이나 나 자신이 지웠던 부분을 복원시키기도 했고, 설명이나 주장이 필요한 부분은 새롭게 추가하여 거의 모든 글을 새롭게 다듬었다. 칼럼 한 편은 하나의 장(章)으로 대체되었다. 소설의 기초 사항들을 설명하기 위해, 원래의 신문 연재에 적합하거나 실용적이었던 부분들보다 나 자신의 작가로서의 경험에 더 의존했다.

이 책은 아마도 신문 연재분보다 30퍼센트 정도 길어졌을 것이다. 그러나 나는 화제들에 대해 모든 것을 완벽하게 설명하려고 하지는 않았다. 대부분의 화제들은 각각 긴 에세이나 책 한 권 분량의 설명이 필요할 수 있으며, 실제로 그렇게 설명되고 있는 것들이다. 이 책은 문학 비평을 하고자 하는 사람들이 더 깊은 세계로 나아갈 수 있는 토대를 마련해 주기 위한 책이다. 이 책에서 다루는 주제들 가운데 어떤 것에 대해서도 상세한 설명을 하려고 하지 않았다. 다만, 이 책이 제시하는 다양하고 가치 있는 문학적 형식들을 통해 독자들이 소설에 대한 이해와 즐거움을 증진시키고, 새로운 독서와 창작의 가능성을 인식할 수 있었으면 좋겠다.

|차례

제1장 서두 Beginning

엠마 우드하우스는 잘 생기고 영리하고 부유했으며 낙천적인 성격이었다. 그리고 행복하고 안락한 가정을 가지고 있었다. 그런 엠마는 삶에서 얻을 수 있는 축복을 모두 누리고 있었다. 그녀는 21년이란 세월을 살아오는 동안 크게 마음 상할 일이란 없었고 괴롭거나 고통스러운 일도 거의 없었다.

엠마는 우드하우스 가문의 두 딸 중 둘째였다. 그녀의 아버지는 딸들을 몹시 사랑했으며 무척 너그러웠다. 언니가 결혼하고 난 후로 그녀는 일찍부터 집안의 안주인 역할을 해왔다. 엠마의 어머니는 아주 오래 전에 돌아가셨기 때문에 그녀는 따뜻한 엄마의 품과 손길이 그저 아련하게 기억될 뿐이었다. 그런 어머니의 역할을 가정교사로 들어온 여인이 훌륭하게 대신해주었으며 어머니 못지않은 애정으로 돌보아주었다.

테일러 선생은 우드하우스의 집에서 16년을 함께 생활했으며 가정교사라기보다는 오히려 친구 같았다. 그녀는 우드하우스의 두 딸을 모두 사랑했지만 특히 엠마를 귀여워했다. 그들 사이는 친 자매나 다름이 없었다. 게다가 테일러 선생은 성격까지 온순하여 가정교사로 있는 동안 내내 엠마에게 어떠한 제재도 가하지 않았다. 그녀가 가정교사로서의 위엄을 접은 것은 이미 오래전이었으며 허물없는 친구처럼 오순도순 지냈다. 그래서 엠마는 무엇이든 자기 맘대로 할 수가 있었다. 물론 테일러 선생의 판단력을 존중하고 높이 샀지만 대체로 자신의 판단에 따랐던 것이다.

사실 엠마에게 있어 가장 좋지 않은 점은 그녀가 무엇이든 마음대로 할 수 있는 힘을 가졌다는 것과 자신을 대단하다고 여기는 성향이었다. 이런 점은 그녀가 행복한 삶을 살아가는 데 있어서 오히려 걸림돌이 될 수도 있었다. 그러나 현재로서는 그런 위험성이 제대로 인식되지 않았기에 그것이 그녀에게 불행한 일이 되리라고는 전혀 생각지도 못하고 있었다.

그러던 어느 날 슬픔이 찾아왔다. 테일러 선생이 결혼을 하게 된 것이다. 엄밀히 말해 그것은 크게 슬퍼할 일도 또한 나쁜 일도 아니었다.

— 제인 오스틴, 『엠마』(1816)

이 이야기는 지금까지 내가 들어본 가장 슬픈 이야기이다. 우리는 나우하임 마을에서 애쉬번엄 부부와 9년간 매우 친밀한 관계를 유지해 왔다. 우리의 관계는 때로는 느슨하면서 편안하고 그러면서도 마치 손과 장갑 사이처럼 친밀하였다. 우리 부부는 대장과 애쉬번엄 부인을 그 누구보다도 잘 알고 있었지만, 또 다른 의미에서는 그들에 대해서 아무 것도 알지 못했다. 이런 경우는 오직 영국 사람들에게만 가능한 것이 아닐까. 내 머릿속에 들어 있는 그 슬픈 이야기를 설명하려는 지금까지도 나는 영국 사람들에 대해 잘 알지 못한다. 6개월 전까지만 해도 나는 영국에 와 본적이 없었고, 따라서 당연하게도 나는 영국인의 마음속을 엿볼 수 없었다. 나는 그저 겉모습만을 알고 있었던 것이다.

—포드 매독스 포드, 『훌륭한 병사』(1915)

●　　　●　　　●

小설은 언제 시작하는가? 이 질문은 배아(胚芽)가 언제 인간이 되는가라는 질문에 답하는 것만큼이나 매우 어렵다. 분명한 것은 소설의 창작이 첫 단어를 쓰거나 타이핑하는 것만으로 시작되지는 않는다는 사실이다. 대부분의 작가들은 비록 머릿속에서만 이루어지는 구상의 형태라 할지라도 어느 정도의 사전 작업을 하기 마련이다. 창작과정에 필요한 플롯의 도표를 만들고 등장인물들의 세부적 특성을 수합하거나 집필과정에서 작품 속에서 다루어져야 할 기본적인 아이디어, 장면설정, 상황설명, 농담 등을 노트에 기록하는 작가도 많다. 헨리 제임스는 『포인튼의 전리품』을 창작할 때 완성본 못지않게 길고도 흥미로운 노트를 작성한 바 있다. 머릿속에서 골똘히 작품을 구상하는 작가인 뮤리엘 스파크는 만족할만한 첫 문장이 생각나기 전까지는 펜을 들지 않았다.

그렇지만 독자의 입장에서 보면 소설은 언제나 첫 문장에서 시작한다(물론 이 문장이 소설가가 가장 먼저 쓴 것은 아닐 가능성이 높다). 그리고 다음 문장 그리고 그 다음 문장이 이어질 것이다. 소설의 서두가 어디에서 끝이 나는가 하는 것 역시 어려운 문제다. 첫 단락이 끝나는 지점일까? 처음 몇 페이지가 지난 다음일까? 아니면 첫 장(章)일까? 어떻게 정의를 내리든 소설의 서두는 우리가 살아가는 실제 세계와 소설가의 상상에 의한 허구적 세계를 구분 짓는 경계선이라고 정의될 수 있다. 따라서 서두는 말 그대로 '우리를 끌어들일 수 있어야만' 한다.

이것은 결코 쉬운 일이 아니다. 우리는 작가의 어조나 어휘, 작가 특유의 문법적 특성에 아직 익숙하지 않기 때문이다. 처음 책을 읽기 시작할 때 우리는 천천히 그리고 머뭇거리면서 읽어나간다. 우리는 등장인물의 이름이라든가 친족 관계, 때와 장소에 관한 세세한 상황 설정 등에 이르기까지 일일이 알지 못한다면 이야기를 따라갈 수 없으므로 이야기를 이해하는 데에 필요한 많은 새로운 정보를 수집하고 기억해야 한다. 그런데 그러한 노력은 할 만한 가치가 있는 것일까? 그러한 의문이 들더라도 대부분의 독자들은 그쯤에서 멈추지 않고 작가를 믿고 독서를 지속해 나간다. 그러나 위에서 제시된 두 예시문의 경우 독자가 그런 망설임을 느낄 필요가 거의 없을 것이다. 두 경우 모두, 첫 문장부터 우리를 '사로잡기' 때문이다.

오스틴 소설의 서두는 고전적이다. 명쾌하고 잘 짜여 있고 객관적이며 우아한 벨벳 장갑 같은 문체 속에 아이러니한 암시가 감추어져 있다. 첫 문장부터 여주인공이 타락하리라는 것을 보여주기 위해 교묘하게 설정되어 있다. 이 작품은, 『오만과 편견』에서 『맨스필드 파크』에 이르기까지 오스틴의 상상력을 사로잡았던 것, 곧 학대받았던 여주인공이 결국 행복하게 되는 신데렐라 이야기를 뒤집은 것이다. 엠마는 진정한 행복을 찾기 위해서는 그 전에 반드시 비천해져야만 하는 공주이다. '잘 생긴 handsome'('귀여운 pretty' 또는 '아름다운 beautiful'과 같은 관습적인 표현을 대신해 사용된 이 양성적인 형용사는 남성적인 권력에의 의지를 암시한다), '영리한 clever'(지성을 표현하는 애매한 용어로, 때로는 '너무 영악하다'라는 나쁜 뜻으로 쓰이기도 한다), 그리고 '부유한 rich'(성서와 속담과 관련해서 윤리적인 타락을 암시한다)이라는 세 형용사는 아주 우아하게 결합되어 있어(순서를 바꾸어 읽어보면 알겠지만, 강세와 음운의 측면에서 특히 그렇다) 엠마의 '외견상의' 만족감이 실제로는 불안정한 상태임을 함축하고 있다. "21년이란 세월을 살아오는 동안 크게 마음 상할 일이란 없었고 괴롭거나 고통스러운 일도 거의 없었"던 그녀는, 난관에 봉착하여 각성하게 될 운명에 있다. 전통적으로 성년이 되는 나이인 21세의 엠마는 스스로 자신의 삶을 책임져야 할 때가 되었다. 19세기 초 부르주아 사회의 여성에게 그것은, 결혼을 할 것인가 말 것인가, 한다면 누구와 할 것인가를 결정해야 함을 의미한다. 엠마는 특이하게 이런 점에서 자유로운데, 왜냐하면 그녀는 이미 집안의 '안주인'이기 때문이다. 이런 경우 사람은 오만해지기 십상인데, 어머니와 같이 따뜻하면서도 교양 문제에서는 어머니만큼 엄하지는 않은 가정교사의 손에 양육된 경우는 말할 것도 없다.

이런 암시는 세 번째 단락에서 특히 농후하게 드러나지만 동시에 흥미롭게도 단정적이고 객관적인 서술자의 목소리에 엠마의 목소리가 섞이기 시작한다. "그들 사이는 친 자매나 다름이 없었다"든가 "허물없는 친구처럼 오순도순 지냈다"는 진술에서 우리는 "무엇이든 자기 맘대로 할 수" 있도록 허락하는 가정교사와의 관계를 자기만족적으로 말하는 엠마의 목소리를 들을 수 있다. "테일러 선생의 판단력을 존중하고 높이 샀지만 대체로 자신의 판단에 따랐던 것"이라는 이 단락의 결론의 아이러니한 구조는, 논리적으로 상반되는 두 문장을 병렬적으로 배치함으로써 서술자가 네 번째 단락에서 처음으로 명시적으로 언급하는 엠마의 성격의 단점을 암시하고 있다. 테일러 선생이 결혼을 하면서부터 이야기의 실제적인 서두가 시작된다. 테일러 선생이 사라지고 그녀의 어른스러운 조언도 없어지자, 엠마는 자신의 허영심을 만족시켜주는 젊은 피후견인인 해리엇을 받아들이는데, 그녀로 인해 엠마는 절망적인 결과를 가져오는 구혼 음모에 빠져들고 만다.

포드 소설의 유명한 시작 문장도 독자들의 시선을 끌기 위한 노골적인 전략으로, 실제로 우리는 멱살을 붙잡혀 그 문턱 너머로 끌려들어가고 있음을 느끼게 된다. 그러나 그와 동시에 어떤 진실을 발견할 가능성에 대한 현대 특유의 애매성과 방향상실 및 불안이 그 이야기에 그늘을 드리운다. 우리에게 이야기를 들려주는 사람은 대체 누구인가? 그는 영어를 사용하고 있지만 영국인이 아니다. 그는 '가장 슬픈 이야기'의 주체인 영국인 부부를 최소한 9년 동안 알아왔지만, 이야기를 하는 이 순간까지도 영국인에 대해서 "아무 것도 알지 못했다"고 말한다. 첫 문장의 '들어본'이라는 표현에서 그가 누군가 다른 사람의 이야기를 하려고 한다는 것을 알게 되지만, 잠시 뒤에 곧바로 서술자 자신과 그의 아내 역시도 그 이야기에 관련되어 있음이 암시된다. 서술자는 애쉬번엄 부부와 매우 친숙하지만, 동시에 거의 아는 것이 없다. 이런 모순은 영국인의 특성으로, 다시 말해 중류계급 영국인의 행동양식에서 나타나는 속마음과 표현의 불일치로서 설명된다. 그러므로 이 소설의 서두는 희극적인 『엠마』에 비해 비극적이라는 차이가 있지만, 역시 동일한 주제로 시작하고 있다고 말할 수 있다. 단락의 끝 부분에서는 '슬픈'이라는 단어가 다시 한 번 반복되고, 또 하나의 핵심어인 '마음 heart'(등장인물 두 사람은 심장병을 앓고 있는 것으로 설정되어 있고, 모두 정신적으로 불안정한 생활을 하고 있다)이라는 말이 끝의 두 번째 문장 속에 놓이게 된다.

나는 장갑이라는 은유를 통해 오스틴의 문체를 설명했지만, 그녀의 문체는 비유를 억제함으로써 보다 중후한 효과를 만들어내고 있다(왜냐하면 비유는 본질적으로 수사학 기법이며, 이성과 상식의 반대편에 위치하는 것이기 때문이다). 다소 맥락은 다르지만, 장갑이라는 동일한 은유가 『훌륭한 병사』의 처음 단락에서도 나타난다. 여기서의 장갑('좋은' 장갑에 한정되는 것이지만)은 예의 바른 사교 행위의 풍요로운 생활에 걸맞은, 친밀하면서도 절도 있는 태도를 드러내는 것이지만, 동시에 어떤 기만 또는 은폐를 암시하고 있다. 도입부에서 제시된 수수께끼는 쉽게 설명된다. 예를 들어 서술자가 유럽에 머물고 있는 미국인이라는 정보에 의해서 말이다. 하지만 이 가장 슬픈 이야기에서 서술자의 발화에 대한 신뢰성의 문제와 등장인물들에 의한 진실의 은폐는 매우 중요한 비중을 차지한다.

물론 소설의 서두에는 여러 가지 방식들이 있어 이 책의 독자들은 그중 일부를 생각해보는 기회를 갖게 될 것이다. 소설 기법의 다른 측면들을 살펴볼 때에도 종종 소설 또는 이야기의 서두 단락을 예시로 다룰 것이기 때문이다(그러면 줄거리를 제시하는 수고를 덜 수 있다). 그러나 여기에서 이런 방식의 한계를 지적하는 것이 좋을 것 같다. 어떤 소설은 이야기의 중심 배경이 되는 풍경 또는 거리의 외관에 대한 묘사, 영화비평 용어로 말해 미장센(무대장치의 설정)으로 시작하기도 한다. 예를 들어 하디의 『귀향』의 서두에는 에그돈 히스라는 황야의 음울한 정경이 묘사되어 있고, 포스터의 『인도로 가는 길』의 서두에는 찬드라포어 거리 모습이 우아하고 세련된 여행안내서와 같이 그려져 있다. 또한 이블린 워의 『한 줌의 흙』이나 콤프턴-버넷의 작품들처럼 느닷없이 대화의 중간에서 시작하는 소설도 있다. 또는 "내 이름은 이즈마엘이다"(멜빌의 『모비딕』)처럼 서술자가 자기소개를 해서 독자의 주의를 끄는 것도 있고, 또는 샐린저의 『호밀밭의 파수꾼』에 나오는 "…… 아마도 가장 먼저 내가 어디에서 태어났는지, 끔찍했던 어린 시절이 어땠는지, 우리 부모님이 무슨 직업을 가지고 있는지, 내가 태어나기 전에 무슨 일들이 있었는지와 같은 데이비드 코퍼필드 식의 아무 짝에도 쓸모없는 이야기들에 대해서 알고 싶을 것이다. 하지만 나는 그런 이야기들을 하고 싶지가 않다"처럼 자서전 문학의 전통을 조롱하는 것으로부터 시작할 수도 있다. "과거는 외국이다. 거기서는 사람의 삶도 전혀 다르다"(하틀리, 『연애 중매인』)라는 철학적 사색으로부터 소설을 시작할 수도 있으며 "브라이튼에 도착해서 3시간도 지나지 않아서, 헤일은 그들이 자신을 해치려 한다는 것을 알았다"(그레이엄 그린의 『브라이튼 록』)처럼 등장인물을 시작부터 극단적인 위험에 노출시킬 수도 있다. 많은 소설들은 중심 이야기가 어떻게 알려지게 되었는지를 설명하거나, 그것이 소설 속의 청자에게 전달되는 모습을 묘사하는 '외부 이야기'로 시작하기도 한다. 콘래드의 『암흑의 핵심』의 서두에는 템즈강 하구에 정박한 유람선 갑판 위에서 말로우가 앉아 있는 동료들에게 콩고에서의 경험을 이야기하는 모습이 익명의 서술자에 의해 묘사된다("이 땅도 한때는 암흑의 땅이었지"라고 말로우는 이야기를 시작한다). 헨리 제임스의 『나사의 회전』은 죽은 여인의 수기(手記)라는 형식으로 되어 있는데, 그것이 한 시골집 파티석상에서 큰 소리로 읽혀져, 그때까지 유령이야기에 흥미를 가졌던 손님들이 예상도 못한 이야기에 빨려 들어가는 방식을 취하고 있다. 킹슬리 에이미스는 유령 이야기인 『그린 맨』을 쓸 때, 『요리방법 안내』라는 책을 교묘하게 뒤섞어 모방하고 있다. "런던에서 채 40마일도 안 되는—그러니까 1번 고속도로에서는 8마일—곳에 있는 진짜 마을을 발견하게 된 놀라움이 채 사라지기도 전에, 이번에는 더할 수 없는 영국적인 요리에 놀라게 된다." 칼비노의 『겨울 밤 한 사람의 여행자가』는 "당신은 이제부터 칼비노의 새 소설 『겨울 밤 한 사람의 여행자가』를 읽으려고 한다"라는 문장으로 시작한다. 조이스의 『피네간의 경야』은 "…은 흘러, 이브와 아담의 교회를 지나, 물결치는 해변에서 굽어진 만으로 흘러들고, 우리는 로마황제의 환상도로를 통해 하우스성의 근교로 되돌아간다"처럼 문장의 중간부터 시작하고, 빠진 부분인 "옛날부터 사랑을 떠올린, 외롭게 최후의 강물…"이라는 말이 소설의 결말을 이룬다. 그렇게 함으로써 그 작품은, 물이 강에서 바다로 흘러들고 그것이 구름이 되고 비가 되고 다시 강으로 흘러드는 섭리처럼, 그리고 독서를 통해 소설의 의미가 끝없이 산출되는 것처럼, 독자를 서두로 되돌아가게 하는 것이다.

제2장 작가의 개입 The Intrusive Author

이집트의 마법사는 거울에 한 방울의 잉크를 떨어뜨림으로써 먼 과거의 환상을 이야기하는 작업에 착수했다. 독자 여러분들 앞에서, 나는 지금 그 마법사가 되려고 한다. 내 펜 끝에서 한 방울의 잉크를 떨어뜨림으로써, 헤이슬롭 마을의 목수이자 건축가인 조나단 버그의 넓은 작업장으로 안내하려고 한다. 때는 1799년 6월 18일 경으로 거슬러 올라간다.

— 조지 엘리엇, 『아담 비드』(1859)

마가렛에게 — 부디 그녀에 대해 적대적인 마음을 갖지 않기를 바란다 — 킹스 크로스 역은 언제나 무한을 의미하는 것이었다. 겉보기에도 화려한 세인트 팽크라스 역에 비해 다소 움푹 들어가 있는 위치 때문에, 물질주의적인 생활에 대한 비판을 암시하는 것처럼 보였다. 볼품없는 시계를 떠받치고 있는 무표정한 두 개의 아치는, 행운을 예감케 하는, 그러나 물질적인 행운을 좇는 속인으로서는 결코 표현이 안 되는, 무한한 모험에의 관문처럼 보였다. 만일 이런 표현이 터무니없어 보인다면, 지금 말하고 있는 사람이 마가렛이 아니라는 사실을 명심해두길 바란다. 그리고 덧붙인다면, 기차가 오기까지는 아직 몇 분의 시간이 남았고 문트 부인은 기관차와 적당한 거리를 둔 안락한 좌석을 확보했다는 것 그리고 위컴 플레이스에 돌아온 마가렛은 다음과 같은 전보를 읽게 되었다는 것이다.

모든 게 끝났음. 알리고 싶지 않았음. 아무에게도 말하지 말 것.
— 헬렌.

그러나 줄리 아주머니는 떠나셨다. 돌아올 수 없는 먼 길을. 누구도 그것을 막을 수 없었다.

— E.M. 포스터, 『하워즈 엔드』(1910)

●　　　●　　　●

이야기를 전달하는 가장 손쉬운 방법은 누군가의 목소리에 그것을 실어 전하는 것이다. 그 목소리는 "옛날 옛날에 아름다운 공주가 살고 있었습니다"와 같은 민담에 나오는 익명의 목소리인 경우도 있고, 버질의 "나는 노래하네, 무기와 영웅의 시를"과 같이 서사시를 읊는 음유 시인의 목소리인 경우도 있다. 또는 필딩에서 엘리엇에 이르기까지의 전통소설에 등장하는, 신뢰할 수 있고 쉽게 친해질 수 있는 교훈적인 목소리일 수도 있다.

『아담 비드』의 도입부에서 엘리엇은 한 방울의 잉크가 거울과 표현매체 둘 다를 의미하도록 하는 참신한 수사학적 장치를 통해 쓰는 행위를 독자에게 직접 말하는 화술로 변화시키고, 독자를 소설의 '도입부 너머'로, 문자 그대로 조나단 버그의 작업장으로 초대한다. 여기서 그녀는 구체적인 사물에 관한 상세하고 엄밀한 자신의 역사적인 이야기 방법을 마법과 미신을 드러내는 것과 대조되도록 하고 있다. 이집트 마술사의 마술에 관한 정보는 다른 서사적 기능은 없지만 그 자체로 매우 흥미롭다. 결국 우리는 이야기를 단순히 즐기기 위해서 읽는 것이 아니라 세계에 대한 우리의 지식과 이해를 확장하기 위해서 읽으며, 작가의 목소리에 의한 말하기 기법은 백과사전 류의 지식과 격언적 지혜를 작품 속에 넣는 데에 적합하게 된다.

그러나 20세기에 접어들어 작가의 목소리가 텍스트에 개입하는 것은 그리 환영받지 못하게 되었다. 독자로 하여금 서술 행위 자체에 관심을 기울이게 함으로써 리얼리즘적 환영을 손상시키고 재현되는 경험에 대한 감정적인 집중도를 떨어뜨리기 때문이다. 그것은 또한 일종의 권위, 다시 말해 신과 같은 전지전능함을 요구하는데, 회의적이고 상대주의적인 우리 시대는 누군가에게 그런 능력을 부여하는 것을 내켜하지 않는다. 현대 소설은 등장인물의 의식을 통해 행위를 보여주거나 등장인물에게 서술의 임무 자체를 떠넘김으로써 작가적 목소리를 억압하거나 제거하려는 경향이 있다. 일반적으로 개입적인 작가의 목소리가 현대소설에 채택되는 것은 『하워즈 엔드』에서의 한 대목에서처럼 어떤 작가적 자의식을 아이러니하게 드러내는 경우다. 이 작품의 제2장은 여동생 헬렌이 신흥 실업가인 헨리 윌콕스 가문의 젊은 자제와 사랑에 빠졌다는 소식을 접한 마가렛 슐레겔이 자신의 숙모인 문트 부인을 파견하게 되는 장면으로 끝이 난다.

『하워즈 엔드』는 이른바 '영국의 상황' 소설이며, 농촌 중심의 좋았던 과거와 상공업의 그림자가 암시하는 문제적인 미래를 동시에 내포하고 있는 유기적인 통일체로서의 시골의 분위기가, 등장인물들과 그들의 관계에 지배적인 의미를 제공하고 있다. 이 주제는 제19장에서 가시적인 절정부에 이르는데, 거기에는 퍼베크 언덕의 가장 높은 지점에서 세계를 내려다보는 작가가, 영국이 부와 권력을 획득한 사람들의 나라인지 아니면 "이 나라를, 이 섬 전체를, 은빛 바다에 떠 있는 보석처럼, 신세계라는 대함대를 거느리고 미래를 향하는 영혼의 배로서 간주해왔던 사람들"의 나라인지를 묻는 질문에 드러나 있다.

작가와 마가렛은 명확하게 동일한 세계관을 가지고 있다. 마가렛이 킹스 크로스 역에서 연상하는 무한함은 '영국'이라는 배가 겨냥하고 있는 영원성에 대응하는데, 킹스 크로스 역이 비판하는 것처럼 보이는 물질주의와 번영은 바로 윌콕스가 속한 세계이다. 작가와 여주인공 사이의 감정적 연대는 문체에서 명확해진다. 과거 시제로의 전환만이 마가렛의 생각을 작가의 목소리로부터 구별시켜줄 뿐이다("비판을 암시하는 것처럼 보였다"). 포스터는 그의 여주인공에게, 확실히 과보호라고 말해도 좋을 만큼 옹호적인 태도를 취하고 있다.

"마가렛에게―부디 그녀에 대해 적대적인 마음을 갖지 않기를 바란다―"라든지, "만일 이런 표현이 터무니없어 보인다면, 지금 말하고 있는 사람이 마가렛이 아니라는 사실을 명심해두길 바란다" 등의 표현을 사용하는 것은 위험한 것으로, 어빙 고프먼이 말한 '틀 깨기'와 연결된다. 어떤 종류의 행동을 지배하는 규칙과 관례를 파괴하는 것이다. 이 구절들은 우리가 리얼리즘적 환영(幻影)으로 인해 미처 깨닫지 못하는 것, 즉 우리가 창조된 인물들과 그들의 행위에 관한 한 편의 소설을 읽고 있다는 사실을 새삼스럽게 깨닫게 한다.

이런 기법은 포스트모던 작가들에 의해서 훨씬 많이 선호되는 기법인데, 그들은 자신들의 허구적인 구성물의 골조를 드러냄으로써 전통적인 리얼리즘에 대한 소박한 맹신을 버려버렸다. 조셉 헬러의 『황금처럼 좋은』의 중반부에 개입하는 작가의 놀라운 목소리를 들어보자.

다시 한 번 골드는 자신이 누군가―스포티 웨인록―와 함께 점심을 준비하고 있었다는 것을 깨달았다. 그리고 자신이 이 책 속에서 너무 많은 시간을 먹고 이야기하는 데 보내고 있었다는 데에 생각이 미쳤다. 그 밖에 한 것이라고는 거의 없었다. 나는 그를 안드레아와 함께 침대에 밀어넣고 그의 아내와 아이들을 관습적으로 무대 뒤로 물러나 있게 해야겠다고 생각했다. 분명히 그는 머지않아 네 명의 아이가 있는 학교 선생과 만나게 되고 미친 듯이 사랑에 빠져들게 될 것이다. 그리고 나는 그에게 유대인 최초의 국무장관이 될 것이라고 부추기는 약속을 하게 되겠지만, 그 약속을 지킬 생각은 없다.

포스터는 이야기가 만들어내는 삶의 환영을 이렇게까지 극단적으로 평가절하하지는 않는다. 그는 등장인물이 실재하는 것처럼 씀으로써 그들과 그들의 운명에 대해 우리가 동정하도록 한다. 그렇다면 마가렛의 경험과 그것을 말하는 서술자의 시점 사이의 틈을 만듦으로써 작가는 무엇을 말하려고 했던 것일까? 내 생각으로는 그가 자신의 수사적 기능을 익살스럽게 표현하고 자기비하적으로 보이게 함으로써, 역으로(퍼베크 언덕 위에서 영국을 보는 것처럼) 소설 전반에 걸쳐 흩어져 있는, 그가 보기에 그 주제적 목적에 가장 본질적인, 역사와 형이상학에 관한 높은 수준의 공상에 몰두할 수 있도록 한 것 같다. 세련된 유머감각은 이런 종류의 작가적 개입이 초래할 수 있는 '좀 적당히 해라!'라는 독자들의 예상 가능한 반발을 얼버무리고 무장해제시키는 효과적인 방식이 된다. 서사에 개입하게 된 작가 포스터는 사과하듯이 '급하게' 독자를 이야기의 본줄기로 끌고 들어가 서스펜스의 효과를 펼치며 장을 마감하고 있다.

서스펜스에 대해서는 별도로 고찰하기로 한다.

제3장 서스펜스 Suspense

일찍이 죽음을 맞이한 적이 없어 그에게 죽음이란 있을 법하지 않은 것처럼 보였을 때, 나이트는 어떤 미래도, 또 과거와 관련된 어떤 것도 생각할 수 없었다. 단지 그는 자연이 그의 삶을 종식시키려 하는 것을 지켜보면서, 그것을 막아내려고 안간힘을 쓸 수밖에 없었다.

절벽은 안으로 만곡(彎曲)을 이루고 있었는데, 거의 반원형으로 둘러싼 만의 해면을 아래에서 본다면 마치 하늘이 원통의 안쪽을 종(縱)으로 자른 것 같은 형태를 하고 있었기 때문에, 그의 눈에는 절벽이 몸의 양 옆에서 육박해오는 것처럼 보였다. 그는 벽면을 내려다보고, 그 공포가 자기를 얼마나 위협하는지 더욱 분명하게 깨달았다. 눈길이 닿는 모든 곳에서 전율이 느껴졌으며, 차가운 바위에는 비참한 그림자가 어려 있었다.

긴장된 순간에 처했을 때 무정한 세계가 사람의 정신을 괴롭히기 마련이듯 나이트의 눈앞에는 바위 속에 박힌 채 표면만이 돌출되어 있는 화석이 자리잡고 있었다. 그 생물에는 눈이 있었

다. 죽어서 돌이 되어버린 그 눈이 지금은 그를 바라보고 있었
다. 그것은 삼엽충이라 불리는 갑각류의 일종이었다. 그들의 삶
으로부터 수백 만 년 떨어져 살고 있는 나이트와 이 묻혀 있는
생물이 죽음의 장소에서 만난 것이었다. 그 화석은 그의 시계(視
界)에서 유일하게 생명을 가졌었던, 그러나 지금은 그와 마찬가
지로 구해야 할 육체를 가지고 있는 것이었다.

— 토머스 하디, 『푸른 눈동자』(1873)

●　　　●　　　●

小설은 서사이다. 그리고 서사는 그 매체가 언어든 영화든 만화
든지 간에, 청중의 마음속에 질문을 던지고 그에 대한 답을 지연시킴
으로써 청중의 흥미를 지속시킨다. 그 질문은 크게 보아 인과성(누가
그것을 했는가?)과 시간성(다음에 무슨 일이 일어날까?)의 두 범주로 나눌
수 있는데, 그 각각은 고전적인 탐정소설과 모험소설에서 그 가장 순
수한 형식을 보여준다. 서스펜스란 모험소설과 관련된, 그리고 스릴
러라고 불리는 탐정소설과 모험소설의 혼합장르와 관련된 효과이다.
이런 서사물들은 주인공이 반복해서 극단적으로 위험한 상황에 내몰
리도록 계획된 것이기 때문에, 독자들은 동정적인 두려움과 불안을
느끼게 된다.

　서스펜스는 대중적인 작품에서 두드러지기 때문에 현대의 소설가
들은 그것을 경멸하거나 평가절하해 왔다. 예를 들어 『율리시즈』를

보면, 조이스는 트로이 전쟁에서 귀환한 오디세우스의 영웅적이고도 만족할 만큼 완결된 이야기를 현대 더블린에서 어느 하루 동안 일어난 평범하고 결론이 나지 않는 사건과 겹쳐놓음으로써, 현실은 고대 소설이 우리에게 믿도록 한 것보다 훨씬 덜 흥미롭고 결정되어 있지 않다는 점을 암시하고 있다. 하지만 대중소설의 서스펜스 유발 장치를 의도적으로 빌려와 자신들의 목적에 맞도록 변형시키는 재능이 뛰어난 작가들도 있었다. 특히 19세기의 작가들이 그러했다.

그중 한 명이 하디였다. 그가 최초로 쓴 소설인 『최후의 수단』은 윌키 콜린즈 류의 '선정소설'(煽情小說)이었다. 하디의 세 번째 소설인 『푸른 눈동자』는 콘월 북부의 낭만적인 무대를 배경으로 그가 자신의 첫 번째 부인이 될 여인에게 구혼했던 실제 경험에 토대를 두고 있는, 보다 서정적이고 심리적인 작품으로 근대 자서전적 소설의 대가인 프루스트가 가장 선호했던 소설이기도 하다. 이 소설에는 고전적 형태의 서스펜스 장면이 담겨 있기는 하지만, 적어도 내가 아는 한 이것은 완전히 새롭게 창조된 것이다. 서스펜스라는 말은 '매달다 hang'라는 뜻의 라틴어에서 유래한 것으로, 낭떠러지에 손가락 끝으로 매달려 안전지대로 올라오지 못하는 상황만큼 적절한 서스펜스도 없을 것이다. 여기에서 파생된 표현이 '절벽에 매달린 사람 cliffhanger'이라는 말이다.

『푸른 눈동자』의 중간 부분에서, 다소 변덕스러운 성격의 젊은 여주인공인 콘월 지방 목사의 딸 엘프리데가 약혼한 젊은 건축가를 비밀리에 태우고 인도에서 돌아오는 배를 보기 위해 망원경을 가지고 브리스톨 해협이 내려다보이는 높은 바위산 정상에 오른다. 그녀는 계모의 친구이자 나이가 지긋한 헨리 나이트라는 인물과 동행하게 되는데, 그에게 구혼을 받은 엘프리데는 죄책감을 느끼면서도 그에게 매혹된다. 그들이 낭떠러지 끝에 앉아 있을 때 나이트의 모자가 바람에 날려 절벽 끝으로 날아가 버린다. 그 모자를 잡으려고 했을 때, 그는 자신이 발아래 수백 피트 이어진 미끄러지기 쉬운 낭떠러지 경사면에서 되돌아갈 수 없게 되었다는 사실을 깨닫는다. 엘프리데가 성급하게 그를 도와주려고 할수록 상황은 더욱 악화되어, 그녀가 안전한 지대로 되돌아갈수록 공교롭게도 나이트는 더욱 더 위험한 곳으로 미끄러져간다. "조금씩 조금씩 미끄러지면서… 나이트는 최후의 희망을 가지고 가장 낮은 곳까지 자라 있는 잡초덩어리에 힘껏 손을 뻗쳤다. 거의 아무것도 자라지 않는 바위에서 잡을 수 있는 유일한 매듭과 같은 것이었는데, 그것이 더 이상 미끄러지지 않도록 도와주었다. 나이트는 지금 말 그대로 그의 팔로 **매달려 있었다.**…" 엘프리데는 나이트의 시야에서 사라지는데, 아마도 도움을 청하러 갔을 것이다. 그러나 그는 자신이 있는 곳이 사람들이 사는 마을로부터 수마일 떨어져 있는 곳이라는 사실을 잘 알고 있었다.

다음에는 무슨 일이 일어날까? 나이트는 생존할 수 있을까? 그렇다면 어떻게 그것이 가능할 것인가? 서스펜스는 이런 질문들에 대한 답을 지연시킴으로써만 유지될 수 있다. 서스펜스를 유지하는 한 가지 방법으로, 영화를 좋아하는 사람이라면(시각에 호소하는 하디의 소설에는 이런 대목이 많다) 나이트의 고통스러운 장면과 그를 구하려는 여주인공의 필사적인 노력을 교차편집할 것이다. 하지만 하디는 이러한 긴급 상황을 맞아 엘프리데가 놀라운 대응을 한다는 인상을 나이트에게(그리고 독자에게) 주기 위해 이 장면의 이야기를 전적으로 나이트의 시점으로만 전달한다. 서스펜스는 그가 절벽 끝에 매달렸을 때의 그의 생각에 대한 세세한 설명에 의해 확대되는데, 그 생각은 당시의 생물학과 자연사에서의 새로운 발견들, 특히 다윈의 저작에서 깊은 인상을 받았던 빅토리아 시대 영국 지식인들의 전형적인 생각이었다. 나이트가 '죽어서 돌이 되어버린' 수백 만 년 전의 화석화된 삼엽충의 눈을 들여다보는 장면은 아마도 하디만이 쓸 수 있었던 장면이었을 것이다. 그의 작품은 이런 급격한 시점의 전환으로 유명한데, 이것은 바야흐로 진지하게 이해되기 시작한 거대한 시공간적 차원에 의해 왜소해진 유약한 인간 형상을 보여주는 것이다. 언제나 그의 등장인물들은 전혀 다른 규모의 세계의 균열을 읽어냄으로써 우주 전체가 악의에 가득 차 있다는 인식에 도달한다. 자신의 시계(視界)에서 매혹적인 엘프리데의 살아 있는 눈을 대체하고 있는 그 화석의 눈을 마주하면서 나이트는 적나라하고 황량하게 자신의 도덕성에 대한 새로운 깨달음을 얻게 되는 것이다.

이 장면은 동일한 방식으로 몇 페이지에 걸쳐 확장된다. 지질, 선사 그리고 악의로 가득 차 보이는 자연(바람이 나이트의 옷깃에 부딪치고, 비는 얼굴을 때린다. 붉은 태양은 '술 취한 듯한 눈으로' 그를 쳐다본다)에 대한 철학적 사색이 계속되고, 그 하나하나에는 서사의 서스펜스적 긴장의 끈을 유지하기 위한 이런저런 질문이 설정된다. "그 상태로 그는 죽고 마는 것일까? (…) 구조되고 싶지만, 여자 한 명이 무엇을 할 수 있단 말인가? 그는 1인치도 움직일 수가 없었다. 정말로 죽음이 그에게 손을 뻗은 것일까?"

물론 엘프리데는 그를 구한다. 그녀가 어떻게 그렇게 하는지에 대해서는 말하지 않을 것이다. 단지, 이 환상적인 책을 읽을 결심을 아직 하지 못한 독자들에게 일독(一讀)을 권유하는 의미에서 한마디 덧붙이자면, 그녀는 자신의 모든 옷을 벗어버린다.

제4장 십대의 눈으로 바라보기 Teenage Skaz

샐리는 런트 부부에 대한 호평 이외에는 별다른 말을 하지 않았다. 왜냐하면 여기저기 둘러보며 자신의 매력을 과시하느라 정신이 없었기 때문이다. 그러다 갑자기 로비 저쪽에서 아는 녀석을 발견한 모양이었다. 회색 플란넬 양복에 체크무늬 조끼를 입고 있는 놈이었다. 분명 아이비리그 다니는 녀석. 그놈은 벽 앞에 서서 지루해 죽겠다는 듯 담배만 뻑뻑 피워대고 있었다. "저 남자, 아는 사람이야." 그녀는 계속 그 말만 했다. 샐리는 어디를 가더라도 꼭 아는 사람이 있거나, 안다고 생각하는 사람이 있었다. 계속 같은 말만 중얼거리기가 지겨워진 나는 이렇게 말해 주었다. "아는 사람이면 가서 진하게 키스라도 해주고 오든지. 저 사람도 좋아할 거야." 내 말에 그녀는 화를 냈다. 그러다가 마침내 그놈이 샐리를 알아보고는 우리 쪽으로 와서 인사를 했다. 정말 그런 인사는 본 적도 없다. 마치 20년 만에 만나기라도 하는 것처럼 굴었다. 어렸을 때 같은 욕조에서 목욕이라도 한 사이라도 되는 것처럼 구는 것이었다. 그 꼴을 보고 있자니

구역질이 날 것 같았다. 그런데 정말 웃긴 일은 두 사람이 정작 만난 건 아마 엉터리 같은 파티에서였을 거라는 거다. 온갖 너저분한 짓을 다하고 나서야 샐리는 그 작자를 내게 소개시켜 주었다. 조지 뭐라는 이름이었는데 지금은 기억조차 나지 않는다. 엔도버에 다니는 놈이라고 했다. 대단 대단. 그리고 나서 샐리가 오늘 연극이 좋았냐고 물어보자, 그 녀석은 정말 가관이었다. 정말 엉터리 같은 놈으로 누가 그에게 질문을 하면 충분히 공간을 확보해야만 대답할 수 있는 녀석이었다. 그놈은 샐리가 질문을 하자마자 뒤로 몇 걸음 물러났는데, 그러다가 뒤에 서 있는 부인의 발을 밟고 말았다. 아마 그 여자는 온몸의 모든 발가락이 다 부러지고 말았을 것이다. 그렇게 난리를 치고 나서 한다는 대답이, 연극 자체는 걸작이라고 할 수 없지만, 런트 부부만큼은 천사처럼 보였다는 것이다. 천사라니, 맙소사. 천사라 이거지. 난 정말 어이가 없었다. 그러더니 샐리와 그 자식은 둘만 알고 있는 사람들의 이야기를 하기 시작했다. 정말 그렇게 웃기지도 않는 이야기는 처음 들어봤다.

—J. D. 샐린저, 『호밀밭의 파수꾼』(1951)

●　　　●　　　●

스카즈(Skaz)는 문어체보다 오히려 구어체적 특징을 지닌 1인칭 서술을 가리키는 매우 매력적인 러시아 말이다(영어 발음으로는 '즉흥적으로 노래하기 scat-singing'라는 말에서처럼, '재즈 jazz'와 '스캣 scat'을 연상시킨다). 이런 종류의 소설이나 이야기에서 서술자는 자기 자신을 '나'로 언급하고 독자를 '당신'으로 지칭한다. 서술자가 일상 대화의 어휘와 구문적 특성을 사용하기 때문에 섬세하게 구성되고 윤색된 문어체의 내용을 전달하기보다는 즉흥적으로 이야기를 서술하는 것처럼 느껴진다. 우리는 그런 이야기에 진지하게 귀를 기울이기보다는, 술집이나 열차간에서 우연히 만난 낯선 사람의 수다스러운 이야기를 듣는 것처럼 독서를 하게 된다. 말할 필요도 없이, 이러한 효과는 하나의 환영이며 '진짜' 저자가 오랜 시간 계획하고 수고스럽게 고쳐 쓴 결과이다. 실제 발화를 있는 그대로 모방한 서사 양식은 녹취한 대화를 풀어 쓴 것처럼 실제로는 이해하기 어려울 것이다. 하지만 스카즈는 확실성과 성실성의 효과 그리고 진실을 말하는 것과 같은 강력한 효과를 만들어낼 수 있는 환영(幻影)이다.

　스카즈는 유럽으로부터 물려받은 문학적 전통에서 미국 소설가들을 해방시킬 수 있었던 확실한 방법이었다. 트웨인이 그 대표적인 경우였다. 헤밍웨이는 "미국 문학은 트웨인의 『허클베리 핀』이라는 한 권의 책에서부터 시작되었다"라고 말했는데, 이 말은 다소 과장되긴 했지만 핵심을 반영하고 있다. 트웨인의 장기는 사투리의 구어체 양식을 순박하고 미성숙한 서술자인 사춘기 청소년과 결합시키는 것이었다. 이 소년 서술자는 자신이 생각하는 것보다 슬기롭고, 성인 세계를 바라보는 그의 시각은 놀라울 정도로 신선하고 정직하다. 기독교 신앙의 여러 유형에 대한 아래와 같은 허크의 반응이 그

예다.

때때로 과부댁은 나를 방 한구석으로 데리고 가서 입에 침이 고일 정도로 '신의 섭리'에 관해 얘기를 했지만 다음날이 되면 왓슨 아줌마가 그만 산통을 깨뜨리고 마는 겁니다. 그래서 나는 '신의 섭리'가 둘 있는데, 가련한 건달도 과부댁의 섭리로부터는 구제받을 가망이 있지만, 왓슨 아줌마의 섭리에 걸리는 날이면 말짱 꽝이라는 것을 깨달았습니다.

샐린저의 홀든 콜필드는 허클베리 핀의 문학적 후계자이다. 그는 허크보다 좀 더 교양 있고 눈치가 빠른 부유한 뉴욕시민의 아들이지만, 허크처럼 어른들의 위선과 무절제 그리고 그가 잘 쓰는 표현을 빌리면 '엉터리 세계'로부터 어린 시절 도망쳐 나왔다. 홀든을 특히 질리게 만든 것은 타락한 어른들의 그런 행위를 또래들이 그대로 답습하려고 기를 쓰는 모습이다. 이야기의 진행 과정에서 홀든은 유명한 부부 배우인 알프레드와 린 런트가 주연한 브로드웨이 연극 공연에 여자친구를 데리고 간다. 위 인용문에서 막간에 로비에서 만난 샐리와 그녀의 친구는 어른들의 사회적 행동을 전체적으로 어설프게 모방하고 있다.

쓰였다기보다는 말하는 것처럼 들리고, 특히 십대 소년의 발화처럼 들리는 홀든의 서술 양식적 특성은 쉽게 확인된다. 우선 반복이 많다. 왜냐하면 어휘의 기품 있는 다양화는 섬세한 사고를 요구하기 때문이다. 특히, '녀석', '지루해 죽겠다', '엉터리 같은', '대단해', '맙소사', '늙은' 등의 속어가 그렇다. 많은 젊은이들이 그렇듯이 홀든도 수사학자들이 과장법이라고 부르는 장치, 즉 그의 감정의 정도를 지나칠 정도로 과장되게 표현한다. "죽겠다는 듯 담배만 뻑뻑 피워대고", "마치 20년 만에 만나기라도 하는 것처럼", "온갖 너저분한 짓을 다하고 나서야" 등이 그렇다. 구문은 단순하다. 문장은 짧고 복잡하지 않다. 그중 많은 문장들이 온전한 형태를 취하지 않으며 술어가 생략되어 있다("분명 아이비리그 다니는 녀석", "대단 대단"). 화자가 종종 저지르는 문법적인 실수도 있다("정말 엉터리 같은 놈으로 누가 그에게 질문을 하면 충분히 공간을 확보해야만……"). 좀 긴 문장에서는 하나의 절(節)이 다른 절에 종속되는 구조를 취하기보다는 언뜻 생각나는 대로 한데 합쳐 놓은 것처럼 보인다.

홀든의 그런 격식 없는 말투가 그의 자발성과 확실성을 보여준다. 그리고 그의 말투는 형식적이고 자만 가득한 조지의 짧은 말투("연극 자체는 걸작이라고 할 수 없지만, 런트 부부만큼은 천사처럼 보였다.") 때문에 더욱 돋보이게 된다. 조지의 발화는 홀든이 샐리에게 화가 나서 소리치는 부분("가서 진하게 키스라도 해주고 오든지…")과는 대조적으로 간접화법 또는 보고되는 화법에 의해 전달되어 더욱 평가절하되고 어색하게 느껴진다.

이미 말했듯이 홀든이 말하는 스타일을 그대로 말로 표현하는 것은 쉽지만 어째서 그것이 우리의 주의를 끌고 소설 전체에 걸쳐 우리를 즐겁게 해주는지를 설명하기란 쉽지 않다. 왜냐하면 이 책을 흥미롭게 하는 것은 틀림없이 바로 그 말투이기 때문이다. 이 소설은 에피소드가 나열되어 있고 전체적으로 사소한 이야기로 이루어져 있으며 결론다운 결론도 없다. 통상적인 문학적 기준으로 보면 문장의 어휘도 매우 빈약하다. 홀든을 통해서 우리에게 말을 거는 보이지 않는 복화술사인 샐린저는 삶과 죽음, 근본적인 가치관에 대해서 본인이 말하고 싶은 것 모두를 17세에 불과한 뉴요커 소년이 사용하는 은어의 한계 내에서 말하지 않으면 안 되는 것이다. 여기에서는 시적인 은유나 주기적 운율, 그 밖의 어떤 미문체도 사용해서는 안 된다.

앞의 물음에 대한 답으로 우선 들 수 있는 것은 홀든의 '저속한' 언어 구사가 샐리와 조지에게서 볼 수 있는 사교적 생활의 가식적인 모습과 대비되어 일종의 풍자적인 유머가 생겨난다는 것이다. 홀든이 사용하는 영어의 부정확성도 유머의 원천이 된다. 위 인용문에서 가장 웃긴 부분은 "아마 그 여자는 온몸의 모든 발가락이 다 부러지고 말았을 것이다"라는 표현으로, 그것은 '온몸의 모든 뼈'를 비틀어 표현한 것으로 또 다른 과장법의 예라고 할 수 있다. 그 밖에 또 하나의 이유는 홀든의 언어가 그 자체가 언급하는 것 이상을 암시하고 있기 때문이다. 예를 들어 위 인용문에서 본인은 인정하지 않지만 홀든이 라이벌인 조지에 대해 품고 있는 질투의 감정을 읽을 수 있다. 조지의 아이비리그적인 복장과 상냥한 태도에 대한 경멸적인 생각을 입에 올리면 올릴수록 거기에는 질투가 묻어나게 되는 것이다. 홀든 콜필드가 처한 비참한 상황은 작품 전편을 통해서 분명하게 말해지지 않음으로써 한층 효과적으로 표현되고 있다.

마지막으로 이 소설에는 놀라울 정도로 시적인 무엇인가가 갖추어져 있다. 즉, 구어체적 발화의 리듬이 미묘하게 배치되어 있어 독자들은 이 책을 쉽고 재밌게 반복해서 읽을 수 있게 된다. 재즈 음악인들이 말하는 것처럼 문장들이 스윙을 하고 있는 것이다.

제5장 서간체 소설 The Epistolary Novel

내가 참을 수 없는 것은 어느 순간 그녀가 나의 요구를 인식하고 나의 권리들을 인정했다는 거야. 테이블 위의 내 손을 망치로 내려치고 싶어지게 만드는 것은……

전화다. 벨이 울리고 있어. 잠시만 실례.

아무것도 아니야. 신경쇠약에 걸린 어떤 학생이야. 그래. 내가 달밤에 서글프게 울고 싶어지는 건, 런던에 돌아간 그녀가 마치 아무 일도 일어나지 않았던 것처럼 슬슬 써내려간 게 틀림없다는 생각 때문이야. 알고 싶은 건, 그녀가 한 순간이라도 좋으니까 그녀가 상상의 세계에서 고개를 들고, 그리고……

그런데 지금 다른 생각이 떠올랐어. 혹시 그녀가 아무 일도 아닌 것처럼 슬슬 쓴 것이 아닐지도 모른다는. 만일 그렇다면 게스트 룸에서의 그 일을 각색해서 쓰고 있는지도 몰라. 그녀의 소설에 나오는 굉장히 똑똑하고 괴팍한 게처럼, 여주인공 한 명이 그 거만한 젊은 학자의 가지색 바지를 보고, 옆으로 게걸음을 하고 있는지도. 화내지 않아도 돼. 고마워. 여기에 담긴 아이

러니 정도는 나도 느끼고 있어. 하지만 그것과는 달라. 그녀는
나처럼 세월 좋게 먼 나라에 있는 친구에게 사적인 편지를 쓰는
것만이 아니야. 여기저기 내 친구들에게 쓰고 있는 거야. 내 적
들에게. 내 동료들에게. 내 학생들에게……

뭐라고? 내 바지 색깔이 가지색이냐고? 물론 가지색이 아니지!
너, 조금은 내 취향을 알지 않아? 가지색이라는 건 그녀가 그렇
게 쓸지도 모른다는 것뿐이야. 그렇게 한다니까, 그 사람들은.
그들은 윤색하길 좋아하고, 사실보다 재밌는 것을 만들지. 필요
하다면 거짓말도 하니까.

― 마이클 프레인, 『계략』(1989)

●　　　●　　　●

서간체 형식으로 쓰인 소설들은 18세기에 엄청난 인기를 누렸
다. 리처드슨의 길고도 교훈적이며 예리한 심리학적 통찰을 담고 있
는, 유혹을 테마로 한 서간체 소설인 『파멜라』(1741)와 『클라리사』
(1747)는 유럽 소설사의 이정표들로서, 루소(『신 엘로이즈』)와 라클로(『위
험한 관계』)와 같은 많은 모방자들에게 영감을 불어넣어 주었다. 오스
틴의 『오만과 편견』의 초고는 서간체 형식이었는데, 그녀가 생각을
바꾸게 된 것은 19세기에는 서간체 소설이 쇠퇴할 것이라고 전망했
기 때문이다. 전화(電話)의 시대에 편지는 정말로 희귀종이 되었다. 물
론 완전히 멸종된 것은 아니고 최근 프레인의 『계략』이 보여준 것처

럼 보다 잘 보존될 필요가 있는 것이긴 하지만 말이다.

팩시밀리의 발명이 어쩌면 이 형식의 부활을 자극할지도 모르지만(앤드류 데이비스의 단편집 『대단한 팩시밀리』(1990)의 표제작이 그런 경향의 선구일지도 모르겠다), 일반적으로 말해서 서간체 소설을 쓰는 현대의 작가가 이 관습을 보다 그럴싸하게 보이기 위해서는 수신인과 상당한 거리에 떨어져 있을 수밖에 없다. 프레인의 반영웅적인 주인공은 익명의 30대의 영국인 학자인데, 그는 그보다 조금 더 나이든 여성작가인, 소설 속에서는 'JL'이라는 머리글자로 등장하는 여성작가를 연구하고 있다. 그는 그녀를 자신의 대학에 강연자로 초청하는데, 놀랍게도 그 이후에 그녀의 침실로 초대받게 된다. 그는 이 사건과 그 이후의 사건들을 호주에 있는 동료 학자에게 편지로 알린다.

그는 심취와 의심 사이에서 분열되어 있다. 그는 자신의 학문적 연구 대상이었던 여성작가와 자신이 친밀한 관계를 맺고 있다는 사실을 자랑스러워하면서도 동시에 그녀가 자신과의 관계를 신작 소설로 씀으로써 그 관계를 왜곡하지는 않을까 두려워하고 있다. 그는 그녀의 문학적 재능에 경외감을 느끼지만 또한 그것을 시기하고 굴절된 방법으로 그것에 대해 분개한다. 그는 그녀와 육체관계를 갖게 되었음에도 불구하고(그리고 결국에는 그녀와 결혼하게 되었음에도 불구하고) 자신이 그녀의 소설적 상상력을 통제할 수 없다는 사실에 당황해 한다. 그는 스스로 하나의 '계략'을 세우지만(다시 말하면 소설을 쓰는 것) 결국 그 결과는 허사가 되고 만다. 그러니까 이 소설은 비평적 재능과 창조적 재능의 대비라는 흔한 풍자적인 테마를 말하기의 기교로 신선하고 유쾌하게 보여주는 작품이다.

서간체 소설은 1인칭 서사 형식이지만 좀 더 친근한 1인칭 서사 형식인 자서전 양식에서는 발견되지 않는 특별한 특징들을 갖고 있다. 자서전적인 이야기의 서술자는 말하기 이전에 그 모든 내용을 알고 있는 것에 비해 편지는 연대기적 순서를 따라 순차적으로 진행된다. 리처드슨이 말했듯이 "현재의 고통의 극단에서 쓰는 막막한 괴로움에 고통받고 있는 사람의 문장은 이미 곤란과 위험을 극복한 것을 이야기하는 사람의 건조하고 생기 없는 문장보다도 훨씬 더 생동감 있고 가슴을 울리는 것이 분명하다."

물론 일기 형식으로도 동일한 효과를 얻을 수 있기는 하지만 서간체 소설에는 두 가지 추가적 이점이 있다. 우선 한 명 이상의 수신인을 가질 수 있기 때문에 동일한 사건을 다른 시점에서 전혀 다른 해석을 덧붙여 말하는 것이 가능하다. 리처드슨은 『클라리사』에서 이것을 훌륭하게 보여주었다. 예를 들어 클라리사는 그녀의 친구인 하우와 대화하면서 러브레이스가 더 이상 과거의 방탕했던 삶을 살 것 같지는 않다고 말한다. 그러나 러브레이스가 그의 친구인 벨포드에게 동일한 내용을 전할 때에는 그것이 클라리사를 유혹하기 위한 교활한 음모였음이 밝혀진다. 둘째로, 프레인의 작품처럼 쓰는 사람을 한 사람으로 한정한다고 해도, 편지는 일기와는 달리 항상 특정한 수신인에게 발화되는 것으로 수신인의 예상된 반응은 그 말투를 결정하고, 수사적으로도 그것을 더욱 복잡하고 흥미롭게 만들며 진실이 불투명하게 전달되도록 하는 효과를 만들어낸다.

프레인은 이 두 번째 이점을 특히 적절하게 활용했다. 그가 묘사하는 학자는 희극적인 결함을 지닌 주인공이다. 그는 허영심, 불안, 편집증으로 가득 차 있고, 호주에 있는 친구의 반응을 지레 짐작하거나 상상하면서 독자들의 기대를 반복적으로 어긋나게 한다("네가 화내지 않아도 돼. 고마워."). 때때로 그 편지는 극적 독백처럼도 읽히고, 우리는 대화를 나누는 한쪽 사람의 말만 듣고 나머지를 추측하게 된다("뭐라고? 내 바지 색깔이 가지색이냐고? 물론 가지색이 아니지! 너, 조금은 내 취향을 알지 않아?"). 여기서의 문체는, 앞 장에서 설명한 바 있는, 구어체를 모방한 스카즈에 가깝지만 그와 동시에 "그녀의 소설에 나오는 굉장히 똑똑하고 괴팍한 게처럼, 여주인공 한 명이 그 거만한 젊은 학자의 가지색 바지를 보고, 옆으로 게걸음을 하고 있는지도"라는 대목에서 보듯이 자의식 과잉의 톤도 지니고 있다. 만약 이 문장에 지나치게 많은 형용사와 부사들이 쓰이고, 다소간 응축되어 있는 것처럼 느껴진다면, 그것 자체가 프레인이 노린 효과이다. 작가는 주인공이 처한 곤경 상황을 희극적으로 생생하게 전달해야 하지만, 그에게 진실한 능변이 허락된 것은 아니다. 그렇게 될 경우 '계략'을 완수할 수 없는 그의 무능함과 상충되기 때문이다.

문장은 엄밀하게 말해서 오직 다른 문장을 흉내 낼 수 있을 뿐이다. 발화를 재현하는 것, 특히 언어가 아니라 일어난 사건을 재현하는 것은 대단히 인공적인 것이다. 하지만 허구의 편지는 실제 편지와 구분되지 않는다. 그것이 강점이다. 소설이 쓰이는 그 상황에 관해서 텍스트 자체 속에서 언급하는 것은 일반적으로 텍스트의 배후에 숨어 있는 '실제' 작가의 존재를 일깨워서 허구의 현실감을 손상시키게 될 뿐이지만 서간체 소설의 경우에는 그것이 오히려 현실감을 높여주게 된다. 예를 들어 나는 에이전시로부터 걸려온 전화를 내가 지금 쓰고 있는 소설 안에 집어넣지 않지만 프레인의 소설에서처럼 그 학자가 쓰고 있던 문장 도중에 학생으로부터 걸려온 전화가 들어가 있는 상황이라면, 그것은 현실적인 것 이외에도 인물의 성격을 전하는 데에 도움이 된다. 그는 자신의 일에 너무 강박되어 있어서 지휘자로서의 책임을 망각하고 있다.

서간체 방식의 유사-다큐멘터리적 리얼리즘은 초기 소설가들에게 독자들을 사로잡는 전대미문의 힘을 주었다. 이는 TV 연속극이 현대의 시청자들을 사로잡는 마력을 발휘하는 것에 비교될 수 있다. 매우 긴 분량의 장편 『클라리사』가 연재되는 동안에 리처드슨은 종종 여주인공을 죽이지 말아달라는 부탁을 받았고 『파멜라』를 출판한 직후에 독자들 중의 상당수는 리처드슨은 편집인에 불과하며 그 이야기는 실제 이야기라고 믿었다. 오늘날의 소설 독자들은 물론 그렇게 행동할 만큼 순진하지는 않을 것이다. 그렇지만 원래는 허구가 사실로 보이도록 의도된 서간체 유형의 소설 속에서, 소설가에 의해 사실이 허구로 변하는 것에 관해 주인공이 불평하도록 하는 것은 프레인의 교묘한 책략에 해당한다. "그들은 윤색하길 좋아하고, 사실보다 재밌는 것을 만들지. 필요하다면 거짓말도 하니까."

제6장 시점 Point of View

$\underline{\mathsf{그}}$녀가 멈춰 서곤 하는 이유가 달리 설명될 수 없는 것은 아니다. 당당하게 들어와 갑자기 멈춰 서서는 천정의 상태에서 부터 딸의 구두 끝까지를 모두 관리하려는 듯이, 그녀는 이런저런 의도를 갖고 살펴보곤 했다. 때로는 앉기도 하고 때로는 활발히 움직였지만, 어느 경우에도 무엇인가를 이루겠다는 위엄 있는 태도를 놓치지 않았다. 그녀는 개탄스러워하며 개선이 필요한 부분들을 살폈고, 화난 상태로 계산을 해가며 개선책을 제시하고 약속을 했다. 그녀의 방문은 옷차림만큼이나 좋았다. 그녀의 태도는, 윅스 부인의 말을 빌리자면, 마치 커튼과 같았다. 하지만 그녀는 지나치게 극단적인 사람이었다. 이것도 윅스 부인의 말을 빌리자면, 어떤 때는 자신의 아이에게 아무 말도 하지 않았고 어떤 때는 앞가슴이 패인 부분을 부드럽게 내보였다. 그녀는 항상 너무 바빴고, 앞가슴이 더 패일수록 밖에서 해야 할 일이 더 많은 것 같았다. 집에 들어올 때는 대개 혼자였지만 클로드 경(卿)과 함께 올 때도 있었는데, 두 사람의 관계가 시작

되었을 무렵, 그런 모습이 재밌었던 것은, 윅스 부인의 표현을 빌리자면, 마님이 완전히 넋이 나가버렸기 때문이다. "그런데, 정말 들뜬 것은 아니야!" 무척 유쾌한 듯이 웃으면서 클로드 경이 엄마를 끌고 가자, 메이지는 의미심장하게, 그러나 친숙한 표현을 빌려 그렇게 외쳤다. 메이지는 예전에 큰 소리로 웃는 부인들이 집에 왔을 때에도, 결혼의 기쁨에 몸을 맡길 때만큼 거리낌 없이 행동하는 엄마를 본 적이 없었지만, 그 기쁨은 심지어 어린 소녀의 눈에도 엄마가 그럴 권리가 있다고 할 만한 것이었다. 어린 소녀는 그로부터 일어날 즐거운 일만을 마음대로 상상하고 흥겨운 기분에 빠져드는 것이었다.

— 헨리 제임스, 『메이지가 알고 있는 것』(1897)

●　　●　　●

하나의 사건은 일반적으로 여러 사람들에 의해 동시에 경험되기 마련이다. 소설에서는 같은 사건을 여러 시점에서 서술하는 것이 가능하지만 이때에도 가능한 여러 시점들 중에 하나를 선택해야 한다. 소설이 '전지적' 서술 방법을 채택해서 신과 같은 위치에서 그 행위를 보고한다고 해도, 그것은 일반적으로 그 이야기가 말해질 수 있는 가능한 '시점' 가운데 하나나 둘만을 특권화하게 될 것이며, 사건들이 어떻게 그 시점에 영향을 미치는가에 집중하게 될 것이다. 전적으로 객관적이고 공평한 서술은 저널리즘이나 역사서술에서는 가치 있는 목표가 될 수도 있다. 그렇지만 누구의 이야기인지도 알 수 없는 소설은 독자들의 관심을 끌기 어렵다.

이야기가 전달되는 시점을 선택하는 것은 소설가가 해야 하는 가장 중요한 결정이다. 왜냐하면 시점은 감정적으로나 도덕적으로 소설 속의 인물들과 그들의 행동에 대한 독자의 반응에 근본적인 영향을 미치기 때문이다. 예를 들어 간통 이야기는 불륜을 저지른 당사자의 시점으로 이야기되는지, 배우자인 남편이나 부인의 시점으로 이야기되는지, 그렇지 않으면 제삼자에 의해 관찰되는지에 따라 우리에게 다른 효과를 불러일으킨다. 『보바리 부인』이 찰스 보바리의 시점으로 서술되었다면 우리가 알고 있는 것과는 전혀 다른 작품이 되었을 것이다.

헨리 제임스는 시점을 다루는 데에 있어 대가급의 작가다. 제임스는 『메이지가 알고 있는 것』에서 다양한 간통의 이야기 또는 이혼과 재혼의 형태로 간신히 간통을 벗어나는 이야기를, 그것에 의해 영향을 받으면서도 제대로 이해하지 못하는 어린아이의 시점으로 제시한다. 메이지의 아버지가 가정교사와 간통을 한 후 결혼을 해버리자 메이지의 어머니인 아이다는 젊은 구애자인 클로드 경과 결혼을 하고 메이지를 다른 가정교사인 윅스 부인에게 맡긴다. 그러나 얼마 되지도 않아 이번에는 메이지의 두 양부모가 연인관계가 된다. 메이지는 이런 이기적이고 파렴치한 어른들에 의해, 그들의 싸움의 볼모로, 그리고 그들의 사랑 음모의 매개자로 이용된다. 어른들이 자신들의 이기적인 쾌락을 추구하는 동안 메이지는 촌스러운 윅스 부인과 함께 황량한 공부방에 갇혀 지내다시피 하는데, 윅스 부인은 클로드 경을 흠모하는 몇 살 연상의 여인이다.

위에 인용한 부분은 이 작품의 초반에 등장하는 것으로, 아이다가 두 번째 결혼생활의 기쁨 속에서 메이지의 삶을 더 풍족하게 해주겠다는 지키지도 못할 약속을 하는 대목이다. 이 대목은 메이지의 시점으로 서술되고 있지만 그녀의 목소리 자체는 아니며 문체에서도 어린 아이의 말투를 전적으로 모방하려고 하지는 않는다. 제임스는 뉴욕판 서문에서 그 이유를 다음과 같이 적고 있다. "어린 아이들은 자신들이 말로 표현해낼 수 있는 것보다 훨씬 많은 것을 지각한다. 아이들의 시각은 언제나 매우 풍부하며 자신들이 가지고 있는 기민한 어휘, 또는 그런 어휘로 파악할 수 있는 것 이상으로 세계를 이해하는 무궁한 힘을 가지고 있다." 따라서 문체면에서 『메이지가 알고 있는 것』은 『호밀밭의 파수꾼』과 대조된다. 순진무구한 아이의 시점을 성숙한 어른의 우아하고 복잡하면서도 섬세한 문체에 의해 표현하고 있는 것이다.

메이지가 지각할 법하지 않은 것이나 그녀가 이해할 법하지 않은 것들은 어느 것도 묘사되지 않는다. 메이지의 어머니는 공부방의 인테리어를 바꾸고, 메이지의 옷도 새로 사 입히겠다는 열정적이고도 힘 있는 제안을 한다. 아이다의 방문은 급작스럽고 단도직입적이며 그녀의 행동은 돌발적이며 예측불가능하다. 그녀는 보통 매력적으로 옷을 차려입고, 사교의 장에라도 나가는 것처럼 꾸미고 있다. 새 남편에게 깊이 빠져 있는 것처럼 보이고 기분도 좋아 보인다. 메이지는 이 모든 것들을 정확하지만 순진하게 관찰한다. 그녀는 여전히 엄마를 믿고 있으며 "그로부터 일어날 즐거운 일만을" 상상하고 희망에

차 있다. 그러나 독자는 그와 같은 환상에 매혹되지 않는다. 왜냐하면 이런 내용을 전달하는 세련된 언어가 아이다의 행동을 아이러니컬하게 비난하는 듯한 어조를 띠고 있기 때문이다.

인용문의 첫 문장은 아이의 언어와는 정반대에 놓여 있는 문체의 특징을 보여준다. 이 문장은 우선 수동태의 이중부정의 구조를 취하고 있으며("설명될 수 없는 것은 아니다"), 구체적이거나 평범한 어구보다도 다음절(多音節)의 추상명사를 많이 사용하고 있으며("intermission", "demonstrations", "intentions"), 우아한 수사기교로서 대칭적인 표현의 쌍들("당당하게 들어와 갑자기 멈춰 서서는 천정의 상태에서부터 딸의 구두 끝까지")이 전면에 나와 있다. 문장 전체를 구조적으로 보면 이것은 문법에서 말하는 도미문(掉尾文)이다. 다른 말로 하면, 가장 중요한 것(말하자면, 아이다의 걱정거리로 보이는 것이 모두 드러나는 것)이 쓰인 마지막 구절이 표현되기까지, 점점 증가되어가는 정보를 줄곧 머릿속에 넣으면서 읽지 않으면 안 되는 문장의 구조로 되어 있는 것이다. 이런 문장들로 쓰인 제임스의 작품들을 읽는 것은 인내가 필요하지만 그만한 가치가 있다. 문장을 다 읽기도 전에 고개를 끄덕였다면 그의 작품을 제대로 이해하지 못한 것이다.

위 인용문에는 제임스가 특히 좋아하는 수사법인 대구법과 대조법이 두드러지고 또한 아주 효과적으로 활용되고 있다. "때로는 앉기도 하고 때로는 활발히 움직였지만", "화난 상태로 계산을 해가며 개선책을 제시하고 약속을 했다", "그녀의 방문은 옷차림만큼이나 좋았다. 그녀의 태도는, 윅스 부인의 말을 빌리자면, 마치 커튼과 같았다." 이렇게 정교하게 균형을 맞춘 구조에 의해서, 아이다의 말과 행동, 그녀의 남에게 보이기 위한 우아함과 실제의 이기적인 행동 사이의 모순이 강조되고 있는 것이다.

게으르거나 미숙한 작가임을 드러내는 가장 흔한 표지 중의 하나는 시점을 일관되게 사용하지 못하는 것이다. 예를 들어 다음과 같은 이야기가 있다고 하자. 존은 처음으로 고향을 떠나서 대학에 들어간다. 그 이야기가 존이 체험하는 순서로 이야기된다. 가방을 챙기고, 마지막으로 침실을 둘러본 후 부모에게 인사를 한다. 그런데 이때 갑자기 다른 사람의 시점을 도입하는 것이 흥미로울 것 같다고 생각한 작가가 몇 문장 지나지 않아 그의 어머니의 의식을 끼워넣어 그녀의 시점으로 이야기해 나간다고 하자. 물론 소설을 쓸 때, 작가의 사정에 의해 시점을 바꾸어서는 안 된다는 법칙이나 규칙이 있는 것은 아니다. 하지만 시점의 변경이 어느 정도 심미적인 구상이나 원칙에 따라 이루어지지 않는다면, 작품에 대한 독자의 개입, 즉 독자에 의해 그 텍스트의 의미가 '생산'되는 것이 방해 받게 될 것이다. 의식적이든 무의식적이든, 독자가 만일 그 장면에서 존의 어머니가 생각하는 바를 알게 되었다고 한다면, 어째서 이제까지는 그녀의 생각이 분명하게 드러나지 않았을까 하고 의아해하게 될 것이다. 그 시점까지 존의 인식 대상이었던 어머니가 돌연 스스로 생각의 주체가 되었다는 설정 자체가 불완전한 것이다. 그리고 만약 어머니의 시점이 있다고 한다면, 어째서 아버지의 시점은 없는가?

이야기를 하나의 시점으로 제한함으로써 집중과 친근성이 향상되는 것은 사실이다. 적어도 제임스는 그렇게 믿었을 것이다. 메이지의 시점으로부터 결코 벗어나지 않으면서도, 윅스 부인의 존재를 잘 활용하여 메이지로서는 할 수 없는 아이다에 관한 어른들의 판단을 그처럼 전하는 것은 절묘하다. 메이지는 아이다의 태도가 "커튼과 같았다"고 하는 표현을 칭찬의 말처럼 이해하지만, 독자는 여기서 교묘한 비판을 읽어낼 수 있다. 마찬가지로 아이다가 입은 앞가슴이 파진 옷에 대한 윅스 부인의 의견은 질투와 윤리적 비판에서 나온 것이지만, 메이지는 여성이 가슴을 드러내서 풍기는 에로틱한 의미를 알지 못하기 때문에 단지 목덜미 선이 파진 것과 어머니가 방에 머무는 시간 사이의 비례 관계만을 선명하게 느끼는 것이다.

이 소설의 후반부에서 메이지는 어린 소녀에서 사춘기 소녀로 성장한다. 순진무구했던 그녀의 눈에 자신과 어른들의 관계가 어떠한 의미를 지니고 있었는지가 서서히 드러나기 시작하는 것이다. 그렇지만 문체와 시점 사이의 간격은 결코 사라지지 않는다. 메이지가 알고 있었던 것은 무엇이었을까 하는 의문에 대한 해답도 제시되지 않는다. 키츠는 "미(美)는 진실이다"라고 말했다. "미(美)는 정보다"라고 말한 사람은 러시아의 위대한 기호학자인 로트만인데 현대적 정신에는 이 공식이 더 잘 들어맞는다. 영어권에서의 최초의 진정한 현대작가라고 할 수 있는 제임스는 인생에 관한 궁극의 진리가 확고히 존재한다고는 생각하지 않았지만, 텍스트의 구석구석에 이른바 정보의 광석(鑛石)을 채워 넣는 소설작법을 개발한 것이다.

제7장 미스터리 Mystery

"비커리는 그날 밤, 전쟁 뒤에 블룸폰테인 요새에 그대로 남아 있던 해군 탄약을 회수하러 내지 쪽으로 갔을 거야. 파견대가 비커리 장군을 수행하라는 명령은 없었어. 그는 단독으로, 그러니 혼자서 파견된 거야."

프리차드 하사는 유후, 하고 휘파람을 불었다. "나도 그렇게 생각해" 하고 파이크로프트는 말했다. "그 작자와 함께 상륙했는데, 그가 역을 통과하자고 했지. 심하게 이를 딱딱거리면서 말하긴 했어도, 그것 말고는 건강해 보였어."

"'좋은 걸 알려주지' 하고 그 친구는 말했지. '내일 밤 우스터에서 필리스 서커스가 있어. 그러니까, 한 번 더 그녀를 만날 수 있지. 자네도 잘 사귀어 둬'라고 말이야."

"그래서 '괜찮아, 비키, 나는 됐어. 나중에 잘 해줘'라고 말해줬지. '더 이상 듣고 싶지 않으니까 말이야'라고."

"그랬더니 '자네가 불만을 말하는 것은 아니겠지'라고 말하는 거야. '그저 보기만 하면 된다니까. 나는 그 한복판에 있거든'이라고 말이지. 그러고는 '하지만 말이야, 그런 걸 말한다 해도 방법이 없어. 헤어지기 전에 한마디 해두지,' 하고 녀석은 말하더군. 마침 총사령부의 뒷문을 지날 때였지. '기억해 둬. 나는 살인 따윈 하지 않아. 아내는 내가 출발하고 나서 한 달 반 뒤에 출산 후유증으로 죽었으니까 말이야. 적어도 그것에 대해서는 나는 결백해', 그렇게 말이야."

"'그러면, 뭐가 문제라는 거지?' 하고 나는 물어봤지. '그 뒤에 남는 건 뭐지'라고 말이야."

"녀석은 '그 뒤에 남는 건 침묵뿐이지'라고 말하고는 나와 악수하고, 이를 딱딱거리면서 시몬스타운 역으로 들어갔어."

"배서스트 부인을 보기 위해 우스터에 들렀다는 건가?" 나는 물었다.

"그건 몰라. 블룸폰테인에 가서 탄약을 화차에 싣고는 바로 사라졌다니까 말이야. 일 년 반 뒤에 연금이 나올 즈음에 돌아와서는, 실종된 거지. 아니, 도망쳤다고 말해도 좋아. 그러니까, 만일 부인에 관한 이야기가 진짜라면, 그 뒤 녀석은 정말로 자유로운 몸이었을 거라는 거지. 자넨 어떻게 생각해?"

— 루디야드 키플링, 『배서스트 부인』(1904)

●　　●　　●

제3장에서 하디의 『푸른 눈동자』에 등장하는 '절벽에 매달린'

장면을 이야기한 바 있다. 그때 나는 절벽에 매달려 있던 남자 주인공이 여자 주인공에 의해 구해진다고 이야기했지만 구체적인 방법에 대해서는 말하지 않았다. 그 소설을 읽은 적이 없는 독자였다면 나의 설명을 통해서 서스펜스의 효과(다음에 어떻게 될까?)가 수수께끼 혹은 미스터리의 효과(도대체 어떻게 된 거지?)로 전환되는 것을 경험했을 것이다. 서스펜스와 미스터리는 이야기의 흥미의 원천일 뿐만 아니라, 이야기 자체만큼이나 오래된 것이라고 할 수 있다.

예를 들어 전통적인 로맨스의 단골 소재 중의 하나는 등장인물들의 출생 혹은 태생과 관련된 미스터리이다. 대부분의 경우 소설이 진행되면서 주인공에게 유리한 방향으로 작용하게 된다. 이것은 19세기 소설에서 강력하게 지속되어온 플롯 모티프이지만 오늘날의 대중소설 작품들에서도 흔하게 사용된다. 특히 현대에 와서는 앤서니 버지스의 『M/F』나 내가 쓴 『작은 세계』에서처럼 패러디적으로 사용되는 경향이 있다. 디킨즈와 콜린즈 같은 빅토리아 시대의 소설가들은 미스터리를 범죄와 비행(非行)과 연결시켜 탐구했고, 이는 결국 독립된 하위 장르로 발전되어 코난 도일과 그의 계승자들의 고전적 탐정소설의 전개로 이어지게 되었다.

셜록 홈즈의 이야기에서든 아니면 프로이트의 정신분석 사례담에서든 간에 미스터리의 해결은 본능에 대한 이성의 승리, 무질서에 대한 질서의 승리를 선언함으로써 독자에게 최종적인 안도감을 제공한다. 그래서 소설이든 영화든 TV 연속극이든 상관없이 미스터리는 대중적인 서사물들의 필수불가결한 요소가 된다. 반면 현대의 소설가들은 산뜻한 해결이나 행복한 결말을 경계하기 때문에 미스터리를 애매하고 해결되지 않은 상태로 남겨두려는 경향이 있다. 우리는 메이지가 어른들의 성적 행위에 대해서 무엇을 정확하게 알고 있는지, 콘래드의 『암흑의 핵심』의 인물인 커츠 대령이 비극적 주인공인지 살아 있는 악마인지, 또는 파울즈의 『프랑스 중위의 여자』의 선택적인 결말이 '진실한' 결말인지 확실히 알 수 없다.

키플링의 『배서스트 부인』은 그런 텍스트의 가장 유명한 예인데, 특히 그것이 엄청난 인기를 끈 대중작가의 작품이라는 점에서 흥미롭다. 대부분의 독자들은 아마도 그 정교하고 결정을 내릴 수 없는 신비화에 당혹해하고 화를 참지 못했을 것이다. 또한 이 작품을 통해 키플링이 지금까지 평가받아온 것 이상으로 기교적이며 실험적인 작풍을 지녔으며 방법론적으로도 자의식이 강한 작가였음을 알 수 있다.

이 소설은 보어 전쟁이 끝난 직후의 남아프리카를 배경으로 하고 있다. 틀니가 잘 맞지 않아 딱딱 소리가 나는 까닭에 '클릭'이라는 이름으로도 불리는 비커리라는 어느 영국인 해군(海軍)의 미스터리한 실종사건을 다루고 있다. 이 사건에 대한 정보는 케이프 해변 옆의 철도 대피선에서 우연히 만난 네 명의 남자들의 대화를 통해 서서히 제공된다. 그들은 비커리의 동료인 파이크로프트, 해군 하사관 프리차드, 철도 감독관 후퍼, 그리고 이들이 만나서 나누는 상황을 묘사하고 그 내용을 보고하는 것으로 이야기의 틀을 구성하는 익명의 서술자 '나'(암시적으로 키플링 자신) 등이다. 파이크로프트에 의하면 비커

리는 실종되기 직전 며칠에 걸쳐서 뉴스영화를 보러 가지 않겠느냐
고 그를 부추겼다. 그 영화는 군대를 위문하러 다니는 필리스 서커스
라는 서커스단의 공연의 일부로 상영되던 것인데, 거기에는 런던 패
딩턴 역에서 열차에서 내리는 어느 여성의 모습이 아주 잠깐 나온다.
그녀는 배서스트 부인이라고 불리는 미망인으로 뉴질랜드에서 바를
운영하는 기세 좋은 여장부로서 파이크로프트와 프리차드도 알고 있
는 인물이다. 그런데 비커리는 그녀와 범죄를 공모한 관계에 있다.
물론 그녀의 인격이 고결하다는 것은 프리차드가 증언하고 있다. 처
음 본 영화에 대한 파이크로프트의(다시 말해 키플링의) 멋진 묘사는 영
화에 관한 문학적 묘사로서는 아주 초기에 해당하는데 핵심을 파악
하기 어려운 이 작품 전체의 상징적인 축도가 되고 있다.

"그리고 나서 문이 열리고, 승객들은 하차하고 짐꾼들을 짐
을 날랐어. 진짜 같았다니까. 다만, 단지 조금 다른 게 있었다
면, 객석에서 보면 맞은편에서 걸어오는 사람이 이쪽으로 너무
가까이 다가오면, 뭐랄까, 갑자기 화면에서 사라져버린 느낌이
랄까. (…) 짐꾼이 두 사람 나오고, 그 뒤에서 작은 손가방을 들
고 두리번두리번거리면서 천천히 내려오는 사람이 그 배서스트
부인이었던 거지. 만 명 정도의 사람들 속에 있어도 그녀의 걸
음걸이는 알 수 있어. 이쪽으로 와서는, 그래 곧장 이쪽으로 오
는 거야. 프리차드가 말한 것처럼 눈이 보이지 않는 것 같은 얼
굴로 곧장 이쪽을 보았어. 점점 다가오더니 마지막에는 화면에

서 사라져버렸어. 마치, 그래, 촛불 위로 떠오르는 유령 같았다
고나 할까……"

배서스트 부인이 '자신을 찾고 있다'고 확신한 비커리는 정신적으로 동요하는 모습을 보이면서 몇 번이나 이 영화를 보러 간 것인데, 그 모습을 본 부대장이 그에게 단독 명령을 내려서 내지로 보내고 그는 그대로 행방을 감추어버렸던 것이다. 인용문은 파이크로프트가 마지막으로 비커리의 모습을 보았을 때, 즉 그가 내지로 향할 때의 모습을 설명하는 대목이다. 그의 실종과 관련된 수수께끼가 제시되는 것이다.

미스터리 효과는 짧은 대목 하나 인용하는 것으로는 예시가 불가능하다. 미스터리는 끊이지 않는 암시라든가 착종된 정보에 의해 지속되는 효과이기 때문이다. 더욱이 『배서스트 부인』의 경우에는 중심적인 수수께끼가 도대체 무엇인가 하는 다른 차원의 미스터리가 있다. 네 명의 사내가 만나 농담을 하고 의견을 나누고 짧지 않는 회상을 한다고 하는 액자-이야기(frame story)가 비커리의 이야기보다 더 많은 지면을 차지하는 것처럼 보인다. 인용된 단락은 그의 실종의 수수께끼가 가장 확연하게 드러난 부분으로 셜록 홈즈 식의 탐정소설의 도입부와 흡사하다. 그렇지만 이 소설에서는 결말부에 속하는 부분이다.

비커리가 자신의 결백을 주장하기 위해서만 살인사건을 언급하는 것처럼, 키플링 자신이 탐정소설가의 흉내를 내서 궁극적으로 보여

주고자 한 것은 결국 자신이 탐정소설을 쓸 의도가 아니었음을 보여
주기 위한 것이다. 후퍼 '감독관'('경찰관'이라는 직책이 잘못 표기되었을
수도 있다)이 양복 조끼 주머니에 넣어 가지고 있는 것은 산불에 의해
탄 흔적만 남은 산간 오지의 티크나무 숲에서 발견된 두 구의 사체
중 하나에서 발견된 의치(義齒)다. 이것은 비커리가 어떻게 죽음을 맞
았는지를 입증하는 법의학적 증거처럼 보인다. "의치는 영구적이지.
어떤 살인사건 재판에도 반드시 기록되어 있어"라고 후퍼는 말한다.
그러나 이야기의 마지막 대목에서 서술자는 그가 "양복 조끼 주머니
에서 손을 꺼냈을 때 그의 손은 비어 있었다"고 말한다. 후퍼가 예의
를 중시하는 것 같다고 생각할 수도 있지만, 아무것도 쥐지 않은 그
의 빈손은 미스터리를 해결하고자 하는 독자의 욕망이 좌절됨을 상
징하는 것이라고도 말할 수 있다. 예를 들어 그 불타버린 사체가 비
커리였고, 그의 죽음의 상태가 그러한 것이었다고 인정한다고 해도,
어떤 행위가 그런 비참하기 짝이 없는 결말을 초래했는지, 또는 그
사체와 함께 발견된 또 다른 한 구의 사체는 누구인가 하는 의문은
해결되지 않는다(이런 의문점에 대해서 많은 학자들이 논쟁하고 실제로 그럴
싸하고 때로는 기이한 해답을 내놓기도 했지만 결정적인 해답이 되지는 못했
다). 뉴스 영화에 나오는 배서스트 부인처럼 비커리는 화면에서 사라
져 이야기의 틀 밖으로 나가버린 것이다. 따라서 그에 관한 궁극적인
진실을 밝히는 것은 불가능하다.

어째서 키플링은 이런 방식으로 독자들을 괴롭히는 것일까? 아마
도 『배서스트 부인』이 일반적인 의미에서의 미스터리가 아니고 본질

적으로는 비극이기 때문일 것이다. 이 작품에는 숭고한 비극에서 빌려온 구절을 얼마든지 발견할 수 있다. 비커리가 최후에 말한 대사 가운데에는 『햄릿』의 구절에서 인용한 "나머지에 대해서는 침묵할 것이다"라는 표현이 등장하고, 그보다 앞서 나오는 "그저 보기만 하면 된다니까. 나는 그 한복판에 있거든"이라는 대사는 말로우의 『파우스트 박사의 비극』의 "이것이 지옥인가, 나는 여기서 벗어날 수 없는가"라는 대사를 환기시킨다. 이 작품에서 키플링이 표현하고자 했던 것은 'H' 발음을 하지 못하고 치아에 맞지도 않는 엉터리 틀니를 하고 있는 그저 평범한 인간조차도 격한 감정에 의해 가공할 만한 범죄를 저지를 수도 있다는 사실일 것이다. 말하자면 최대의 미스터리는 인간의 마음 자체라는 것이다.

제8장 등장인물의 이름 Names

그리고 아직 소개하지 않은, 이제껏 옆 통로를 덮은 그늘에 가려져 있던 또 한 명의 소녀가 그 그늘로부터 나와서, 제단의 난간에 있는 다른 아이들과 어울린다. 그녀를 바이올렛이라고 부르자. 아니 베로니카로 할까? 아니 바이올렛이다. 아일랜드의 가톨릭 계통의 소녀는 대개 켈트 성인이나 전설의 인물의 이름을 붙이니까 실제로는 있을 것 같지 않지만, 바이올렛이라고 이름 붙이는 것이 마음에 든다. 잎이 벌어지지 않은 바이올렛, 바이올렛은 참회, 우울한 색. 그녀는 아담하고, 짙은 색의 머리를 가진 소녀로, 창백하고 귀여운 얼굴은 습진으로 거칠어지고, 손톱 밑의 살이 보일 정도로 담뱃진이 배이고, 꾀죄죄하게 바느질된 코트를 입은 단발의 소녀. 이런 일련의 증거로 판단하건대, 이런저런 문제, 죄책감, 콤플렉스를 가진 소녀가 상상될 것이다.

　　　　　　　　　　—데이비드 로지, 『얼마나 멀리까지 갈 수 있나』(1980)

그리고 빅 윌콕스를 그대로 두고, 시간을 한두 시간, 공간을 수마일 되돌려, 전혀 다른 인물을 만나보기로 하자. 나로서는 좀 거북하지만, 이 인물은 등장인물이라는 통념을 믿지 않는 인물이다. 러미지 대학 영문과의 시간강사인 로빈 펜로즈로 말할 것 같으면, 그녀가 잘 쓰는 표현을 빌리면, '등장인물'이라는 개념은 부르주아적 신화로 자본주의 이데올로기를 강화하기 위해 창조된 환영이라는 주장을 굽히지 않는다.

— 데이비드 로지, 『멋진 일』(1988)

"그렇다면" 하고 그는 말했다. "기꺼이 말씀드리지요. 제 이름은 퀸입니다."

"아," 스틸먼이 고개를 끄덕이며 생각에 잠긴 어조로 말했다. "퀸이라⋯⋯."

"네, 퀸. Q-U-I-N-N입니다."

"알겠소. 그래, 그래, 알겠어. 퀸이라. 흠. 그래, 아주 재미있는 이름이군. 퀸. 아주 여운 있는 이름이야. '쌍둥이 twin'와도 운이 맞고, 안 그렇소?"

"맞습니다. 트윈."

"그리고 '죄 sin'라는 말과도 운이 맞아. 내가 잘못 알지 않았다면 말이오."

"잘못 아시지 않았습니다."

"그리고 또 'n'이 하나 붙는 'in'이나 둘 붙는 'inn'하고도. 안 그렇소?"

"그렇군요."

"흠. 아주 재미있군. 나는 이 퀸이라는 말에 대해 여러 가지

가능성을 보고 있소. '정수 quintessence'…… '본질 quiddity'. 또 거기에다 '핵심 quick', '진짜 quill', '가짜 quack', 그리고 '괴짜 quirk'. 흠, '웃음 grin'하고도 운이 맞는군. '동족 kin'은 말할 것도 없고. 흠, 아주 재미있군. 그리고 'win', 'fin', 'din', 'gin', 'pin', 'tin', 'bin'하고도. 심지어는 'Djinn'하고도 운이 맞아. 흠. 또 'been'하고도 맞겠는걸. 흠. 그래, 아주 재미있어. 댁의 이름이 정말 마음에 드오. 미스터 퀸. 동시에 아주 여러 방향으로 퍼져 나가는 이름이니 말이오."

"예, 저도 종종 그런 생각이 들었습니다."

—폴 오스터, 『유리의 도시』(1985)

●   ●   ●

구조주의의 기본원리 가운데 하나는 '기호의 자의성'으로, 이 개념은 한 단어와 그것의 지시대상 사이에는 필연적이고 본질적인 관련이 없다는 것이다. 누군가는 "그들이 돼지라고 불리는 것은 당연해"라고 말할지도 모르지만, 그것은 단순한 언어적 우연에 지나지 않는다. 다른 언어에서는 전혀 다른 말들이 동일한 역할을 수행한다. 셰익스피어가 소쉬르보다 3세기 앞서 말한 것처럼 "장미가 다른 이름으로 불렸다고 해도 똑같이 달콤한 향기가 날 것이다."

이 문제에 관해서 고유명사는 기묘하고 흥미로운 지위를 차지하고 있다. 우리의 이름은 일반적으로 어떤 의미론적 의도를 가지고,

부모가 어떤 즐겁고 희망적인 연상을 떠올리며 우리에게 붙여준 것이다. 우리가 이 이름에 걸맞게 성장하는가 아닌가는 별개의 문제다. 한때는 성(姓)이 그 사람에 관해 무엇인가를 설명하는 힘을 가지고 있었는지도 모르지만, 지금은 일반적으로 자의적인 것으로 받아들여지는 게 보통이다. 우리는 이웃에 사는 셰퍼드(주 : Shepherd) 씨가 양을 돌볼 것이라고 생각하지 않으며 정신적으로도 그를 양을 치는 직업과 연관해서 생각하지 않는다. 하지만 만약 그가 소설 속의 인물이라면 전원적이거나 때로는 성서적인 연상이 분명히 작동하게 될 것이다. 영국문학사의 난제 가운데 하나는, 매우 존경받는 작가인 헨리 제임스가 그의 등장인물 중의 한 명을 패니 애싱엄(Fanny Assingham)이라고 부른 이유가 정확히 무엇일까 하는 것이다.

소설에서 이름은 결코 객관적이지 않다. 비록 일상적인 것이라고 하더라도 이름은 항상 무언가를 의미한다. 희극적이거나 풍자적인, 아니면 설교적인 것을 지향하는 작가들은 이름을 붙이는 데에 열성적인 창의력을 발휘하거나 노골적으로 알레고리를 부여한다(스웨컴, 펌블축, 필그림). 반면에 리얼리즘적 작가들은 적당한 함축을 지닌 이름들을 선호한다(엠마 우드하우스, 아담 비드). 등장인물의 이름을 짓는 것은 항상 인물창조의 중요한 요소이며 심사숙고와 망설임을 동반하는 일인데, 이에 대해서는 나 자신의 경험을 이야기하고 싶다.

『얼마나 멀리까지 갈 수 있나』라는 의문형의 제목은 두 개의 전통에 의문을 던지는 것에서 비롯되었다. 그것은 먼저, 급진적인 신학을 통해 전통적인 신앙에 의문을 제기한다. 그리고 작품 내에 개입하는 작가의 목소리는 이미 서술한 바 있는 '틀 깨기'의 수법(제2장 참조)에 의해서 문학의 전통적인 방법에 의문을 던지는 것이다. 작품 도중에 등장인물의 이름에 대해서 작가가 자주 생각을 바꾼다는 것은 이야기 전체가 '만들어진 것'이란 점을 드러내놓고 인정하는 것이다. 종교적 회의를 감추는 신자처럼 독자도 보통은 소설이 '만들어진 것'이라는 것을 알고 있지만 그런 생각을 억제하고 있는 상황에서, 당치 않게도 작가가 그것을 인정하는 꼴이 되어버리는 것이다. 작가가 자신의 등장인물에게 부여한 이름에 대해 설명한다는 것도 일반적이지 않다. 이러한 것들은 독자의 의식 속에서 잠재적으로 작동해야 하는 것들이다.

워드 프로세서의 발명으로, 집필이 상당히 진척된 단계에서도 인물의 이름을 변경하는 것이 용이해졌다. 키보드를 몇 번 두드리는 것만으로도 그것이 가능하다. 하지만 나는 극히 비중이 작은 인물이라고 하더라도, 내가 창조한 인물의 이름을 바꾸는 것에 강한 저항감을 느낀다. 물론 이름을 선택하는 단계에서는 주저하고 고뇌하게 될지라도 일단 결정되면 이미 그 이름은 인물과 분리불가능한 것이 되어버리는 것이다. 거기에 의문을 갖는 것은, 해체주의자들의 표현을 빌리면, 소설을 쓰는 행위 자체를 심연(en abîme)으로 던져버리는 것이다. 나는 실제로『멋진 일』을 쓰는 과정에서 이 점을 통감하게 되었다.

이 작품은 엔지니어링 회사의 사장과 그를 '그림자처럼 따라다니는' 젊은 여성학자 사이의 관계를 다루고 있다. 인용한 부분에서도 알 수 있듯이 틀을 깨는 방백도 곳곳에 있지만 기본적으로『얼마나 멀리까지 갈 수 있나』보다는 직설적인 리얼리즘 소설에 가깝고, 등장인물의 이름을 짓는 과정에서도 그 상징적인 의미가 두드러지지 않을 만큼 충분히 '자연스러운' 이름이 필요하다고 생각했다. 남자의 이름을 빅 윌콕스로 정함으로써, 그 이름의 평범함과 영국적인 것 이면에, 조금은 공격적인, 거의 조잡하다고 해도 좋을 남자다움을 풍기도록(빅터 victor, 의지 will, 수컷 cock의 연상에 의해서) 했고, 여주인공의 성(姓)을 문학과 아름다움의 대비적 함의를 위해 유연하게 펜로즈(Penrose, 펜과 장미)로 결정했다. 하지만 그 이름에 관해서는 레이첼, 레베카, 로베르타를 두고 어느 것으로 할까 망설이면서 다소 주저하게 되었고, 그 때문에 제2장의 집필이 상당히 지체되었다. 이름이 결정되지 않고서는 좀처럼 그 인물에 몰두할 수 없었기 때문이다. 결국 나는 사전에서 로빈(Robin)이나 로빈(Robyn)이라는 형태가 때때로 로베르타의 애칭으로 사용된다는 것을 알게 되었다. 남성과 여성 모두에 사용할 수 있는 이름이라는 것은 페미니스트로서 자기주장이 강한 여주인공에게는 더없이 어울린다고 생각했고, 플롯에도 약간의 변화를 주었다. 곧 윌콕스는 어떤 남자—실은 여주인공—가 공장을 방문할 것으로 기대하게 되었다.

이 소설을 거의 절반 정도 쓰고 있던 시점에서, 나는 빅의 성을 선택했던 사고과정이 포스터가 『하워즈 엔드』의 주인공의 성(姓)을 고를 때의 과정과 흡사했다는 것을 알게 되었다. 『하워즈 엔드』의 헨리 윌콕스 역시 지적인 여성에게 반하게 되는 실업가 타입의 인물이었던 것이다. 주인공의 이름을 바꾸는 대신에 나는 오히려 『하워즈 엔드』를 내 소설의 상호텍스트적 단계로 통합함으로써 두 작품의 유사점을 일부러 강조했다. 예를 들면 로빈(Robyn)의 학생 마리온이 입고 있는 티셔츠에 쓰인 '단지 연결하라 ONLY CONNECT'라는 구절은 『하워즈 엔드』의 제사(題詞)인 것이다. 그렇다면 마리온이라는 이름은 어떨까? 이 이름을 선택한 이유는 로빈이 이 '여인'의 순진무구함과 정조를 얻으려 했거나(마리온은 로빈홋의 연인이다) 아니면 엘리엇(그녀는 로빈이 수업에서 논할 수 있는 주요한 작가다)의 젊은 시절의 이름이 마리온 에반스였기 때문인지도 모른다. 내가 그럴지도 모른다고 말하는 것은 이런 점에 관해 작가가 항상 자신의 동기를 의식하고 있는 것은 아니기 때문이다.

오스터의 <뉴욕 삼부작> 중 하나인 뛰어난 중편소설 『유리의 도시』에서 인용한 부분은 문학 텍스트에 있어서 이름이 가질 수 있는 의미를 극단적으로 밀고 나간다. 이 세 편의 이야기는 모두 탐정소설의 진부함과 전형적인 패턴을 통해 정체성과 인과관계 그리고 의미에 관한 포스트모더니즘적인 회의를 보여준다. 퀸 자신은 윌리엄 윌슨이라는 이름으로 탐정소설을 쓰고 있는데 그 이름은 자신의 분신을 뒤쫓는 한 사내를 다루고 있는 포우의 유명한 소설 속 주인공 이름이다(제47장). '오스터 탐정 사무소의 폴 오스터'로 잘못 알려진 퀸은 그 역할에 이끌려 스스로 그것을 연기하기 시작하고 얼마 전에 감옥에서 출소한 전직 대학교수 스틸먼을 미행하기에 이른다. 스틸먼은 퀸, 다른 이름으로는 윌슨, 또 다른 이름으로는 오스터인 탐정의 고

용인으로부터 두려움을 느끼게 된다. 결국 스틸먼은 기호의 자의성은 아담과 이브의 원죄의 결과라고 결론짓는 책을 쓴다.

낙원에서 아담이 맡은 일 가운데 하나는 언어를 만드는, 즉 하나하나의 생물과 사물에 이름을 붙이는 일이었다. 그 순진무구한 상태에서 그의 혀는 곧장 세상의 핵심으로 향했다. 그가 하는 말은 눈에 띄는 사물에 부가된 것이었을 뿐 아니라, 그 본질을 드러내고 실제로 사물에 생명을 부여하는 것이기도 했다. 사물과 그 이름은 서로 교환될 수 있는 것이었다. 그러나 타락 이후에는 더 이상 그렇지가 않아서 이름이 사물로부터 분리되고 말았다. 언어는 임의적인 기호의 집합체로 바뀌었고 신으로부터 단절되었다. 그러므로 낙원의 이야기는 인간의 타락에 관한 기록일 뿐 아니라 언어의 타락에 관한 기록이기도 한 것이다.

이것을 증명이라도 하려는 듯이 드디어 퀸과 만나게 된 스틸먼은 변덕스러운 자유연상에 의해서 퀸의 이름을 해체시킨다. 퀸이라는 이름의 함의는 무한히 확대되어 간다. 따라서 독자에게 해석의 열쇠로써는 아무런 도움이 되지 않는 것이다.

두 번째 이야기인 『유령들』에서는 등장인물의 이름 전체가 색깔명으로 되어 있다.

맨 처음에는 블루가 있다. 그리고 다음에는 화이트. 그 다음에는 블랙이 있다. 하지만 그전에 먼저 브라운이 있다. 브라운이

블루를 훈련시키고 요령을 가르친 뒤 나이가 들자 그 일을 블루에게 넘겨주었으니까. 일은 그런 식으로 시작된다. (……) 일은 간단해 보인다. 화이트가 블루에게 원하는 것은 필요한 기간만큼 블랙이라는 사내의 뒤를 밟고 감시해 달라는 것이다.

노골적으로 가공적인 이름을 통해 오스터는 여기서도 언어의 자의성을 강조하고 있다. 소설의 등장인물의 이름이라는, 본래 자의성이 있을 수 없는 것에 자의성을 도입하는 것이다. 삼부작의 최종 권인 『잠겨있는 방』의 서술자도 소설가의 행위를 패러디적으로 흉내 냄으로써 자신이 어떻게 정부 통계보고서를 속였는지 고백한다.

무엇보다도 그 일에는 이름을 만들어 내는 즐거움이 있다. 때때로 나는 괴상한 — 너무 익살맞거나 말장난 같거나 욕 비슷한 — 이름 쪽으로 끌리게 되는 충동을 억제해야 했지만, 대부분의 경우에는 현실적인 범주 내에 머무는 것으로 만족했다.

이 세 편의 이야기에서는, 기표를 기의에 연결하는 것의 불가능성, 사물과 이름이 교환 가능했던 타락 이전의 신화적인 순진무구한 상태를 회복하는 것의 불가능성이 플롯의 차원에서도 그대로 탐정 행위의 공허함에 의해서 반복된다. 어느 이야기나 해결할 수 없는 미스터리에 직면하고 이름의 미로에서 길을 잃고 만 탐정의 죽음 또는 절망과 함께 결말을 맺고 있는 것이다.

제9장 의식의 흐름The Stream of Consciousness

댈러웨이 부인은 꽃은 자신이 가서 사 와야겠다고 혼자 중얼거렸다. 루시는 루시대로 할 일이 많아 틈이라곤 손톱만큼도 없으니까. 문 돌쩌귀들도 모두 떼어놓아야 해. 럼플메이어의 가게 일꾼들이 와서 해주기로 했다. 그렇긴 하지만……. 그리고 나서, 클라리사 댈러웨이는 생각하기를, 어쩜 이렇게도 멋있는 아침일까. 바닷가에 나와 뛰노는 아이들에게 살랑살랑 부는 바람처럼 싱그러운.

어쩌면 이리도 멋있을까. 대기에 몸을 내맡기는 싱그러움이란! 그 소리가 지금도 귓가에 쟁쟁하다. 돌쩌귀의 삐걱거리는 소리를 들으며, 프랑스 식 창문을 활짝 열어젖히고, 버튼의 대기 속으로 뛰쳐나갔을 때, 언제나 이렇게 느꼈다. 이른 아침 공기는 아주 싱그럽고 고요했다. 물론 지금보다도 훨씬 조용했다. 그 당시 열여덟 살의 소녀였던 그녀에게는 마치 물결이 찰싹거리듯이, 아니 물결의 입맞춤처럼 싸늘하게 차갑고, 날카로우면서도, 게다가 엄숙하게만 느껴졌다. 열어젖힌 창문을 향해 서 있으면,

참으로 무슨 무서운 일이라도 금방 일어날 것같이 느껴졌다. 꽃, 나무, 그리고 나무 사이를 하늘거리며 피어오르는 안개와 하늘을 오르내리며 나는 갈가마귀 떼를 바라보고 있었다. 그때 피터 월시가 말했다. "채소밭에서 명상 중인가봐요"—그렇게 말했는지 아니면—"나는 꽃이나 양배추보다는 사람을 더 좋아합니다."—라고 말했었는지 모르겠어. 어느 날 아침 식사 때 테라스에 나와 있으니까 그 사람이 틀림없이 그렇게 말했다. 피터 월시가. 머잖아 인도에서 돌아온다는데, 6월인지 7월인지를 잊어버렸다. 그 사람의 편지는 어쩌나 지루했던지, 생각나는 것은 그 사람이 한 말뿐이었다. 그 눈, 그 주머니 칼, 그 미소, 그 까다로운 성질, 그리고 또…… . 어쩜, 기묘한 일도 있지! 헤아릴 수 없이 많은 일들을 벌써 나는 송두리째 잊고 있었는데도 양배추가 어쩌고저쩌고 하던 어쭙잖은 말을 기억하다니.

— 버지니아 울프, 『댈러웨이 부인』(1925)

●　　　●　　　●

'의식의 흐름'이라는 말은 헨리 제임스의 형인 심리학자 윌리엄 제임스가 만든 용어로, 인간의 머릿속에서 사고라든가 감각이 항상 흐르는 상태를 가리킨다. 후에 이 용어는 문학비평가들에게로 넘어와, 그런 의식상태를 언어로 표현하려고 한 특정한 현대소설을 가리키기에 이르렀다. 조이스, 도로시 리처드슨 그리고 울프의 작품들이 특히 유명하다.

물론 소설은 언제나 경험을 내면화하여 묘사한다. '나는 생각한다. 고로 나는 존재한다'가 그 모토라고 말해도 좋을 것이다. 비록 소설가의 코기토는 이성뿐만 아니라 감정, 감각, 기억 그리고 환상까지도 포함할 수 있지만 말이다. 디포의 소설에 나타나는 자전작가와 사뮈엘 리처드슨의 소설을 구성하는 편지 쓰는 이 등, 소설이라는 문학형식이 만들어지기 시작한 초기의 작가들은 지나칠 정도로 내성(內省)적이었다. 오스틴에서 엘리엇에 이르는 고전적인 19세기 소설에 오면, 사회적 존재로서의 등장인물에 대한 표현을 그들의 윤리적, 감정적인 내면적 삶에 대한 미묘하고 감각적인 분석과 절묘하게 결합시키게 된다. 하지만 19세기가 끝나고 20세기에 접어들면 (제임스에게서 확인할 수 있는 것처럼) 현실은 점차 주관 속에서, 그러니까 이런저런 체험을 결코 완전한 형식으로 전달하는 것이 불가능한 개인의 사적인 의식 속에 존재하는 것으로서 묘사된다. '의식의 흐름' 소설은 자기 자신의 존재 이외에 어느 것도 확실하지 않은 철학적 교의를 문학적으로 표현한 것이지만, 동시에 비록 허구일지라도 다른 사람의 내면을 묘사함으로써 그런 위압적인 가설로부터 우리를 어느 정도 안심시켜 준다고 말할 수 있다.

명백한 것은 이런 종류의 소설이 내적인 삶을 드러내는 등장인물에 대한 독자의 공감을 환기시키기 쉽다는 것이다. 그런 의식이 허영에 가득 차 있으며 이기적이고 비열하다고 해도 사정은 달라지지 않는다. 역으로 말하면, 전체적으로 동정심이 가지 않는 등장인물의 마음을 지속적으로 들여다보는 것은 작가나 독자 모두에게 참기 힘든 고통일 수도 있다. 『댈러웨이 부인』은 이런 점에서 특히 흥미로운 작품이다. 왜냐하면 그 여주인공은 울프의 또 다른 소설인 『항해』(1915)에서도 조역으로 등장하기 때문이다. 하지만 그것보다는 그 소설에서도 작가의 전통적이고 권위적인 서술 방법에 의해 댈러웨이와 그녀의 남편이 풍자적으로 묘사되고 있기 때문이다. 예를 들어 다음은 댈러웨이 부인이 암브로스라는 학자와 그의 부인에게 처음으로 인사하는 장면이다.

> 댈러웨이 부인은, 자신의 머리를 한쪽으로 기울이며, 암브로스를 기억해내려고 최선을 다했지만 —성이 뭐였더라? —실패했다. 그녀는 어떤 이야기를 들었지만 마음이 차분해지지 않았다. 학자가 누군가와 결혼했다는 것이었다 —독서회가 열린 농장에서 만난 소녀들. 또는 "물론 내 남편에게 용무가 있지 내가 아니라는 건 알아요"라고 말하는, 조금 품위가 떨어지는 여성이었을 거야, 라고. 그러나 바로 그 순간 헬렌이 다가왔고, 댈러웨이 부인은 긴장을 풀었다. 비록 외모가 약간 이상하긴 하지만 분위기에 어울리지 않는 것은 아니었고 예절도 갖추고 있었으며 숙녀의 조건에 맞게 목소리를 억누르고 있었다는 점에서 다소 안심이 되었다.

여기서 우리는 댈러웨이 부인의 의식을 엿볼 수 있지만, 그것을 묘사하고 있는 문체는 그 생각과 그녀라는 인물을 차갑게 뿌리치는 듯한 어조를 띠고 있고, 어떤 가치판단을 암시하고 있다. 울프가 이 인물에 대해 다시 쓰기 시작했을 때에도 역시 동일하게 풍자적인 의도를 가지고 있었다는 사실이 기록으로 남아 있다. 그렇지만 이번에는 그녀가 의식의 흐름 수법을 시도했기에 필연적으로 댈러웨이를 동정적으로 묘사하게 되었다.

소설에서 의식을 묘사할 때에 주요한 기법 두 가지가 있다. 하나는 내적 독백으로, 담화 구조의 문법적 주어는 '나'이고, 우리는 등장인물이 자신의 머릿속에서 일어나는 의식을 그대로 말로 표현하는 것을 옆에서 듣게 된다. 이 기법에 대해서는 다음 장에서 논의할 것이다. 또 하나의 방식은 자유간접화법으로, 문체 자체의 역사는 최소한 오스틴까지 거슬러 올라갈 수 있지만 울프와 같은 현대 소설가들에 의해서 보다 본격적이고 적절하게 사용되었다. 그것은 생각의 내용을 보고하는 형태(3인칭, 과거 시제)를 취하면서도, 어휘는 사고의 주체인 등장인물에게 적합한 것을 사용하는 반면, 보다 형식적인 이야기에서 요구되는 '그녀는 생각했다', '그녀는 궁금해 했다', '그녀는 스스로에게 물었다' 등과 같은 부가절은 생략하는 것이다. 이런 수법은 독자에게 등장인물들의 마음속에 즉시 접근할 수 있는 것 같은 환영(幻影)을 불러일으키지만 작가의 목소리가 완전히 제거되지는 않는다.

이 작품의 첫 문장은 "댈러웨이 부인은 꽃은 자신이 가서 사 와야겠다고 혼자 중얼거렸다"이다. 이것을 말하는 이는 작가의 목소리를 지닌 권위적 서술자이지만, 그는 댈러웨이 부인이 누구이고, 왜 그녀에게 꽃이 필요한지에 대해서는 설명해주지 않는 비인칭적이고 정체를 알 수 없는 서술자다. 시시각각으로 변화하는 생활의 중심에서 이처럼 느닷없이 독자를 끌어들이는 수법(우리는 이야기의 진행에 따라 여주인공의 전체적인 윤곽을 조각 맞추듯 점차적으로 맞춰가게 된다)은, 의식을 '흐름'으로서 묘사하는 소설의 전형적 모습이다. 다음 문장은 "루시는 루시대로 할 일이 많아"인데, 이것은 이야기의 초점을 등장인물의 의식으로 옮기기 위해 자유간접화법을 사용한 것으로, ' — 라고 댈러웨이 부인은 생각했다'와 같이 작가의 개입을 알려주는 표지를 생략하고 있다. 또한 여자 하인의 직분을 명시하는 구절은 없고, 댈러웨이 부인 자신의 습관에 따라 이름으로 친근하게 부르는 방법을 사용하고, 그것도 댈러웨이 부인의 말하는 방법을 그대로 따라서, "할 일이 많아"라는 일상적이고 구어적인 표현을 사용하고 있다. 세 번째 문장도 동일한 형식을 취하고 있다. 네 번째 문장은 다소 작가의 목소리에 가까워져서, 여주인공이 여름 아침을 좋아한다는 점을 설명하는 것과 동시에 그녀의 이름을 전해준다. "그리고 나서, **클라리사 댈러웨이는 생각하기를**, 어쩜 이렇게도 멋있는 아침일까. 바닷가에 나와 뛰노는 아이들에게 살랑살랑 부는 바람처럼 싱그러운."

뒤이은 "어쩌면 이리도 멋있을까. 대기에 몸을 내맡기는 싱그러움이란!"이라는 감정적인 표현은 일견 내적 독백처럼 보이지만, 그것은 꽃을 사러간 성인 여주인공이 웨스트민스터의 아침을 향해 내뱉을 만한 말은 아니다. 그녀는 유년 시절의 자신을 떠올리는 18세 때의 자신을 회상하고 있는 것이다. 달리 말한다면, 웨스트민스터의 아침

이 끌어다준 "바닷가에 나와 뛰노는 아이들에게 살랑살랑 부는 바람처럼 싱그러운" 아침 이미지가 어린이가 해변에서 놀고 있는 정경의 비유로 발전해서, 그녀는 그런 비유를 생각해가면서(여기서 드디어 이야기다운 것이 나오지만), 피터 월시라는 인물과 만났던 버튼(시골의 어느 집이라고 가정할 수 있다)에서 맞았던 여름 아침의 기억이 해변에 밀려와 발을 간질이는 파도처럼 상쾌하게 부드러운 공기 속에 떠올랐던 것이다. 어떤 상념이 다른 상념을, 어떤 기억이 다른 기억을 불러내면서 이어지고, 현실적인 것과 비유적인 것, 현재와 과거가 물결치는 것처럼 긴 문장 속에서 섞이고 한데 어우러지는 것이다. 하지만 실제에 있어서는 댈러웨이의 기억이 늘 정확한 것만은 아니다. '피터 월시가 말했다. "채소밭에서 명상 중인가봐요" — 그렇게 말했는지 아니면 — "나는 꽃이나 양배추보다는 사람을 더 좋아합니다." — 라고 말했었는지 모르겠어.'

형태상으로는 구분되지 않는 자유간접화법을 별개로 하면, 이 문장들은 뒤섞여 있으면서도 정연한 형식과 우아한 율동을 가지고 있다. 울프는 자기 자신의 서정적인 표현력을 슬며시 댈러웨이 부인의 의식 속으로 가지고 들어온 것이다. 이런 문장을 다음과 같이 1인칭으로 바꾸어 놓으면, 기교와 작위성이 전면에 노출되고 말아 마치 어떤 인물의 종잡을 수 없는 생각을 그대로 옮겨놓은 것처럼 보일 것이다. 오히려 자서전적 회상의 정확한 문체로 된 '기록'이라는 느낌이 들게 될 것이다.

어쩌면 이리도 멋있을까. 대기에 몸을 내맡기는 싱그러움이란! 그 소리가 지금도 내 귓가에 쟁쟁하다. 돌쩌귀의 삐걱거리는 소리를 들으며, 프랑스 식 창문을 활짝 열어젖히고, 버튼의 대기 속으로 뛰쳐나갔을 때, 나는 언제나 이렇게 느꼈다. 이른 아침 공기는 아주 싱그럽고 고요했다. 물론 지금보다도 훨씬 조용했다. 마치 물결이 찰싹거리듯이 아니 물결의 입맞춤처럼 싸늘하게 차갑고, 날카로우면서도, 게다가 엄숙하게만 느껴졌다(열여덟 살이었던 소녀에게는 말이다). 열어젖힌 창문을 향해 서 있으면, 참으로 무슨 무서운 일이라도 금방 일어날 것같이 느껴졌다.

울프의 후기 소설인 『파도』의 내적 독백은 이런 부자연스러움이 난점인 듯한 느낌이 든다. 의식의 흐름을 묘사하는 수법 면에서는 아무래도 조이스가 더 뛰어난 것 같다.

제10장 내적 독백 Interior Monologue

현관 계단에서 그는 뒤 호주머니 속의 바깥문 열쇠를 더듬었다. 여긴 없군. 벗어 놓은 바지 속에 두었지. 꺼내야겠다. 감자는 지녔고. 삐걱거리는 장롱. 아내의 취침 방해는 금물. 그녀는 아까 졸리는 듯 몸을 뒤척였지. 그는 뒤로 현관문을 아주 조용히 끌어당겼다. 조금 더, 드디어 문 밑자락이 문지방 위에 살짝 떨어졌다. 나긋한 눈꺼풀. 마치 닫힌 것 같군. 어쨌든 돌아올 때까지 안전.

그는 75번지의 헐거운 지하실 문 뚜껑을 피하여, 밝은 햇빛 쪽으로 건너갔다. 해는 조지 성당의 뾰족탑에 가까이 가고 있었다. 날씨가 더울 모양이야. 특히 이렇게 검은 옷을 입고 있으면 한층 덥단 말이야. 검은 것은 열을 전도(傳導), 반사하지(굴절이든가?). 그러나 가벼운 차림으로 갈 수는 없잖아. 그건 소풍에나 적합한 거야. 그가 행복한 온기(溫氣) 속을 걸어가자 눈꺼풀이 자주 조용히 가라앉았다.

*　　　　　　　　*　　　　　　　　*

　그들은 리히의 테라스로부터 층층대를 신중하게 내려왔다. '프라우엔찜머(조산원들)' : 그리고 그들의 마당발을 진흙 섞인 모래 속으로 빠뜨리면서, 선반 같은 해변으로 맥풀린 듯 내려왔다. 나처럼, 앨지처럼, 우리들의 강력한 어머니에게로 내려왔다. 그 중 1호는 그녀의 산파 가방을 세차게 흔들었고, 다른 이의 양산이 해변을 쑤셨다. 자유구역(自由區域)으로부터, 하루 동안의 외출, 플로렌스 맥케이브 부인, 브라이드 가(街)의, 깊은 애도에 잠긴, 고(故) 패트크 맥케이브의 미망인. 그녀와 자매 관계인 한 여인이 비명을 지르는 나를 인생으로 끌어냈던 거다. 무(無)로부터의 창조. 가방 속에 그녀는 무엇을 갖고 있을까? 붉은 모직물에 쌓인, 질질 끌리는 탯줄을 지닌 유산(流産)된 아이. 모든 과거 선조들과 연결하는 노끈이요, 모든 육체를 실 감는 밧줄인 거다. 그 때문에 비교파(秘敎派)의 사제들이 존재하지. 너희는 신(神)들처럼 되고 싶은가? 너의 '옴팔로스'를 눈 여겨 들여다보라. 여보세요! 여긴 킨치올시다. 에덴빌을 좀 대주세요. 알레프, 알파. 0, 0, 1번요.

　　　*　　　　　　　　*　　　　　　　　*

　그래(Yes) 그이가 잠자리에서 계란 두 개하고 아침을 먹겠다고 하다니 시티 암즈 호텔 이래로 그런 일은 그 전에 결코 한번도 없었지 그 당시 그이는 앓는 소리를 내면서 병이라도 난 듯 드

러누워 있거나 고상하고 점잖은 체 빼기면서 저 말라깽이 할망
구 리오던 부인에게 아첨을 떨며 그녀가 꽤 자기 마음에 드는
척했지 그런데 그녀는 자기 자신을 위해 미사에다 돈을 몽땅 기
부해 버리고 우리한테는 한푼도 남겨 주지 않았다니까 저런 구
두쇠 할망구는 세상에 처음 봤어 정말이지 싸구려 술값 4페니
내놓는 것도 아까워하고 내게는 노상 자기 병 이야기만 털어놓
다니 그녀는 태어날 때부터 잔소리가 너무 심해 정치니 지진이
니 세상의 종말에 관해 수다 떨지만 조금이라도 재미있게 이야
기해 보자 이 말씀이야 세상 여자가 다 저따위라면 정말이지 하
느님 맙소사 견딜 수가 없을 거야 수영복이나 야회복에 대해 마
구 욕을 해대지만 천만에 누가 자기더러 그걸 입어 주십사 하고
원하기나 한다나 그녀가 그렇게도 독실하게 하느님을 믿는 이유
는 상상컨대 어떤 남자고 간에 두 번 다시 저런 여자를 쳐다보
려 하지 않기 때문일 거야…

— 제임스 조이스, 『율리시즈』(1922)

●　　　●　　　●

조이스의 『율리시즈』를 해석할 때, 작품의 제목은 절대로 빠트
릴 수 없는 결정적인 열쇠가 된다. 제목을 통해 이 작품에서 묘사되
는 1904년 6월 16일 더블린에서 일어난 지극히 일상적인 사건이, 실
제로는 호머의 『오디세이』(주인공인 오디세우스는 라틴어로 율리시즈가 된

다) 이야기를 모방 또는 희화화하여 재연한 것이라는 사실을 알 수 있기 때문이다. 중년의 유대계 광고외판원인 블룸이 영웅과는 거리가 먼 주인공이라고 한다면, 그의 아내인 몰리도 그 원형인 정숙한 페넬로페에는 한참 미치지 못하는 인물이다. 트로이 전쟁을 마치고 집으로 돌아오는 도중 역풍을 만나 지중해를 표류하는 오디세우스처럼 블룸은 별다른 목적도 없이 더블린 시내를 어슬렁거린 끝에 신화 속 텔레마코스에 대응하는 스티븐 디덜러스와 만나고 그를 아들처럼 귀여워하게 되는데, 스티븐은 젊은 시절의 조이스 자신의 초상이다. 그 역시 아버지와 떨어져 살면서도 자부심이 넘치고 큰 뜻을 품고 있는 가난한 작가 지망생인 것이다.

『율리시즈』는 영웅 서사시라기보다는 심리적 서사시다. 우리는 인물묘사를 통해서가 아니라, 그들의 머릿속에서 조용하게 진행되는 의식으로서 재현되는 내밀한 상념을 공유함으로써 주요 인물들을 이해하게 된다. 이것은 독자가 누군가의 머릿속에 플러그를 꽂고 헤드폰으로 엿듣는 것과 흡사하게, 육체적 자극이나 관념연상에 의해 촉발된 인상·사고·의문·기억·공상 등을 끝없이 녹음한 테이프를 엿듣는 것과 같다. 조이스가 내적 독백을 사용한 최초의 작가도 아니고(그는 이 창조적 기법을 19세기의 잘 알려지지 않은 프랑스 작가 에두아르 뒤자르댕의 몫으로 돌리고 있다) 그렇다고 최후의 작가도 아니지만, 그 완성도에 있어서만큼은 포크너와 베케트는 논외로 하고 그 밖의 다른 작가들의 작품들을 압도하고 있다.

내적 독백은 이야기의 진행을 대단히 지루하게 하면서 사소한 세부에 지나치게 구애되어서 독자를 지루하게 만들 위험이 있는 까닭에, 효과적으로 활용하기가 참으로 어려운 기법이다. 조이스는 천재적인 언어능력을 구사하여 아주 일상적인 사건이나 대상을 마치 우리가 이전에 한 번도 경험해본 적이 없는 것처럼 만들거나 내적 독백을 자유간접화법이나 정통적인 서술 묘사와 결합시켜 그의 담론의 문법구조를 다양화함으로써 그런 위험성을 멋지게 피해나간다.

첫 번째 인용문은 블룸이 아침에 먹을 돼지 콩팥을 사기 위해 나서는 장면이다. "현관 계단에서 그는 뒤 호주머니 속의 바깥문 열쇠를 더듬었다"고 한 부분은 블룸의 행위를 그의 시점에서 묘사한 것이지만, 아무리 비인칭적인 묘사라고 하더라도 문법구조에서 서술자의 존재를 암시하고 있다. "여긴 없군"이라는 부분은 내적 독백으로 블룸의 발화되지 않은 생각인 '그것이 여긴 없군'이라는 생각을 축약한 것이다. 동사를 생략함으로써 그가 그 사실을 발견한 순간에 가슴이 철렁했음을 표현하고 있다. 그는 "벗어 놓은" 다른 바지에 열쇠를 넣어두었다는 것을 생각해낸다. 나중에 장례식에 참석하기 위해 검은 옷을 입고 있었던 것이다. "감자는 지녔고"라는 문장은 처음 읽는 독자들에게는 당혹스럽겠지만, 차츰 읽어나가면서 블룸이 감자를 일종의 부적처럼 가지고 다닌다는 것을 알게 된다. 이런 수수께끼의 존재는 오히려 기법이 정확히 사용되고 있다는 것을 입증하는 것인데, 현실적으로 타인의 의식의 흐름을 완전히 투명하게 들여다볼 수는 없기 때문이다. 블룸은 그 열쇠를 가져오기 위해서 침실로 되돌아가기를 포기하는데, 그것은 삐걱거리는 장롱 문이 여전히 침대에서 잠을 자고 있는 부인의 잠을 방해할 수도 있기 때문이다. 이것은 그가 본질적으로 사려 깊은 사람이라는 것을 보여준다. 그는 몰리를 단순하게 '그녀'라고 언급한다. 그의 의식 속에서는 아내가 매우 큰 비중을 차지하기 때문에 매번 이름을 기억해낼 필요가 없는 것이다. 독자의 관심을 우선시하는 서술자라면 당연히 이름을 부를 것이다.

블룸이 집 문을 조용히 닫는 모양을 뛰어나게 사실적으로 묘사하는 두 번째 문장에서 다시 의식의 흐름으로 말하는 방식으로 돌아가지만, 시점은 아직 블룸의 시점으로 설정된 상태이며 그의 어휘의 틀 내에서 묘사가 행해지기 때문에 "조금 더"라는 내적 독백의 부분이 편입되어 있다고 해도 그다지 어색하지 않다. 다음의 "닫힌 것 같군"이라는 문장은 동사가 과거형인 것으로 보아서 자유간접화법이라고 생각되지만, 그것에 의해 내적 독백으로 전환되는 것이 수월해진다. "어쨌든 돌아올 때까지 안전"에서 '안전'은 '안전하겠군'의 축약형이다. 이 인용문에서 서술적인 문장을 제외하면 어떤 문장도 엄밀한 의미에서 문법적으로 정확하거나 완전하지 않다. 왜냐하면 우리가 보통 무엇을 생각하거나 말을 하는 경우에, 올바른 문법 따위는 의식하지 않기 때문이다.

두 번째 인용문은 스티븐이 해변을 거닐면서 두 명의 여인을 주목하는 장면인데 여기서도 역시 다양한 유형의 문체가 사용되고 있다. 그러나 블룸의 생각의 흐름이 현실적이고 감정적이며 교육받지 못했으면서도 과학적(그는 머릿속으로 열에 대한 검은 옷의 반응을 정확하게 표현하는 전문용어를 찾으려고 한다)인데 비해 스티븐은 사색적이고 이지적이고 문학적이며 그래서 독자들이 이해하기에는 훨씬 어렵다. '앨지 Algy'는 바다를 '매우 감미로운 어머니'라고 불렀던 시인인 앨저넌 스윈번을 친숙하게 부른 것이며, '세차게 lourdily'라는 말은 문학적 의고체이거나('lourd'는 불어로 '무거운'이라는 의미다), 그렇지 않으면 스티븐이 파리에서 보낸 보헤미안적 생활로부터 만들어낸 신조어라고 생각된다. 맥케이브 부인의 직업에서 연상 작용이 일어나, 스티븐은 작가적 상상력을 통해 자신의 탄생 모습을 놀라울 정도로 구체적인 영상으로 환기한다. "그녀와 자매 관계인 한 여인이 비명을 지르는 나를 인생으로 끌어냈던 거다." 이 문장도 놀랍도록 현실에 충실한 묘사여서 산파가 잡고 있는 신생아의 미끈거리는 감촉까지도 전해주는 것 같다. 맥케이브 부인이 유산된 태아를 옮겨 그녀의 가방에 담아 두었다는 병적인 공상에 의해 스티븐의 의식의 흐름은 변하고, 전 인류의 태초의 어머니인 이브를 연결하는 끈으로서의 탯줄의 환상적인 몽상이 생겨나는데, 여기서 동방의 사제들이 자신들의 배꼽(그리스어로 '옴팔로스')에 대해 곰곰이 생각한 이유가 암시되어 있지만, 스티븐은 그 생각을 완성하지 못하고, 한층 더 비약함으로써 인간의 탯줄을 그러모은 전화선 같은 것을 상상하고, (그의 친구인 북 물리간이 부르는 킨치(Kinch)라는 별명을 사용해서) 에덴 동산에 전화를 거는 자신의 모습을 생각해내는 것이다.

조이스는 『율리시즈』 전체에 걸쳐 의식의 흐름 수법을 사용하지는 않았다. 처음에는 심리적 리얼리즘을 철저히 밀고 나갔지만, 소설의 후반부에서는 다양한 종류의 문체형식을 시도하고 혼성모방이라든가 패러디와 같은 것으로 전환했다. 그러므로 이 소설은 심리적 서사시일 뿐만 아니라 언어적 서사시이기도 하다. 하지만 그는 이 소설을 그 유명한 몰리 블룸의 내적 독백으로 마무리한다.

마지막 '에피소드'(『율리시즈』의 각 장들은 그렇게 일컬어진다)에서는 블룸의 부인 몰리가 이제까지 줄곧 블룸과 다른 등장인물들의 생각, 관찰 및 회상의 대상이었던 것과는 달리 주체가 되어 의식의 중심에 등장한다. 그날 오후, 그녀는 악단의 감독인 보일런과 정을 통했다(참고로 그녀는 반쯤은 직업적인 가수이다). 그리고 지금은 늦은 밤이다. 블룸이 침대로 들어오는 바람에 잠이 깬 몰리는 그의 옆에 누운 채로 그날의 일과 옛날 생각, 특히 남편과 여러 연인들 사이의 관계를 반수면 상태로 생각하고 있다. 실은 블룸 부부는 어린 아들을 잃은 불행으로 마음의 상처를 진 채로 몇 년간 정상적인 부부관계를 맺지 못했는데, 그러면서도 친밀감과 다소 왜곡된 형태의 애정, 심지어는 질투라는 끈으로 연결되어 있는 것이다. 그날 하루, 블룸은 몰리의 불륜이 신경 쓰여 우울한 기분으로 지냈지만, 거의 중단되지 않고 계속되는 그녀의 긴 독백은 블룸이 에로틱한 모험을 즐겼음에 틀림없다는 생각에서 시작된다. 왜냐하면 블룸이 주제넘게도 다음날 아침 식사는 침대로 가져다 달라고 몰리에게 요구했기 때문이다. 그것은 그가 예전에, 유산에 눈이 멀어 리오던 부인이라 불리던 과부(그 과부는 스티븐 디덜러스가 작은 어머니라고 부르는 사람으로, 사실 『율리시즈』의 무작위적인 것처럼 보이는 사건들을 모두 연결시켜주는 많은 우연들 가운데 하나이다)에게 감동을 주기 위해 앓는 소리를 할 때 했던 행위로, 그 뒤로는 한동안 하지 않았던 행동이었던 것이다. 그러나 결국 그 과부는 그들에게 아무것도 남기지 않고, 자신의 명복을 비는 미사에 그 모든 돈을 쏟아부었다…(몰리의 독백을 쉽게 풀어 말하려고 해도, 역시 그 분방한 흐름 속에 빠져들게 된다.)

스티븐과 블룸의 의식의 흐름이 그들의 오감의 지각에 의해 자극받고 방향을 바꾸는 것에 반해, 어둠 속에 누워 있는 몰리는 오직 길거리에서 들려오는 일상적 소음에 신경을 쓰면서 어떤 종류의 연상에 의해 차례차례로 다음 것을 끄집어내는 기억 속을 한결같이 따라간다. 그리고 스티븐의 의식 속에서 일어나는 연상이 은유적(하나의 사물이, 때로는 불가해하고 환상적인 종류이긴 하지만, 유사한 다른 것에 의해서 제시된다)인 경향이 있고, 블룸의 경우는 환유적(하나의 사물은 원인과 결과 또는 시·공간의 인접성에 의해서 다른 사물과 연결된다)인데 반해, 몰리의 의식 속에서의 연상은 단순히 축어적이다. 침대에서의 아침 식사 장면이 지난날의 동일한 장면을 불러오고, 옛날 남자가 또 다른 남자를 불러오는 것이다. 블룸에 관한 생각이 다양한 연인들에 관한 생각으로 흘러가기 때문에 '그'라는 대명사가 지시하는 인물이 정확히 누구인지 단정짓는 것은 쉽지 않다.

제11장 낯설게 하기 Defamiliarization

이 그림은, 확실히 자기가 전체 작품들 가운데 여왕이라고 말하고 있는 것 같았다.

거기에 그려져 있는 여성은, 실제 여성보다 조금 커 보였다. 내 눈짐작으로라면, 물건을 재는 저울로 환산해보면, 분명히 체중이 90에서 100킬로는 될 것 같았다. 확실히 많이 살찐 여성이었다. 저 정도의 부피와 키와 풍만한 육체를 가지려면, 빵과 야채와 술은 말할 것도 없고, 고기를 먹었음에 틀림없다. 그녀는, 이유는 잘 모르지만, 소파에 반쯤 기댄 느낌으로 누워 있었는데, 그 주변에는 햇빛이 찬란하게 내리비치고 있었다. 혈색도 좋고, 보통 요리사 두 사람분의 일을 가뿐히 해치울 정도로 튼튼해 보이고, 허리가 안 좋은 것 같지도 않았다. 선 자세로, 아니면 등을 꼿꼿이 세운 채 앉아 있어야만 했을 것이다. 대낮부터 소파에서 빈둥거릴 이유는 없었을 것이다. 그런데도, 그녀는 예의바른 예복, 몸을 푹 감싸는 가운 같은 것을 입어도 좋았을 것인데, 그러지 않았다. 그 풍성한 옷감들—27야드나 되는 옷감이라고 말해야 하리라—가운데서, 일부러 깡똥한 옷을 지어 입었다는 느낌이다. 게다가, 그녀를 둘러싸고 있는 방의 황량한 모양도 이유가 되지 않았다. 항아리와 그릇—꽃병과 술잔이라고 불러야 할는지도 모르겠다—이 화면 앞쪽에 굴러다니고, 거기에 섞여있는 듯 보잘것없는 꽃이 흩어져 있고, 그리고 주름이 되어버린 커튼 천이 긴 의자를 덮어버리고, 어수선하게 마루에 펼쳐져 있다. 카탈로그를 살펴보고 알게 된 것은, 이 주목할 만한 작품에 <클레오파트라>라는 제목이 붙여져 있었다는 것이다.

—샬롯 브론테, 『빌레트』(1853)

●　　　●　　　●

'낯설게 하기'는 러시아의 형식주의자들에 의해 만들어진 매우 가치 있는 비평 용어들 중의 하나인, '오스트라네니'(ostranenie, 문자 그대로 '낯설게 만들기')라는 말의 영어 표현이다. 1917년에 처음 발표된 유명한 글에서, 쉬클로프스키는 예술의 가장 중요한 목적은 친숙한 것들을 친숙하지 않은 방식으로 재현함으로써 감각을 둔화시키는 관습의 힘을 극복하는 것이라고 주장했다.

관습화는 일을, 옷을, 가구를, 아내를, 그리고 전쟁의 공포를 삼켜버린다. (…) 예술은 인생의 감각을 회복하기 위해 존재한다. 그것은 사람들이 다양한 사물들을 있는 그대로, 견고한 것을 견고한 것으로서 느끼도록 하기 위해 존재한다. 예술의 목적은 알려진 대로가 아닌 지각되는 대로 사물의 감각을 전해주는 데에 있다.

이 이론은 모더니즘 문학에서의 왜곡이라든가 이탈을 정당화해주지만, 리얼리즘 소설의 위대한 작가들에게도 동일하게 들어맞는다. 쉬클로프스키는 톨스토이의 소설의 한 대목을 예로 들고 있는데, 거기서 톨스토이는 오페라를 본 적도 들은 적도 없는 것 같은 사람의 눈으로 그 무대의 모습을 묘사함으로써(예를 들면, "그리고 나서 한층 더 많은 사람들이 달려 나왔는데, 그들은 하얀 드레스를 입어오다가 이번에는 하늘색 드레스를 입은 소녀를 끌어내기 시작한다. 하지만 곧장 끌어내려고는 하지 않고, 한동안 그녀와 함께 노래를 부르면서 끌어내고 있다") 오페라를 효과적으로 야유하고 있다. 위에 인용한 『빌레트』의 한 대목에서도 브론테는 미술관의 전시품에 대해서 동일한 방식을 취하고 있다.

빌레트는 브뤼셀을 모델로 한 가상의 마을로, 여주인공이자 서술자인 루시 스노우는 기숙사제의 여학교 선생을 하며 살아가고 있다. 루시가 남몰래 사랑하는 사람인 영국인 의사 존 브레톤은 그녀를 미술관에 데려가지만, 그녀를 혼자 놓아두고는 자기는 자유롭게 돌아다닌다. 이것은 독립심이 강한 그녀의 취향에도 들어맞는다.

그녀가 감상하는 그림은 신화와 역사에서 소재를 취한 것으로, 위압적인 규모와 세련된 문화에 속하고 있음을 지시해주는 코드화된 다양한 기호들에 의해 '명화'(名畵)로 간주되는 나체화의 전형에 속하는 작품이다. 여성이 언제나 자기의 육체를 가리도록 강요되었던 브론테가 살았던 시절에는 이런 스펙터클이 한층 더 모순적으로 보였을 것이다. 브론테는 여주인공의 인상을 통해서 그 모순점과 (자신의 눈에 비친) 그런 류의 예술의 본질적인 허위성을 폭로하고, 그 그림을 여성의 실제생활이라는 맥락 속에 집어넣음으로써 그것을 감상할 때의 관습을 만든 미술사며 미술 감상의 담론을 무시하고 진실한 모습을 문자 그대로 묘사해 내고 있다.

그렇게 해서, 미술 감상에서 관습적으로 무시되어 왔거나 문제가 되지 않았던 사실, 이를테면 여성의 몸이 크다거나 그 주변에 넉넉한 천이 드리워져 있는 사실이, "90에서 100킬로… 27야드나 되는 옷감"이라는 경험론적이며 유사-과학적인 중량과 수치에 의해 드러나게 된다. 우리는 고전적인 나체화에서 사용되는 옷감에 너무 익숙해져서 그것이 공개적으로 드러낼 수 없는 부분을 몇 인치 정도 가린 것 이외에 어떤 이상함도 느끼지 못하기 때문에 그 본질적인 인위성을 깨닫지 못한다. 그림의 전면에 있는 다양한 물체와 가정용품의 예술적 배치에 관해서도 동일한 방식으로 언급할 수 있다. 그림에 그려진 고귀한 인물에게 시간이 없었던 것도 아니고 하녀를 시켜 그것들을 치우도록 할 수도 있었을 텐데, 어째서 술잔 같은 것들은 한결같이 바닥에 뒤집혀져 있지 않으면 안 되었던 것일까? 루시의 망설임 없는 정밀한 관찰은 회화 감상의 의식에서 관례적으로 억압되어왔던 질문들을 불러일으킨다. 성적인 유혹을 암시하는 여인이 나른하게 소파에 기댄 포즈도, 그것이 그림 속에 설정되어 있는 시간대와 부합하지 않으며, 여성의 신체적 결함을 드러내는 증거도 없다는 설명에 의해 조롱적으로 묘사되어 있다. 그리고 그림에 대한 묘사가 끝날 때까지 <클레오파트라>라는 제목을 밝히지 않음으로써, 루시는 그 그림이 요구하는 역사적·신화적 해석이 자의적이며 공허한 것임을 암시적으로 말하고 있다. 그 그림은 실제로 <디도>라거나 <데릴라>, 또는 (그림에 좀 더 충실하게) <오달리스크>가 되어도 상관없는 것이었다.

그 그림에 대한 묘사 자체에는 서사적 내용이 없다. 새로운 전개를 위해서 이야기는 거기서 '정지상태'가 되는 것이다. 하지만 그것은 서사적인 기능을 가지고 있다. 첫째로, 미모·사회적 지위·재산 등에서 내세울 것이 없어 대개의 경우 스스로의 생각은 가슴 속에 담지 않으면 안 되는 루시라는 등장인물을 강하고 독립적인 성격으로 만드는 데에 기여한다. 둘째로, 그것은 성미 급하고 호감이 가지 않지만 학교에서는 없어서는 안 될 존재인 폴 엠마뉴엘 교장과의 사이에서 흥미로운 장면을 야기하는데, 그 과정에서 루시는 겉으로는 좋게 보이는 존보다는 그를 훨씬 더 충실한 동료로 평가하기에 이른다. 엠마뉴엘은 <클레오파트라> 앞에 서 있는 그녀를 발견하고는 충격을 받는데, 이 반응에서 알 수 있는 것처럼, 그는 미술 감상에 대한 전문가적 식견의 위선에는 아랑곳하지 않지만(그는 그림에 드러나는 고급문화의 가식적인 모습에 감명받지 않는다), 젠더와 관련된 고정관념에는 사로잡혀 있다(그는 젊은 숙녀가 그런 그림을 여유있게 보아서는 안 된다고 생각하고 있다). 그는 정숙한 여성의 인생에 관한 미덕이 흘러넘치는 세 장면을 그린 그림이 있는 곳으로 루시를 데려가는데, 루시의 눈에는 그 그림 역시 <클레오파트라>와 마찬가지로 부적절하고 불합리한 것으로 비친다.

『빌레트』는 브론테가 갑작스러운 죽음을 맞기 직전에 쓴 마지막 소설이자 그녀의 가장 성숙한 소설이었다. 이 소설은 현대 페미니즘 비평의 중요한 텍스트가 되었는데, 그 이유는 인용된 대목을 읽어보면 명확하게 드러난다. 역사적인 그림에서 여성들이 그려진 방식을 낯설게 하는 것에 의해, 브론테는 성의 정치학뿐만 아니라 예술 자체에 대해서도 논하고 있으며, 특히 멜로드라마와 로맨스의 허위와 소망충족을 필사적으로 배제하는 것으로써, 서서히 만들어나갔던 자신의 예술에 관한 논의를 전개하고 있는 것이다. 이 단락 바로 앞에서 루시는 "독창적이고 좋은 그림은 독창적이고 좋은 책만큼이나 매우 희귀한 것 같다"고 말하고 있다. 『빌레트』가 바로 그런 책이다.

우리가 어떤 책이 '독창적'이라고 말할 때—자주 사용되는 찬사이지만—그것은 무엇을 의미하는 것일까? 일반적으로, 그것은 작가가 전례가 없는 무엇인가를 창조했다는 것을 의미하는 것이 아니라 현실을 재현하는 관습적이고 습관적인 방식들에서 벗어남으로써 우리가 이미 관념적인 '지식'으로서 가지고 있는 것을 '인식하도록' 만드는 것을 의미한다. 낯설게 하기란 결국 '독창성'의 또 다른 표현이다. 나는 소설의 기교들을 생각해보는 이 책에서 이런 시각을 지속적으로 견지해 나갈 것이다.

제12장 장소에 대한 감각 The Sense of Place

로스앤젤레스에서는 운전을 못하면 아무것도 할 수 없다. 이제 나는 술에 취하지 않으면 아무것도 할 수가 없다. 그런데 음주 운전은 이곳에서 불가능하다. 안전벨트를 하지 않거나 차 창 밖으로 담뱃재나 코딱지를 버리면 일단 무조건 앨커트래즈 감옥 행이었고, 이유를 물어보는 것은 그 다음이었다. 조금만 규칙에서 어긋나는 행동을 보여도 여기저기서 사이렌이 울리고, 누군가 망원경으로 여러분을 감시하고, 콥터에 탄 짭새가 대가리 위에 탐조등을 장전한다.

그러나 가난한 놈은 아무것도 할 수가 없다. 일단 호텔을 나섰다. 시내의 현란한 고층 건물에서는 지저분한 신의 콧방귀가 느껴지는 것 같았다. 당신은 왼쪽으로도 걸어 보고, 오른쪽으로도 걸어 본다. 그러나 결국 급류에 휘말린 생쥐 신세다. 이 가게에서는 술을 안 팔고, 저 가게에서는 고기를 안 팔고, 또 다른 가게에서는 이성애를 안 판다. 당신의 여친에게 샴푸질도 할 수 있고, 당신의 좆에 문신질도 할 수 있다. 24시간 영업이란다. 그런데 점심을 먹을 데가 없다고? 길 건너편에서 '고기와 술, 무조건'이란 간판을 본 것 같기도 한데, 그건 생각하지 않는 게 좋다. 길을 건너는 방법은 길 한가운데서 태어나는 방법밖에 없다. 횡단보도마다 신호등은 항상 빨간불이다. 모두. 단 하나의 예외도 없다. 그게 이 도시가 전하는 메시지다. 로스앤젤레스가 전하는 말은 '보행 금지'였다. 그냥 집 안에 가만히 있어. 걷지 마. 운전해. 걷지 마. 뛰어! 달리는 건? 택시를 타 보려고 시도했지만 아무 소용이 없었다. 택시 기사들은 모두 행성을 잘못 찾아온 토성인들 같았다. 어느 여행에서든 가장 먼저 해야 할 일은 택시 기사들에게 운전을 가르치는 일이다.

— 마틴 에이미스, 『머니』(1984)

•　　•　　•

지금까지 이 책을 읽어온 독자라면 잘 알고 있겠지만, 『소설의 기교』에서 내가 소설의 다양한 '측면들'로 구분한 것은 어느 정도 작위적이다. 소설에서의 효과들은 다층적이고 서로 관련되어 있으며, 그 하나하나가 모든 다른 효과들로부터 힘을 얻으며 다른 모든 효과에 기여한다. 내가 에이미스의 『머니』에서 장소에 대한 묘사의 예로서 선택한 부분은 '스카즈' 또는 '낯설게 하기'의 예로서도 충분히 성립할 것이고, 아직 다루지 않은 몇몇 주제들에도 동일하게 적용될 수 있을 것이다. 다시 말해 좋은 소설에서의 묘사는 절대로 '단순한'

묘사에 머무는 것이 아니다.

장소에 대한 감각은 소설의 역사에서 비교적 최근에 생겨난 것이다. 바흐친이 주목했듯이 고전적인 로맨스에 나오는 도시들은 플롯에 봉사하는 서로 교환될 수 있는 배경이다. 예를 들어 에베소(소아시아 서부의 옛 도시)가 코린트(고대 그리스의 상업·예술의 중심지)나 시러큐스(미국 뉴욕주의 중부 도시)라고 해도 변하는 것은 없다. 어차피 우리는 그 도시들을 직접 본 적이 없기 때문이다. 초기의 영국 소설가들도 장소를 구체적으로 그리지 않았다. 예를 들어 디포나 필딩의 소설에 등장하는 런던에서는, 훗날 디킨즈가 묘사하게 되는 런던과 같은 생생한 시각적 세부묘사가 발견되지 않는다. 필딩의 소설에서 톰 존스가 그의 연인 소피아를 찾기 위해 수도에 도착했을 때 서술자는 이렇게 말한다.

존스는 파트리지와 마찬가지로 생전 처음 런던에 와 보는 외지인이었다. 공교롭게도 그가 처음 도착한 지역은 그 주민들이 하노버 광장이나 그로스브너 광장의 저택 주인들과 교제를 거의 하지 않는 곳이었다. 즉 그가 들어선 곳은 그레이 여인숙 앞의 거리였던 것이다. 때문에 그는 한참을 헤매고 난 이후에야, 비로소 그 행복한 저택들이 있는 지역으로 가는 길을 찾을 수 있었다. 바로 운명의 여신이 그 옛날 화려했던 영웅들, 즉 고대의 브리튼족, 색슨족, 데인족의 후손들과 일반 평민들을 분리시켜 놓은 지역이었다. 그리고 이들 상류층의 옛 조상들이 보다

잘 살던 시절, 자신들의 많은 이점들을 이용하여 후손에게 부
와 명예를 물려준 지역이었다.

런던은 그곳에 사는 주민의 계급·지위의 차이라고 하는 관점에
서 묘사되고, 작가의 아이러니한 시각에 의해 해석되고 있다. 독자에
게 그 거리가 '보이도록' 만들려는 의도는 보이지 않고, 시골에서 처
음으로 대도시에 올라온 젊은이의 감각에 그 거리가 미치는 충격을
재현하려는 시도도 없다. 『올리버 트위스트』에서 디킨즈가 '야곱의
섬'을 묘사하는 것과 비교해 보자.

이 장소에 닿으려면, 방문자는 우선 미로 모양으로 짜여 있는,
좁은 진창의, 강가에서 일하는 가난하고 거친 노동자들이 모여
있는 근방을 통하지 않으면 안 된다. 각각의 상점에는 아주 싸
고 맛없는 음식이 산처럼 쌓여 있고, 아주 거칠고 볼품없는 옷
이 문가에 걸려있고, 난간이며 창에서도 펄럭거린다. … 도로 위
에 튀어나와 있는 무너져 내린 집의 전면, 지나가면 무너져버릴
것 같은 폐허의 벽, 반쯤은 파괴되고 반쯤은 휘청거리고 있는
굴뚝, 시간과 먼지로 거의 잠식된 철난간으로 보호받는 창, 그
밖의 상상할 수 있는 모든 방치의 징후들 아래를 방문자는 걷게
되는 것이다.

『톰 존스』는 1749년에 출판되었고 『올리버 트위스트』는 1838년에
출판되었다. 그 사이에 전개된 낭만주의 운동은 환경이 인간에게 미

치는 영향에 대해서 생각하게 했고, 사람들로 하여금 풍경의 숭고미에 눈뜨게 했으며 결국은 산업사회의 도시풍경의 음울한 상징성에도 눈을 뜨게 만들었다.

에이미스는 디킨즈 류의 도시 고딕소설 전통의 후계자이다. 후기 산업사회의 도시를 매혹과 혐오와 더불어 응시하는 모습의 배후에는 부패의 절정에 달한 문화와 사회에 대한 종말론적 이미지가 놓여 있다. 디킨즈와 마찬가지로, 에이미스가 묘사하는 배경은 종종 그의 등장인물 이상으로 더 생생하게 보여서, 마치 생명력이 사람들에게서 빠져나와 거리, 기계, 간단한 장치와 같은 것들 속에 악마적이고 파괴적인 형태로 재등장하는 것처럼 보인다.

『머니』의 서술자인 존 셀프(에이미스는 여기서도 디킨즈 식으로 이름을 가지고 장난을 친다)는 결단코 다면적인 인물도 동정적인 인물도 아니다. 그는 패스트푸드와 빠른 차, 즉석 식품과 포르노그라피에 중독된 여피족으로, 자신을 부유하게 해줄 영화 판권 거래를 성사시키기 위해 영국과 미국을 오가며 애쓰는 인물이다. 주된 무대는 런던과 뉴욕으로, 특히 뉴욕은 육체적·정신적 퇴폐에 관한 한 첨단의 곳이지만, 영화와 관련해서는 불가피하게 영화 산업의 도시 로스앤젤레스로 갈 수밖에 없다.

이 작품의 목적은 문체를 통해서 도시의 황폐를 웅변적으로 묘사하는 동시에, 서술자의 속물적이고 극단적으로 편협한 성격을 표현하는 데에 있다. 에이미스는 이런 어려운 목적을 서민적인 비속어와 불경한 말, 외설적인 말, 농담 등을 연발하여, 자신의 문학적 기량을 교묘하게 감추어 성취하고 있다. 서술자가 사용하는 영국식 영어와 미국식 영어의 중간말은 대중문화와 매스미디어로부터 빌려온 것이거나 에이미스 자신에 의해 그럴듯하게 창작된 것이다. 예를 들어 위 인용문의 최초의 단락을 해독하기 위해서는 '앨커트래즈'가 캘리포니아에 있는 유명한 감옥이라는 것, '짭새'는 경찰을 비속하게 부르는 용어라는 것, '장전한다'는 것은 조준한다는 것, '대가리'라는 속어는 머리를 의미한다는 것, 그리고 '콥터'는 헬리콥터에서 나온 말이라는 것을 추측해야만 한다. 오염된 도시의 하늘을 나타내는 "지저분한 신의 콧방귀"라는 은유는, 구약성서의 신이 현대의 소돔을 노엽게 내려다보는 이미지를 상기시키는데, 그 충격은 T. S. 엘리엇의 「알프레드 프루프록의 연가」에 나오는 "마치 수술대 위에 에테르로 마취된 환자처럼/ 하늘을 배경으로 펼쳐져 있는" 저녁처럼 깜짝 놀랄 만하며, 『율리시즈』의 첫 에피소드에서 스티븐이 바다를 '짙푸른색 snot-green'이라고 묘사한 대목을 떠올리게도 한다. 그러나 프루프록에게는 고급문화의 자부심이 있고, 스티븐은 호머가 바다를 묘사할 때 즐겨 사용한 '포도주빛 녹색'을 의도적으로 축소하고 있는 것에 반해, 존 셀프는 단지 어린애나 할 것 같은 추잡함에 탐닉할 뿐이며 이로 인해 우리는 그 이미지에 숨겨져 있는 문학적 정교함을 놓치고 마는 것이다.

로스앤젤레스에 대한 묘사를 관통하는 주요한 수사는 과장법 또는 과잉진술이다. 이 점에서 이 소설은 앞에서 살펴본 또 다른 '스카즈' 소설인 『호밀밭의 파수꾼』과도 닮아 있다. 그러나 샐린저의 소설에 비해 에이미스 문장은 수사적으로 고심해서 만든 부분이 훨씬 더 많다. 로스앤젤레스는 자동차에 바쳐진, 그리고 자동차에 지배되고 있는 도시라는 명제를 반복해서 코믹하면서 과장되게 보여주고 있다 ("길을 건너는 방법은 길 한가운데서 태어나는 방법밖에 없다"). 그리고 미국은 매우 전문화된 판매·서비스 형태를 선호하며 미국의 택시 운전사들은 종종 주변지리를 잘 모르는 최근 이민자라는 좀 덜 일반적인 관찰도 보여준다.

최근에 내가 보스턴에 갔었을 때, 운전기사는 무선 전화를 통해 러시아어로 본부와 세 차례나 통화를 한 끝에 겨우 공항에서 빠져나올 수 있었다. 그런 종류의 무능력을 과장하기는 매우 어려운데, 에이미스는 그 방법을 찾아냈다. "택시 기사들은 모두 행성을 잘못 찾아온 토성인들 같았다. 어느 여행에서든 가장 먼저 해야 할 일은 택시 기사들에게 운전을 가르치는 일이다." 행성 운운하는 SF소설의 인용에 뒤이어 "탈 때에는 확실히 매세요"라는 안전벨트 착용을 설명하는 평범한 표어를 연상시킨다. 에이미스의 글은 이처럼 현대 도시를 뒤덮는 의식의 잡다한 쓰레기를 즐겁게 병치해서 보여준다. 반복 어구는 전체의 문장을 경쾌하게 하고 장단을 맞추는 리듬감을 만들어 내는데, 특정 순간에 리듬감 있는 2행 연구를 깨뜨리려고 위협하기도 한다.

정형화된 문구를 사용한 장소에 대한 묘사는 종종, 단정하게 정돈된 평서문의 연쇄가 계속되어 이야기적 흥미가 중단되기 때문에 독자에게 지루함을 줄 가능성이 있다. 월터 스콧의 소설들은 그런 수많은 예를 제공한다. 하지만 여기서는 그런 걱정을 할 필요가 없다. 현재형으로 쓰인 문장이 그 장소와 그곳을 돌아다니는 서술자의 움직임을 멋지게 포착하고 있다. "일단 호텔을 나섰다"라는 평서문에서 "그런데 점심을 먹을 데가 없다고?"라는 의문문과, "걷지 마. 운전해. 걷지 마. 뛰어!"라는 명령문, 아니면 특정한 개인을 지칭하지 않는 2인칭 대명사 "당신은 왼쪽으로도 걸어 보고, 오른쪽으로도 걸어 본다" 등등, 문형을 풍부하게 변형시켜 독자를 작품세계에 끌어들이는 효과를 높이고 있는 것이다. 이런 식의 문장을 여러 페이지에 걸쳐 읽는다면 지쳐서 잠들는지는 모르겠지만, 적어도 지루해서 잠이 들게 되는 경우는 없다.

제13장 목록 Lists

로즈마리는 니콜의 조언을 받아가며 드레스 두 벌과 모자 두 개, 구두 네 켤레를 자기 돈을 주고 샀다. 니콜은 종이 두 장에 달하는 긴 구입품 목록에 있는 것들을 샀고, 상점 진열창에 마음에 드는 물건이 보이면 그것도 사들였다. 마음에는 들지만 자신에게는 별 쓸모가 없는 것들은 친구들에게 줄 선물로 샀다. 또한 색색의 구슬과 접었다 폈다 하는 비치 쿠션, 조화, 꿀, 손님용 침대, 여러 개의 가방과 스카프, 모란잉꼬 몇 마리, 참새우 빛깔이 나는 새로 나온 천을 3미터나 샀다. 그리고 수영복 열 벌과 고무로 된 악어, 금색과 상아색 말이 든 여행용 체스 한 벌을 샀다. 뿐만 아니라 메리에게 줄 커다란 면 손수건 여러 장, 에르메스의 빨갛고 파란 세무가죽 재킷 두 벌을 구입했다. 하지만 이렇게 엄청난 물건을 사는 니콜에게는 속옷이나 보석을 사들이는 고급 매춘부들과는 조금도 닮은 구석이 없었다. 매춘부들이 속옷이나 보석을 사들이는 것은 결국은 직업상 필요한 도구나 실패했을 때를 대비한 보험 같은 성격이 있었다. 그러나 니콜은 전혀 다른 처지에서 이런 것들을 사들였다. 니콜은 누군가 밤새워 이루어낸 발명과, 누군가의 뼈 빠지는 노역의 산물이었다. 니콜을 위해 기차는 시카고에서 출발해 대륙의 둥그런 복부를 지나 캘리포니아로 달려갔다. 껌 공장은 연기를 내뿜고 공장 작업대의 연동장치는 자꾸만 늘어갔다. 남자 노동자들은 큰 통에 들어 있는 치약을 섞고 구리로 된 커다란 통에서 치약을 퍼 올렸다. 여자 노동자들은 8월이 되면 서둘러 토마토 통조림을 만들거나 크리스마스이브에도 싸구려 잡화점에서 씩씩하게 일했다. 백인 피가 섞인 혼혈 인디언들은 브라질의 커피 농장에서 뼈 빠지게 일을 했고 발명가들은 새로 발명한 트랙터의 특허권을 강제로 빼앗겼다. 바로 이런 사람들이 니콜에게 십일조를 바쳤다. 그러나 이런 체제 전체가 동요하고 계속 위협을 받게 될수록, 도매상처럼 대량으로 물건을 사들이는 니콜의 구매욕구는 점점 더 커졌다. 마치 번져가는 불길 앞에서 제자리를 지키고 서 있는 파이어맨의 얼굴이 벌겋게 달아오르는 것처럼. 니콜은 자아 안에 자신의 운명을 품고서 아주 단순한 행동규범을 실천했다. 그럼에도 그 원칙들을 한 치의 빈틈도 없이 행동에 옮기는 과정을 보면 어떤 기품이 배어 있었다. 로즈마리 역시 니콜의 원칙을 따라해 보려고 했다.

— 스콧 피츠제럴드, 『밤은 부드러워라』(1934)

•　　　•　　　•

언젠가 피츠제럴드가 "부자들은 우리들과 다르지"라고 말하자, 헤밍웨이는 "맞아, 그들에겐 더 많은 돈이 있지"라고 대답했다. 피츠제럴드가 기록하고 있는 이 일화는 종종 그의 생각을 부정적으로 말하려는 사람들이 끄집어내는 경우가 많다. 하지만 실증주의적이라고 밖에는 말할 수 없는 헤밍웨이의 대답은 본질을 놓치고 있는 것이 분명하다. 즉 다른 사물들에 있어서도 그렇지만, 돈에 있어서도 양(量)은 좋든 싫든 곧 질(質)로 변한다. 니콜의 파리 쇼핑 행각에 대한 피츠제럴드의 묘사는 부자들의 다른 점을 웅변적으로 보여준다.

또한 그 묘사는 소설의 화법에서 목록의 표현력을 잘 보여주고 있다. 표면적으로 보면, 개별적인 아이템들의 목록은 소설 속에서 등장인물과 행동에 초점을 맞춘 이야기에서는 어울리지 않는 것처럼 보인다. 그러나 소설은 대단한 잡식성을 갖고 있어, 편지 · 일기 · 진술서 그리고 목록 등, 모든 종류의 비허구적인 언설을 소설로 끌고 들어올 수 있고, 그것들을 자신의 목적에 맞게 고쳐버릴 수도 있다. 때때로 목록은 개조식(箇條式) 형태로 재현되면서 그것을 둘러싼 문장과 대조되기도 한다. 예를 들면 베케트는 『머피』에서 여주인공인 셀리아의 신체적 특성들을 목록화하여 평면적이고 통계적인 방식으로 보여줌으로써, 전통적인 소설의 묘사를 오히려 조롱한다.

머리 : 작고 둥긂
눈 : 녹색
얼굴빛 : 흰색

머리 : 노란색

특징 : 활동적

목 : 13인치

상박(上膊) : 11인치

하박(下膊) : 9인치

이런 식이다.

현대의 미국작가인 로리 무어는 「어떻게 다른 여성이 될 수 있는 가」(1985)라는 흥미로운 단편소설을 썼는데, 그 책은 매뉴얼과 목록이라는 두 개의 비허구적인 유형의 언어로 쓰인 것이다. 이 소설에서 자신이 불륜관계의 애인에 불과하다고 믿고 있는 서술자의 불안은, 상대 남자가 자신의 아내를 칭찬함에 따라 더욱 커지게 된다.

> "그녀는 정말로 놀라울 정도로 정리를 잘해. 그녀는 모든 것에 대한 목록을 작성하지. 매우 인상적이야."
>
> (……)
>
> "목록을 만든다는 거예요? 당신, 그런 거 좋아해요?"
>
> "뭐, 어느 정도. 어쨌든, 해야 할 일, 사야 할 것, 만나봐야 할 고객들의 이름 등, 만사 그런 식이지."
>
> "목록이라?" 하고 당신은, 절망적으로, 목록도 없이, 중얼거린다. 고가의 레인코트를 입은 채.

곧이어, 서술자도 자연스럽게 자신의 목록을 만든다.

만나야 할 고객들
생일축하 사진
스카치테이프
TD와 엄마에게 편지 쓸 것

사실 그녀는 일개 비서에 지나지 않으며 만나봐야 할 어떤 고객도
없다. 목록은 지금 눈앞에 없는 그의 아내의 가상적 이미지와 경쟁하
기 위한 하나의 수단인 것이다. 그리고 그 사내가 자기의 부인은 모
험적인 성생활을 즐긴다고 암시하자, 서술자는 다음과 같이 반응한다.

당신이 지금까지 만났던 모든 연인들의 목록을 만듭니다.
워런 래쉬
에드 '곰대가리' 카타파노
찰스 디츠(키츠였나?)
알폰스

그것을 주머니에 넣으세요. 옆에 보이는 곳에 놓아봐요.
웬일인지 그것을 잃어버리게 됩니다. '분실했다'고 마음속으
로 말합니다. 또 목록을 만듭니다.

여성독자들을 주요 대상으로 삼아 부유층의 삶을 주로 다루는 대
중소설 분야가 있는데, 출판계에서는 이것을 '섹스와 쇼핑' 소설(아니
면 좀 깔보는 식으로 'S and F')이라 부른다. 이런 소설은 여자주인공이

명품을 구입하는 것을 하나하나, 디자이너의 이름에 이르기까지 세세하게 묘사한다. 에로틱한 욕망과 소비주의적인 욕망을 동시에 충족시키는 것이다. 피츠제럴드 또한 성적인 환상과 유별난 소비 사이의 상관관계에 주목하기는 하지만 훨씬 더 미묘하고 비판적으로 다룬다. 그는 『밤은 부드러워라』에서 인용한 위 대목에 나오는 니콜의 '종이 두 장에 달하는 긴 구입품 목록'을 반복해서 보여주지 않으며, 브랜드 이름을 병기하지도 않는다. 그는 실제로, 놀라울 정도로 적은 항목들을 가지고 낭비에 대한 인상을 창조하고, '에르메스'(흥미롭게도 여전히 인기 있는)라는 단 하나의 브랜드 이름을 통해 그것을 환기시킨다. 하지만 그는 니콜의 목록의 잡다함을 강조하고, 그것을 통해 니콜의 쇼핑이 전적으로 비실용적임을 알리고 있다. 색색의 구슬들과 같이 싸고 사소한 것들과 꿀처럼 가정에서 쓰이는 것들이, 침대처럼 부피가 큰 가구, 금색과 상아색 말이 든 여행용 체스와 같은 값비싼 장난감, 고무로 된 악어 같은 천박한 물건 등과 뒤죽박죽으로 섞이게 된다. 그 목록에는 어떤 합리적인 순서도 없으며 가격이나 중요성의 순서도 없다. 그 밖의 다른 어떤 원칙에 따른 항목별 분류도 존재하지 않는다. 그것이 핵심이다.

니콜은 자기가 작성해 왔던 목록의 범위를 순식간에 넘어서 버리고 마음에 드는 물건이 있으면 무엇이든 사들인다. 검소라든가 상식은 생각하지 않고, 자기의 흥미를 충족시키고 변덕스런 욕망을 채움으로써 그녀는 자신의 성격과 기질을 드러내는 것이다. 그것은 어떤 중요한 측면에서는 현실과 크게 어긋난, 인색하지 않고 충동적이며 쾌활하고 미적으로 감각이 있는 성격이다. 이런 소비 여행의 즐거움과 관능적인 쾌락에 우리가 반응하지 않기란 쉽지 않다. 에르메스의 빨갛고 파란 세무가죽 재킷 두 벌은 듣는 것만으로도 얼마나 갖고 싶은가(그러나 핵심어는 '두 벌'이다. 보통 사람들이라면 색깔은 다르지만 동일하게 매력적인 같은 종류의 두 재킷을 두고 망설이기 마련이지만, 니콜은 두 벌을 모두 사버림으로써 이 문제를 해결한다). 그녀의 젊은 피후견인이자 미래의 라이벌이 될 로즈마리가 그녀의 스타일을 따라하게 될 것은 의심할 나위도 없다.

그러나 이런 쇼핑 목록에 또 하나의 목록이 균형을 맞춘다. 그것은 니콜의 상속된 재산이 의존하는 착취의 대상인 인간들 또는 그런 인간 집단의 목록이다. 이 목록을 통해 우리의 반응은 역전된다. 그 대목 전체가 "니콜은 누군가 밤새워 이루어낸 발명과, 누군가의 뼈빠지는 노역의 산물"이라는 축으로 해서 역전된다. 이 문장에 의해서 우리는 그녀가 상품이나 물건의 소비자나 수집자가 아니라, 그녀 자신이 일종의 산물, 산업자본주의 최후의 정교하고 지나칠 정도로 비싸며 사치스럽게 낭비적인 상품이라는 사실을 알게 된다.

첫 번째 목록이 명사의 나열로 되어 있는데 반해, 두 번째 목록은 동사구들로 이루어져 있다. "기차들은… 출발해… 껌 공장은 연기를 내뿜고… 노동자들은… 치약을 섞고… 여자 노동자들은… 토마토 통조림을 만들거나…." 얼핏 보면 이런 다양한 과정들은 니콜의 쇼핑 목록과 마찬가지로 서로 어울리지 않고 무작위적으로 나열된 것처럼 보일 수도 있다. 그러나 치약 공장에서 일하는 노동자들과 상점에서 일하는 소녀들 그리고 브라질에서 일하는 인디언 노동자들은 서로 연결되어 있다. 그들의 노동에서 나오는 이윤이 돌고 돌아서 니콜의 쇼핑을 지탱해주고 있기 때문이다.

두 번째 목록은 첫 번째 것보다 더욱 은유적인 문체로 쓰여 있다. 그것은 "대륙의 둥그런 복부를" 가로지르는 기차를 통해 에로티시즘과 폭식 모두를 제시하는 충격적인 이미지로 시작해서 산업자본주의가 가진 자기 파괴의 가능성을 내포한 위험한 에너지를 불러일으키는 철도의 이미지로 되돌아온다. "이런 체제 전체가 동요하고 계속 위협을 받게 될수록"이라는 표현은 디킨즈의 『돔비와 아들』에서 사용되는 철도의 상징성을 환기시킨다. "그 철도, 모든 길과 도로를 무시하고, 모든 장애물의 심장을 관통하는, 그리고 모든 계층, 세대 그리고 모든 직위의 사람들을 자신의 뒤로 끌어다놓는 그 힘은, 일종의 승리에 도취된 괴물, 즉 죽음이었다."

그러나 정말 피츠제럴드답게, 그 이미지는 의외의 교묘한 방향으로 전개된다. 기관차의 용광로에서 시작된 이미지는 큰 화재의 장면으로 이행하고, 니콜은 이제 그 용광로에 연료를 공급하는 입장이 아니라, 그것을 끄려고 하거나 최소한 그것에 도전하려는 인간의 입장에 놓인다. '파이어맨'이라는 표현은 상반되는 두 의미('소방관'과 '방화자')의 어느 쪽에도 적용될 수 있으며, 피츠제럴드가 이 단어를 사용한다는 점에서 니콜과 같은 사람들에 대해 양가적인 태도를 취하고 있음을 드러내 준다. 다시 말해 선망과 찬미 그리고 비난이 혼합된 감정 말이다. "니콜은 자아 안에 자신의 운명을 품고서 아주 단순한 행동규범을 실천했다. 그럼에도 그 원칙들을 한 치의 빈틈도 없이 행동에 옮기는 과정을 보면 어떤 기품이 배어 있었다"라는 표현은, 의식적이든 무의식적이든 간에, 헤밍웨이가 용기를 정의할 때 '억압 하에서의 우아함'이라고 했던 말을 환기시키는 것처럼 들린다.

제14장 등장인물의 소개 Introducing a Character

"굉장히 늦었지요, 프리츠?"

"겨우 반시간 정도." 기쁨으로 회색이 만연한 프리츠는 길게 빼면서 말했다. "이셔우드 씨를 소개할까요, 바울스 양? 이셔우드 씨는 흔히 크리스로 알려져 있어요."

"그렇지 않아요." 내가 말했다. "여태껏 나를 크리스라고 부른 사람은 아마 프리츠뿐일 거요."

샐리는 웃었다. 그녀는 검정 실크 옷을 입고 있었다. 어깨에는 조그만 케이프를 걸쳤고 사환 소년들이 쓰는 것 같은 모자를 비스듬히 쓰고 있었다.

"전화 좀 써도 되겠어요?"

"그럼요, 쓰세요." 프리츠와 눈이 마주쳤다. "크리스, 저 방으로 가세. 보여줄 게 있네."

그는 샐리에 대한 나의 첫인상에 대해 듣고 싶어서 못 견뎌 하고 있음이 역력했다.

"제발 이 사람과 단 둘이 있게 하지 말아요!" 그녀가 소리쳤다. "그러찮음 전화로 날 유혹할 거예요. 굉장한 정열가거든요."

다이얼을 돌릴 때 그녀의 손톱이 에메랄드색으로 물들여져 있는 것이 보였다. 그건 불행하게 선택된 색이었다. 흡연 때문에 진이 묻어 어린애 손처럼 지저분한 그녀의 손에 주의를 끌게 하니 말이다. 그녀는 가무잡잡하여 프리츠의 누이로 통함직했다. 그녀의 얼굴은 갸름한데 뽀얗게 짙은 화장을 하고 있었다. 큼지막한 갈색의 눈이 좀 더 까맣다면 그녀의 머리와 짙게 그린 눈썹에 어울릴 뻔하였다.

"여보세요." 수화기에 입이라도 맞출 듯이 잘 익은 버찌 같은 입술을 오므리고 다정스레 그녀는 말했다. "저, 당신이에요?" 그녀의 입이 벌어지며 얼빠지게 상냥한 미소가 퍼졌다. 프리츠와 나는 영화 구경을 하듯이 그녀를 지켜보았다.

— 크리스토퍼 이셔우드, 『베를린이여 안녕』(1939)

●　　　●　　　●

論쟁의 여지는 있지만 등장인물은 소설에서 가장 중요한 단일 요소이다. 서사시와 같은 다른 서사 형식 그리고 영화와 같은 다른 매체도 똑같이 이야기를 말할 수 있지만, 인간 본성을 그려내는 데 있어서의 그 풍부함과 다양함 그리고 심리적인 통찰의 깊이에 있어서 유럽 소설의 위대한 전통에 맞설 만한 것은 없다. 하지만 인물은 아마도 기술적(技術的)인 측면에서 논의하기 가장 어려운 소설의 측면

일 것이다. 그것은 아주 다양한 유형의 인물들이 있기 때문이기도 하며, 그들을 제시하는 아주 다양한 방법이 있기 때문이기도 하다. 중심인물과 주변인물, 평면적 인물과 입체적 인물, 그리고 울프의 『댈러웨이 부인』에서처럼 의식의 내부로부터 형상화되는 인물, 이셔우드의 작중인물인 샐리 바울스처럼 다른 등장인물에 의해 외부로부터 묘사되는 인물 등, 다양한 인물들이 있다.

원래 샐리는 『베를린이여 안녕』을 구성하는 자전적인 이야기와 소묘의 일부에서 주변적인 역할을 완수하고 있을 뿐이지만, 그녀가 오랜 기간 동안 현대의 대중들에게 사랑을 받는 것은, 이셔우드의 텍스트를 토대로 해서 연극과 영화(<나는 카메라>)와 뒤이어서는 뮤지컬 연극과 뮤지컬 영화(<카바레>)가 만들어진 덕분이다. 얼핏 보면 어째서 그녀가 이러한 신화에 가까운 위상을 획득했는지 이해하기란 쉽지 않다. 그녀는 특별히 아름답지도 않고 지적이지도 않으며 더욱이 예술가로서의 재능을 타고나지도 않았다. 그녀는 허황되고 나태하며 돈을 받고 성관계를 갖기도 한다. 그럼에도 불구하고 그녀는 순수하고 연약한 매력을 간직하고 있으며 그녀의 외양과 실제 삶 사이의 간극에는 무언가 거부할 수 없는 골계(滑稽)가 존재한다. 그녀의 이야기는 나치 정권의 지배에 들어가기 이전의 바이마르 공화국 시대의 베를린을 무대로 하고 있다는 점에서 한층 흥미롭고 또한 의미 깊다. 더러운 여인숙에서 헛되이 부와 명성을 꿈꾸고 수상한 후원자 사이를 왔다갔다하면서 너무나도 뻔히 들여다보이는 거짓말과 남의 비위를 맞추는 아첨의 말을 하는 그녀는, 파멸을 목전에 둔 그 사회의 자기기만과 우매의 상징이다.

고전소설에서는 일반적인 것이지만, 등장인물을 소개하는 가장 단순한 방법은 신체에 대한 묘사와 전기적 묘사를 제공하는 것이다. 엘리엇의 『미들마치』의 제1장에서의 도로시아 브룩의 초상은 이런 방식의 대표적인 예이다.

브룩 가(家)의 맏딸에겐 수수한 차림새로 인해 한층 더 돋보이는 그런 아름다움이 있었다. 그 손과 손목은 어찌나 아름답게 생겼던지, 이탈리아 화가들이 상상한 성처녀(聖處女) 마리아의 차림새처럼 검소하고 고풍스러운 옷소매도 아주 잘 어울렸다. 또한 그 앞모습은 큰 키, 그리고 몸짓과 더불어 수수한 의상 때문에 더욱 품위를 더하는 것 같았다. 이것을 촌스런 유행 의상과 비교해보면, 마치 오늘날의 신문 기사 속에 훌륭한 성서의 한 구절이나, 옛 시인의 아름다운 시구가 인용되어 있는 것을 보는 듯한 느낌이 들었다. 뛰어나게 머리가 좋은 아가씨라는 것이 세상 사람들의 평판이었으나, 거기엔 늘 동생인 셀리아 쪽이 보다 상식적이라는 단서가 붙었다.

몇 페이지에 걸쳐 이런 식으로 계속된다. 훌륭한 묘사이긴 하지만, 이것은 오늘날보다 시간도 넉넉하고 느긋한 문화에 속하는 작품의 일절이다. 현대의 소설가들은 대개 등장인물에 관한 사실이 그들의 행위와 발화에 의해 점차적으로 드러나거나 확산되어 전달되는 것을 선호한다. 어떠한 경우든 소설의 모든 묘사들은 고도로 선택적인 것이다. 그 기본이 되는 수사학 기법은 부분으로써 전체를 드러내는 제유(提喩)이다. 엘리엇과 이셔우드는 모두, 그들의 주인공들의 신체적 외양을 환기하기 위해 여주인공의 손과 얼굴에 집중하고, 그럼으로써 나머지는 독자들의 상상력에 맡겨둔다. 도로시아나 샐리의 신체적이거나 정신적인 특성들을 남김없이 묘사하려면 수 페이지가 필요할 뿐만 아니라 어쩌면 책 전체를 소모하게 될지도 모른다.

의상은 언제나 성격·계층·라이프스타일을 표현하는 유효한 지표가 되는데, 샐리와 같은 멋쟁이의 경우는 더욱 그렇다. 그녀의 검은 실크 정장(일상적인 오후의 외출을 위해 입는)은 자기 현시욕을, 망토는 연극성을, 그리고 (작품 전체를 통해서, 복장도착을 포함한 성적 도착과 일탈에 대한 많은 언급에 의해 특수한 의미를 부여받는) 사환 소년의 모자는 성적 유혹을 표현하고 있다. 이런 특성은 새롭게 그녀의 포로가 된 두 남자에게 강한 인상을 심기 위해 전화 사용을 부탁하는 그녀의 발화와 행위에 의해 즉시 보강되는데, 이것을 기회로 서술자는 샐리의 손과 얼굴을 묘사할 수 있게 되는 것이다.

이것이 헨리 제임스가 '극적(劇的) 방법'이라는 말로 의미했던 것으로 그가 "극화하라! 극화하라!"라고 외쳤을 때 얻으려고 했던 효과이다. 제임스는 무대연극을 생각하고 있었지만, 이셔우드는 영화와 함께 자라난 첫 번째 세대의 작가로 그의 작품은 영화의 영향을 보여준다. 『베를린이여 안녕』의 서술자가 "나는 카메라다"라고 말했을 때, 그는 영화 카메라를 생각하고 있었다. 도로시아가 마치 언어적 초상화를 위해서 앉아 있는 것처럼 조용히 포즈를 취하고 있고, 실제로도 그림 속의 인물과 비교될 수 있는 데 반해, 샐리는 우리에게 행동을 통해서 그 모습을 드러낸다. 이 단락은 이를테면 다음과 같은 영화적인 쇼트들의 시퀀스로 나누기가 수월하다.

검은 실크 정장으로 포즈를 취하는 샐리/ 두 사람 간의 짧은 시선의 교차/ 전화 다이얼을 돌리는 샐리의 녹색 손톱의 클로즈 업/ 그녀의 뽀얗게 짙은 화장과 남자들에게 인사할 때의 그녀의 인상에 영향을 미치는 것에 대한 또 다른 클로즈 업/ 그 어설픈 연기에 주목하는 두 남성 관찰자에 대한 2인 쇼트.

이렇게 생각하면 샐리의 이야기가 영화로 각색된 이유가 쉽게 설명된다. 하지만 인용된 대목에는 순수하게 문학적인 뉘앙스도 존재한다. 그녀의 이름을 들었을 때 내가 처음 떠올린 것은 녹색의 지저분한 손톱이었다. 영화에서는 녹색 광택이 있는 손톱을 나타낼 수는 있지만 "불행하게 선택된 색"이라는 서술자의 아이러니한 판단을 드러내는 것은 불가능하다. '불행하게 선택된' 것은 샐리 보울스의 삶의 이야기 자체인 것이다. 그리고 영화는 담배 얼룩과 진을 보여줄 수는 있을 테지만, 오직 서술자만이 "어린애 손처럼 지저분한" 것을 관찰할 수 있다. 정교한 겉모습 밑에 숨어 있는 아이다운 유치한 특성이 샐리를 기억할 만한 인물로 만드는 것이다.

제15장 놀람 Surprise

"**또** 한 번 말하겠는데, 난 꼭 당신이 있어야겠소." 피트 경
은 탁자를 두드리며 말했다. "당신 없이는 일을 해나갈 수가 없
어. 당신이 집을 떠나기 전엔 그런 걸 몰랐는데, 집안 일이 죄다
틀려나가거든. 아주 딴 집이 됐어. 내 회계도 모두 또다시 엉망
이 돼버리구, 당신이 꼭 돌아와야겠어. 돌아와줘요 미스 베키,
제발 돌아와줘요."

"돌아가는데- 뭘로요? 선생님?" 레베카는 숨을 몰아쉬며 말
했다.

"크롤리 경 부인으로서, 당신만 좋다면." 준남작은 조장(弔狀)
이 달린 모자를 움켜쥐며 말했다. "자! 그러면 되겠소? 돌아와서
아내가 돼주오. 당신은 자격이 있어. 가문 같은 건 아무래도 좋
아. 당신 같은 훌륭한 숙녀는 처음 봤어. 이 마을 귀부인치고 당
신의 새끼손가락에 따라갈 정도의 두뇌를 가진 여자는 없어. 와
주겠소? 예스요? 노요?"

"오, 피트 경!" 레베카는 감개무량해서 말했다.

"예스라고 하오, 베키." 피트 경은 말을 이었다. "난 나이는 먹었지만 폐물은 아니오. 아직 이십 년은 너끈히 살 수 있지. 당신을 호강시켜주지, 두고봐요. 하고 싶은 대로 시켜주지. 돈도 쓰고 싶은 대로 쓰고, 갖고 싶은 대로 가져요. 유산도 정해주지. 뭐든지 다 해줄 테요. 알겠어?" 하더니 노인은 무릎을 꿇고 색마처럼 그녀에게 곁눈질을 했다.

레베카는 몹시도 놀란 듯이 뒤로 물러났다. 여태까지 그녀가 침착성을 잃는 것을 우리는 보지 못했는데, 이번엔 그것을 잃어, 여태껏 흘려본 적이 없는 진짜 눈물을 떨구었다.

"오, 피트 경! 오, 선생님— 전— 전 벌써 결혼한 몸입니다!"

— 윌리엄 새커리, 『허영의 시장』(1848)

●　　●　　●

大부분의 이야기는 독자를 놀라게 하는 요소를 갖고 있다. 만약 어떤 플롯에서 모든 반전(反轉)을 미리 예상할 수 있다면 우리는 그 이야기에 매료되지 않을 것이다. 그렇지만 반전은 예상치 못한 것이어야 할 뿐만 아니라 설득력도 있어야 한다. 아리스토텔레스는 이러한 효과를 '페리페테이아', 즉 반전이라고 불렀는데, 이것은 이야기의 상태가 전혀 다른 방향으로 갑작스럽게 전개되는 것으로 종종 '발견'과 결합되어 등장인물을 무지의 상태에서 앎의 상태로 전환시키는 경우가 많다. 아리스토텔레스가 예로 들고 있는 것은 『오이디푸스 왕』에서 주인공이 자신의 출생과 관련된 비밀을 사신으로부터 듣고 자신이 아버지를 죽이고 어머니와 결혼했다는 사실을 깨닫게 되는 장면이다.

『오이디푸스 왕』처럼 널리 알려진 이야기를 다시 쓸 경우에는, 등장인물은 놀라게 되지만 내용을 이미 잘 알고 있는 독자나 관객은 놀라기보다는 아이러니(제39장 참조)를 경험하게 된다. 그렇지만 이전의 다른 모든 이야기 형식과는 달리 소설은 완전히 새로운 이야기를 전하려고 한다는 점에서 차이가 난다. 따라서 첫 번째 독해에서 대부분의 소설은 정도의 차이는 있을망정 대부분의 독자들을 놀라게 만든다.

새커리는 『허영의 시장』의 위 장면에서 여러 가지 놀람의 장치들을 넣어 놓았다. 고아이자 무일푼의 가정교사인 베키 샤프는 준남작으로부터 청혼을 받고 놀란다. 그런데 피트 크롤리 경과 독자는 그녀가 이미 결혼했다는 사실을 알고 놀란다. 반면 새커리는 여전히 그 상황으로부터 상당한 거리를 유지하고 있다. 캐슬린 틸로슨이 『1840년대의 소설들』에서 밝히고 있는 것처럼, 이 대목은 소설 제14장의 결말 부분이고 애초에 이 작품이 분책으로 출판되었을 당시에는 제4호분의 결말이었다. 그러므로 이 작품을 처음 접한 당시의 독자들은 베키의 남편이 누구인가 하는 의문에 사로잡힌 채(현대의 TV 연속극 시청자들처럼) 긴장하게 되었을 것이다. 새커리와 동시대의 독자들이 체험한 것은 아마 연극에서의 막에 비유될 수 있을 것이다. 아름답고 마음이 심란한 젊은 여성 앞에 무릎을 꿇는 늙은 난봉꾼의 모습은 본질적으로 연극적이며, 베키의 "오, 피트 경! 오, 선생님— 전— 전 벌써 결혼한 몸입니다!"라는 대사는 전형적으로 막이 내려지는 대목으로 막간에 관객들을 웅성거리게 하려는 장치임에 틀림없다.

다음 장은 베키가 누구와 결혼했는가에 대한 언급 없이 이야기가 진행된다. 피트 경의 이복누이인 크롤리 여사는 기세 좋게 방에 들어와 자기 동생이 베키 앞에 무릎을 꿇고 있는 것을 목격하고 놀라게 된다. 특히 동생의 프러포즈가 거절되었다는 사실에 더욱 놀라게 된다. 이 장이 끝날 때가 되어서야, 새커리는 베키의 배우자가 크롤리 여사의 조카인 방탕한 기마대 장교인 로든 크롤리 대위였다는 사실을 폭로한다.

이런 효과를 내기 위해서는 섬세한 준비가 필요하다. 불꽃놀이에서처럼 도화선에서 점화된 불이 최후에 관객 앞에서 폭발하게 되는 것과 마찬가지다. 어떤 사태를 나름대로 설득력 있게 제시하려면 충분한 정보가 지속적으로 독자에게 제공되어야 하지만 동시에 독자들이 쉽게 짐작할 수 없어야 한다. 새커리는 정보의 제시를 억제하지만 독자를 속이지는 않는다. 그는 이 대목에서 편지를 자주 사용함으로써, 서술자의 평소와 다른 과묵함이 부자연스럽게 보이지 않도록 한다.

이야기의 전반부에서 친구인 아멜리아의 오빠를 남편으로 만들려는 시도가 실패한 뒤에, 무일푼의 베키는 피트 경의 가정교사가 되어 그의 병든 두 번째 부인과 두 딸을 돌보게 된다. 피트 경의 시골 대저택인 '퀸스 크롤리'에서 그녀는 그 인색하고 물정 어둡고 비참하고 난폭한 늙은 준남작과 그의 이복누나인 유복한 노처녀에게 자신이 소중한 사람이라는 인상을 심어준다. 크롤리 여사는 그런 베키를 좋아하게 되고 런던의 자기 집에서 요양 중에 어떻게 해서든 그녀의 간호를 받기를 바란다. 피트 경은 마지못해 베키를 보내는데 그것은 크롤리 여사로부터 자신의 두 딸이 받을 유산이 위태로워지면 좋을 것이 없다고 생각했기 때문이다. 하지만 자신의 부인이 죽자(모든 등장인물들은 이 사건에 대해 무정할 정도로 무관심하다), 그는 어떤 대가를 치르더라도, 심지어 결혼을 해서라도 베키를 퀸스 크롤리로 다시 데려오려고 한다. 크롤리 여사는 이미 그런 위험을 감지하고 자기 조카로 하여금 베키를 유혹하도록 부추김으로써 베키가 피트 경의 세 번째 부인이 될 자격 자체를 없애버렸다. 분명히 그녀는 베키와 함께 지내는 것을 좋아했지만 그녀를 가족으로 받아들이는 것은 원하지 않았던 것이다. 베키와의 결혼은 무모했다고 말할 수 있지만, 로든은 분명 점잖게 행동했다. 다른 등장인물들의 행위는 모두 이해타산적이고 자기 이익에 근거를 둔 것이었지만, 로든에게는 사랑이라든가 죽음이라는 것이 부와 사회적 지위를 얻기 위한 전략은 아니었던 것이다.

새커리는 여지없이 아이러니를 구사한다. 베키는 '감개무량'해서 이번에는 진실로 눈물을 흘린다. 하지만 왜 그런가? 그녀가 어리석은 로든과 결혼한 것은 그가 고모의 유산을 상속받을 것이라는 생각 때문이었지만, 결국 그녀가 깨닫게 된 것은 자신이 보다 크고 확실한 목표물을 놓쳐버렸다는 사실이다. 준남작의 부인이 되었다면 머지않은 장래에 아주 자연스럽게 준남작의 미망인이 될 수 있었기 때문이다(준남작은 "아직 이십년은 너끈히 살 수 있지"라고 말했지만 그것은 지극히 낙관적인 것이었고, 그가 오래 사는 것은 베키에게 아무런 가치도 없었다). 이 장면은 피트 경의 희극적 성격에 빚지고 있는데, 서술자는 일찍이 그에 대해 "영국 전체 귀족 사회에서 이 사람보다 더 교활하고 무자비하며 이기적이고 어리석으며 평판이 좋지 않은 사람은 없었다"고 말한 바 있기 때문이다. 색마처럼 베키를 곁눈질하는 이미지를 통해서 새커리는 빅토리아 시대의 엄숙함의 미학이 허락하는 범위 내에서, 피트 경이 베키에게 노골적인 성적 관심 이상은 없다는 것을 암시하고 있다. 이런 인물과 결혼하지 못한 것 때문에 그녀가 우는 모습은 그녀 자신뿐만이 아니라 『허영의 시장』의 세계 전체에 대한 통렬한 비판이라 할 수 있다.

제16장 시간의 이동 Time-Shift

모니카의 얼굴에 분노가 드러났다. "그녀를 팔로 감싸고 있었던 것은 로이드 선생이었어." 그녀는 말했다. "내 눈으로 보았으니까. 지난번에 말을 괜히 한 것 같아. 내 말을 믿어준 건 로즈뿐이야."

로즈 스탠리가 그녀의 말을 믿는 이유는 그 이야기에 아무런 흥미도 없었기 때문이다. 그녀는 브로디 선생의 애정 행각이나 다른 누구의 사랑 이야기에도 전혀 관심이 없었다. 그리고 그 이후로도 그런 태도는 변하지 않았다. 후에 그녀가 섹스로 유명해졌을 때에도, 온몸에서 발산하는 그녀의 성적 매력의 뿌리를 더듬어본다면, 그녀가 섹스에 대해 전혀 관심이 없으며 그것에 대해 생각한 적도 없었다는 것이 분명해졌다. 브로디 선생의 평가를 빌리면 그녀는 천부의 재능을 가지고 있었던 것이다.

"나를 믿어주는 건 로즈뿐이야"라고 모니카 더글러스는 말했다.

1950년대 후반에 샌디가 있는 수녀원을 방문한 모니카는 "어느날, 미술실에서 로이드 선생이 브로디 선생에게 키스하는 것을 봤어"라고 말했다.

"알고 있어"라고 샌디는 말했다.

그녀는 전쟁이 끝난 뒤의 어느 날 브레이드 힐스 호텔에서 브로디 선생의 입에서 그 일의 진상을 듣게 되었다. 두 사람이 선생의 집에서 배급양을 웃도는 샌드위치와 차를 마시며 앉아 있을 때였다. 브로디 선생은 짙은 쥐색 코트를 입고서 오그라들어 배신당한 사람처럼 앉아 있었다. 선생은 정년 전에 은퇴했던 것이다. "내 인생은 끝났어"라고 선생은 말했다.

"정말 좋은 시절이었어요"라고 샌디는 말했다.

—뮤리엘 스파크, 『브로디 양의 청춘』(1961)

●　　●　　●

부족의 영광을 노래하는 시인이나 침대맡의 아이에게 이야기를 들려주는 부모들에게 공히 선호되는 이야기 방법은, 이야기를 처음부터 시작해서 끝날 때까지 혹은 듣는 사람이 잠들 때까지 계속하는 것이다. 하지만 사람들은 오래전부터 사건이 발생한 순서를 파괴하는 것이 이야기를 흥미롭게 만드는 효과가 있다는 사실을 알고 있었다. 예를 들어 『오디세이』는 트로이 전쟁에서 돌아오는 영웅의 위험한 항해에서부터 시작해서, 중간에 과거의 모험 이야기로 돌아갔다가, 이야기의 흐름을 따라 다시 최후의 이타카(Ithaca) 장면으로 되돌아온다.

시간의 이동을 통해 이야기는 인간의 생을 단순하게 차례차례 제시하는 것을 피하고, 시간적으로 멀리 떨어진 일들 사이에 발생하는 인과관계라든가 아이러니를 우리에게 보여준다. 시간적으로 멀리 떨어진 과거에 이야기의 초점을 맞춤으로써, 실제로는 훨씬 뒤에 일어난 어떤 사건에 대한 우리의 해석을 변화시킬 가능성도 있다. 이것이 플래시백으로 영화에서 자주 사용되는 기법이다. 이야기 속에서 미래에 벌어지게 될 사건을 미리 보여주는 것을 고전 수사학자들은 예변법(豫辯法)이라고 불렀다. 이는 영화의 플래시포워드 효과라고도 할 수 있는데, 소설보다 영화에서 이러한 효과를 활용하는 것이 훨씬 더 어렵다. 왜냐하면 이것은 전체 이야기를 이미 알고 있는 어떤 서술자의 존재를 암시하게 되는데, 영화에는 보통 서술자가 존재하지 않기 때문이다. 그렇기 때문에 영화 <브로디 양의 청춘>은 원작 소설만큼 복잡하지도 않고 혁신적이지도 않다. 영화는 사건이 일어난 순서대로 이야기를 제시하고 있지만, 원작 소설은 시간을 자유자재로 넘나들고, 이야기도 사건의 앞뒤를 왔다갔다 하기 때문이다.

이 소설은 두 차례의 세계대전 사이 시기에, 에든버러 여학교에서 교편을 잡은 괴짜이면서 카리스마 있는 교사 진 브로디와 그를 흠모하는 학생들의 이야기를 다루고 있다. 그 학생들 중에는 수학을 잘해서 유명한 모니카, 섹스로 유명한 로즈, 그리고 특이한 모음 발음과 "눈이 너무 작아서 없는 것이나 마찬가지"라는 놀림을 받는 샌디 스트레인저가 있다. 하지만 샌디의 그 눈은 보이는 것을 놓치는 법이 없으며, 그녀는 이 소설의 주요한 시점 인물이다. 이야기는 이 소녀들이 고등학생이 되었을 때부터 시작해서, 재빠르게 브로디 선생의 영향력이 절정에 달했던 그들의 중학 시절로 되돌아가고, 그로부터 수시로 그들이 성인이 된 시점으로 이동하여 성장한 후에도 그 괴짜 선생에 대한 기억에서 헤어나지 못하는 그녀들의 모습을 보여준다.

중학교 시절 그들은 브로디 선생의 성생활에 관해서, 특히 그녀가 세계대전 중에 '한쪽 팔을 잃어버린' 잘 생긴 미술교사 로이드 선생과 관계가 있었는지 궁금해 한다. 모니카는 그들이 미술실에서 포옹하는 것을 보았다고 말하지만, 로즈 말고는 아무도 그녀의 말을 믿지 않아 당황해 한다. 몇 년 후에 그녀가 샌디에게 하는 말에서 암시되어 있듯이, 그녀는 그때 친구들이 자신을 믿지 않았다는 사실에 상처를 받았다. 이후에 외부와 차단된 수녀원의 수녀가 된 샌디는, 모니카가 옳았다는 것을 인정한다. 서술자에 의하면, 그녀는 전쟁이 끝난 직후의 어느 날 브로디 선생의 입을 통해 직접 듣기 전부터 이미 그것을 알고 있었던 것이다.

이 짧은 대목에서, 독자는 쉴 새 없이 이동하는 시간의 변화에 휘둘리게 된다. 이야기의 중심이 되는 시간대는 중학생들이 브로디 선생의 성생활에 관해 이야기하는 1920년대 후반으로 설정되어 있다. 거기에 로즈가 섹스로 유명해지는 1930년대의 이야기가 덧붙여진다. 1950년대 후반에는 모니카가 수녀원의 샌디를 찾아온다. 1940년대 후반은 샌디가 강제로 퇴직당한 브로디 선생과 차를 마신 때다. 그리고 언제인지가 불확실하지만 브로디 선생이 미술실에서 실제로 로이드 선생에게 입맞춤을 당했던 것을 샌디가 알게 된 시기가 있다.

이야기 후반에 가서야 분명해지는 것이지만, 샌디가 그 사실을 알게 되는 것은 고등학교 시절이다. 학생들밖에는 관심이 없는 자신을 대신해서 로즈가 로이드 선생의 부인이 될 것이라고 브로디 선생은 단언한다. 샌디는 브로디 선생의 이러한 자기중심적인 태도에는 어딘가 경솔할 뿐 아니라 위험한 면이 있다고 판단한다. "선생은 자기가 신이라고 생각하고 있는 거야, 하고 샌디는 생각했다. 스스로를 칼뱅의 신으로 생각하고, 자신이 세상의 처음과 끝을 꿰뚫어본다는 것이다." 물론 소설가들 역시 자신들의 이야기의 처음과 끝을 알고 있을 테지만, 스파크는 유익한 허구와 위험한 망상은 다르다는 것을, 또한 거기에 덧붙여 자유의지를 인정하는 가톨릭적인 신과 그것을 인정하지 않는 칼뱅파의 신은 다르다는 것을 암시하고 있다. 이 소설의 어느 부분에는 "신은 사실상 모든 인간에 대해서, 그들이 태어나기 이전에 그들이 죽을 때에 취할 놀라움을 꼼꼼히 계획해 두었다"라는 칼뱅파의 예정설이 웅변적으로 요약되어 있기도 하다.

샌디는 자신이 로이드 선생의 애인이 됨으로써 브로디 선생의 예언을 반박하고, 타인의 운명을 좌우할 수 있다고 믿는 선생의 자부심을 꺾으려고 한다. 나중에 그녀는, 브로디 선생이 파시스트 치하의 스페인으로의 위험한 여행에 또 한 명의 학생을 보냈다고 학교당국에 밀고한다. 인용문 속에서 브로디 선생이 '배신당한 사람'이라고 평가된 것은 바로 이런 이유 때문이며, 샌디는 수녀가 되었음에도 불구하고 그때의 죄로부터 확실하게 해방된 것처럼 보이지 않는다. 브로디 선생이 '오그라들었다'고 말해지는 것은 그녀가 암으로 죽어가고 있었기 때문인데, 그래서 이 장면은 매우 슬프다. 하지만 이 장면은 아직 이야기의 절반도 진행되지 않은 지점이며, 이 장면의 비애와 짝을 이루어 이야기의 후반에서는 브로디 선생의 전성기가 펼쳐진다.

시간의 이동은 현대소설에서 아주 흔한 것이지만, 일반적으로는 인물의 의식의 흐름의 재현에서처럼(몰리 블룸의 내적 독백은, 마치 전축 바늘이 LP판의 좁은 홈을 왔다갔다하는 것처럼, 그녀의 인생의 한 시기에서 다른 시기로 늘 이동한다) 기억의 작동에 의해서 아니면 보다 형식적으로 서술자-인물의 수기나 회상(예를 들면, 포드의 『훌륭한 병사』의 도웰처럼)에 의해서 '자연스럽게' 이루어진다. 그레이엄 그린의 『사랑의 끝』은 후자의 유형에 속하는 대표적인 작품이다. 서술자는 벤드릭스라는 전업 작가로, 자신이 말하는 이야기의 서두에서 돌연 자신과 헤어졌던 옛 애인 사라의 남편 헨리와 만나게 된다. 벤드릭스는 그녀에게 다른 연인이 생겼다는 생각에 여전히 쓸쓸함과 질투를 느끼는데, 헨리로부터 사라가 부정한 짓을 하는 것 같다는 말을 듣고는, 탐정까지 동원해 그녀의 비밀을 파헤치려고 한다. 그 탐정이 발견하는 것은 사라가 쓴 일기로, 거기에는 벤드릭스와의 정사가 그녀의 시점에서 묘사되어 있고, 그녀가 그 관계를 끝낸 동기와 종교를 바꾸게 된 경위가 전혀 생각지도 못했던 모습으로 기록되어 있다.

위 인용문에서 스파크가 사용하고 있는 것과 같은 잦은 시간 이동과 권위적 목소리를 가진 3인칭 서술의 결합은 전형적인 포스트모더니즘적인 전략으로서, 독자로 하여금 텍스트의 기법적 구성에 집중하게 하여 그 허구적인 이야기의 시간적 지속이라든가 중심인물의 심리적인 깊이에 '빠져들지' 않도록 막아준다. 이런 기법을 보여주는 또 하나의 놀라운 예는 커트 보네거트의 『제5도살장』(1969)이다. 작가는 먼저 최초 지점에서, 주인공 빌리 필그림의 이야기는 허구이며, 작가 자신이 포로로서 드레스덴에 억류되어 겪었던, 도시를 남김없이 파괴했던 연합군의 공격, 즉 제2차 세계대전 중 최대라고 일컬어지는 1945년의 대공습 때의 체험에 근거한 것이라고 말하고 있다. 소설은 다음과 같이 시작된다. "우선, 여기서부터 이야기를 시작하도록 하자. 빌리 필그림은 시간의 틀에서 벗어나 있다." 그런 다음 작품은 미국 중서부에서 안과의사로 처자를 거느리고 사는 빌리의 서민적인 생활에 얽힌 에피소드와 드레스덴에서의 공포로 절정부를 맞는 군대 복무 중의 에피소드를 종횡무진 오간다. 그것은 단순히 기억만의 작용은 아니다. 빌리는 실제로 '시간 여행'을 하고 있는 것이다. 그는 정신적 외상을 입은 다른 퇴역 군인들과 함께 시간('광년'이라는 시간 단위로 측정되는)과 우주공간을 자유자재로 날아다니는 SF소설의 환상의 힘을 빌려 근대 역사의 견딜 수 없는 사실로부터 도망치려고 한다. 그는 자신이 한동안, 배관공 같은 모습의 눈이 하나뿐인 작은 생명체들이 사는 트랄파마도어 혹성에 납치되어 있었다고 주장한다. 이 대목은 SF소설과 진지한 철학적 이야기를 유쾌하게 패러디한 것이다. 트랄파마도어인들에게 모든 시간은 동시적으로 현재이며 그들은 자신의 시간적 위치를 자유롭게 선택할 수 있다. 인간적인 관점에서 본다면, 시간이 구원되고 그 결과가 되돌려지는 영원을 믿지 않는한, 삶을 비극적으로 만드는 것은 냉혹할 만치 일방향적인 시간의 흐름이다. 이 점에서 『제5도살장』은 포스트모더니즘뿐만 아니라 포스트-기독교적인 측면에서 많은 생각을 불러일으키는 작품이다. 가장 충격적이고 신랄한 이미지는 필그림이 전쟁영화를 거꾸로 되돌려 보는 장면이다.

곳곳에 구멍이 나고 부상자들과 시체를 가득 실은 미국 비행기들이 영국의 한 비행장에서 후진으로 이륙했다. 프랑스 상공에서 독일군 전투기 몇 대가 그들을 향해 거꾸로 날아왔고, 폭격기들과 승무원들로부터 탄알과 포탄 파편을 빨아들였다. 그들은 지상의 파괴된 미군 폭격기들로부터도 똑같은 행동을 했으며, 그 폭격기들은 후진으로 날아올라 편대에 합류했다.

마틴 에이미스는 최근에, (보네거트에 대해 사의를 표하면서) 이러한 기발한 착상을 발전시켜 『시간의 화살』이라는 작품에 구현했다. 이 소설 속에서는, 나치 전범 한 사람의 생애가 죽음에서부터 탄생에 이르기까지 거꾸로 서술되는데, 이런 효과를 통해 처음에는 코믹하고 그로테스크하던 이야기가 홀로코스트의 공포에 다가가면서 점차적으로 동요되고 혼란스러워진다. 이 이야기를 주인공의 혼(魂)이 처참한 과거를 다시 체험하는, 연옥(煉獄)에 관한 죄업 소거의 불가능성을 말하는 신화로 해석하는 것도 가능하다. 확실히, 말하는 순서에 있어서의 참신한 실험의 예로서 생각되는 작품들은 거의 범죄와 악행 그리고 도덕적이고 종교적인 죄와 관련되어 있는 것처럼 보인다.

제17장 텍스트 속의 독자 The Reader in the Text

부인, 앞 장을 정말 부주의하게 읽으셨군요! 거기서 분명히 말씀드렸을 텐데요, 우리 어머니는 가톨릭교도가 아니라고, ─ 가톨릭교도? 작가 선생, 그런 말씀을 하신 적이 없어요. 부인, 제차 말씀 드리지만, 분명히 말로 한 것이나 다름없이, 그런 일을 언질할 수 있는, 가능한 모든 방법을 동원하여, 직접적인 암시로 말씀드리지 않았습니까. ─ 그렇다면, 작가 선생, 내가 한 페이지 놓쳤나 봅니다. ─ 아닙니다, 부인, ─ 부인은 한마디도 놓치지 않았습니다. ─ 그렇다면 내가 졸았나보군요. ─ 그런 핑계는 제 자존심이 허락하지 않습니다. ─ 그렇다면, 그 문제에 대해 전혀 모른다는 것을 인정하겠습니다. ─ 그래서 말인데요, 부인, 잘못은 부인께 있는 것으로 하겠으니, 그 벌로, 다음 마침표가 나오는 즉시, 되돌아가, 앞 장 전체를 다시 읽으셔야 합니다.

내가 이런 고행을 그 부인에게 강요하는 이유는, 악의나 매정함 때문이 아니라, 선의에 의한 것이니만큼, 그녀가 다시 돌아오면 사과는 하지 않을 작정입니다. ─ 이것은 그녀를 포함한 수많은 독자들에게 퍼진 한 가지 바람직하지 못한 취향을 질책하기 위한 것인데, — 다름이 아니라, 이런 종류의 책을, 반복해서 읽다보면 얻을 수 있는 깊은 지식과 이해보다는, 흥밋거리를 찾아 계속 다음을 읽어나가는 것입니다.

— 로렌스 스턴, 『트리스트럼 샌디』(1759–1767)

●　　　　●　　　　●

모든 소설에는 어떠한 형태로든지 한 사람의 서술자가 반드시 있어야 하지만, 피서술자가 반드시 필요한 것은 아니다. 피서술자는 소설 텍스트 내부에서 독자로 환기되는 존재 또는 그 대리인이다. 이것은 빅토리아 시대의 소설가들의 익숙한 돈호법인 '친애하는 독자 여러분'처럼 일상적일 수도 있으며, 서술자인 '나'가 끊임없이 두 역할을 주고받는 세 명의 다른 등장인물들의 이야기의 피서술자이기도 한, 앞에서(제7장) 살펴본 키플링의 『배서스트 부인』의 틀에서처럼 복잡할 수도 있다. 칼비노는 그의 『겨울 밤 한 사람의 여행자가』의 서두에서, 먼저 독자들이 수용적인 태도를 취할 것을 권한다. "긴장을 풀고, 집중하라. 다른 생각을 모두 떨쳐 버려라. 당신을 둘러싼 세계는 사라지게 하라. 문은 닫는 게 좋을 것이다. 옆방에는 항상 TV가 있을 테니까." 하지만 어차피 피서술자란 어떻게 설정된다고 해도 항상 하나의 수사적 장치로서 텍스트의 외부에 놓여 있는 실제 독자의 반응을 통제하고 복잡하게 하는 수단이다.

위 인용문에서, 트리스트럼 샌디로 가볍게 변장한 채 서술하는 스턴은 서술자-피서술자의 관계를 최대한으로 이용하여 장난을 친다. 마치 코미디언이 관객 속에 자신의 동료를 심어놓고 관중의 야유마저 자신의 행위로 수렴하는 것처럼, 서술자는 독자를 숙녀나 신사로 의인화하여 심문하고 괴롭히며 더러는 아첨해가면서 나머지 독자들에게 즐거움과 교양을 주는 것이다.

『트리스트럼 샌디』는 매우 특이한 소설이다. 동명(同名)의 서술자는 자신의 수태에서부터 성인에 이르는 성장의 과정을 말해가지만 절대로 다섯 살 때 이상으로 나아가지는 않는다. 왜냐하면 하나하나의 사건에 대해 정확하고 상세한 묘사와 설명을 하려고 한 나머지, 끝없이 본래 이야기에서 벗어나기 때문이다. 모든 것들은 이전 혹은 이후에, 혹은 별도의 장소에서 일어난 이런저런 것들과 관련되어 있다. 트리스트럼은 연대기적 순서를 지키려고 혼신의 힘을 다하지만 소용없는 일이다. 제19장에 이르면, 아직 자기가 태어나기 이전의 시기로 가서, 그는 자신의 부친의 아이러니한 운명을 말하기 시작한다. 부친은 '트리스트럼'이라는 이름을 무엇보다 혐오했지만 마침내 아들이 그 이름으로 세례를 받게 되는 것을 보게 되는데, 여기서 서술자는 다음과 같은 독백을 하기 때문이다. "내가 태어나기도 전에 세례를 받는 게 좋았다고 한다면, 여기서 독자 여러분에게 그 이야기를 해드렸을 겁니다만."

그의 어머니의 종교적 헌신에 대한 단서로서 독자인 그 부인에게 제공되었어야만 했던 것은, 바로 다음과 같은 문장이다(서두에 인용한 대목에 뒤이어 나온다). "만일 우리 어머니가 가톨릭교도였다면, 부인, 이런 이야기는 하지 않았을 겁니다." 다름이 아니라, 트리스트럼이 자신의 말 속에서(프랑스어 원문 그대로) 인용한 문서에 따르면, 얼마 전 소르본의 몇몇 유능한 학자들이 난산의 위험성이 있는 태아에 대해서는 주사기를 사용해서 태내에 특별히 세례를 베풀어도 좋다는 생각을 피력했던 것이다. 따라서 로마 가톨릭을 믿는 국가에서는, 아이가 태어나기 전에 세례를 받는 것이 실제로 가능했던 것이다.

로마 가톨릭교도들에 대한 공격(작가는 영국 국교회의 교구목사였다)과 품위 없는 화제는 스턴의 문장의 특징으로, 때로는 비판의 대상이 되기도 한다. 하지만 '부인'에 대한 재치 있는 응답의 화려함(그 생생한 울림은 스턴 특유의 분방한 구두법에 의한 경우가 많다)과 '독자 여러분'에게 향하는 귓속말은 어지간히 까다로운 독자가 아니라면 누구라도 매료되지 않을 수 없다. 무릇 이런 탈선의 진정한 기능은 작가 자신의 문학을 정의하고 변호하는 것이 되기 때문이다. 부인은 앞의 장을 다시 읽도록 강요받게 되는데, 그것은 "다름이 아니라, 이런 종류의 책을, 반복해서 읽다보면 얻을 수 있는 깊은 지식과 이해보다는, 흥밋거리를 찾아 계속 다음을 읽어나가는 것"을 방지하기 위해서다.

『트리스트럼 샌디』가 우리 시대의 실험적인 소설가들과 소설 이론가들이 가장 좋아하는 책이 된 것은 놀라운 일이 아니다. 앞 장에서 내가 지적한 것처럼, 모더니즘과 포스트모더니즘 소설가들도 소설이 전통적으로 의존해왔던 시간순서와 인과관계의 연쇄를 끊어 재배열함으로써 이야기의 단순한 쾌락으로부터 독자를 떼어놓으려고 했다. 스턴은 인간의 마음의 변화가 서사의 형태와 방향을 결정짓는 조이스와 버지니아 울프의 출현을 예고하고 있다. 또한 모더니즘 시학의 슬로건 중의 하나인 '공간적 형식'은 텍스트 '전체를 읽음'으로써만(예를 들면 다시-읽기) 인식될 수 있는 모티프들의 상호 연관되는 패턴에 의해서 하나의 문학작품에 통일성을 부여하는 것을 의미한다.

트리스트럼과 독자와의 대화는, 독서체험의 시간적 본질을 좀 더 과격한 형태로 공간화한다. 이 소설에서는 독자인 우리들이 서술자와 함께 하나의 조그만 방 안에 있는 것으로서 비유된다. 예를 들어 서술자는 자신의 수태에 관한 비밀을 세세하게 이야기하기 전에 "이것은 호기심 많고 캐묻기 좋아하는 사람들을 위해 쓴 것"이라며 이런 이야기에 흥미가 없는 독자는 이곳을 건너뛰어도 좋다면서,

— 문을 닫을 것 —

이라고 말하는 것이다. 마치 우리가 그와 함께 남아 있을 것이라 확신하는 듯이 말이다.

앞의 인용문에서, 우리와 같은 한 사람일 그 부인은, "다음 마침표가 나오는 즉시" 되돌아가 앞 장 전체를 다시 읽으라는 지시를 받는다(이는 간결하면서도 특징적으로 독서과정에 대한 본질을 떠올리게 한다). 말하자면 작가와 함께 머물게 되는 우리는 작가의 신뢰를 특권으로서

제공받은 듯한 기분이 들 것이고 지각능력 없는 독자라든가 이야기만을 취하기 위해 소설을 읽는, "그녀를 포함한 수많은 독자들에게 퍼진 한 가지 바람직하지 못한 취향"으로부터 다소간 거리를 두게 될 것이다. 이쯤 되면 로마 가톨릭의 문제에 관해 그 부인과 똑같이 알지 못하는 우리는 자신의 작풍(作風)에 관한 작가의 변명을 거의 무저항적으로 받아들이게 되는 것이다.

제18장 날씨 Weather

이날 밤은 유난히 길고 서글프게 느껴졌다. 날씨도 우울함을 거들었다. 차가운 폭풍우를 머금은 비가 내리기 시작했으며 지금이 7월이라는 사실은 나무들과 관목 숲을 보아야만 겨우 알수 있었다. 그나마 나무들도 사나운 바람에 유린을 당하고 있었으며 길고 긴 낮은 그런 잔인한 광경을 더욱 오랫동안 선명하게 보여줄 뿐이었다.

— 제인 오스틴, 『엠마』(1816)

런던. 미카엘 축일 기간이 얼마 전 끝나고, 대법관이 런던의 인 홀(Inn Hall)에 앉아 있었다. 무자비한 11월의 날씨였다. 지표에서 물이 이제야 물러난 것처럼 거리에는 진흙이 질퍽거렸다. 12미터 길이의 메갈로사우루스가 코끼리만한 도마뱀처럼 홀본 힐을 어기적어기적 걸어 올라가는 모습과 마주치는 것은 즐거운 일이 아닐 터였다. 굴뚝에서 나오는 연기가 낮게 깔리며 보드랍고 검은 이슬비를 만들어냈다. 이슬비 사이에는 함박눈만한 크기의 숯검정 조각이 떠다녔다. 태양의 죽음을 애도하는 것이라고 상상해볼 수도 있을 것이다. 진흙을 뒤집어 쓴 개들은 서로 구분되지 않았다. 더 나을 것도 없이, 말들은 안대를 펄럭거리며 지나갔다. 걸어 다니는 사람들은 서로 다투듯 우산을 지니고 다녔는데, 나쁜 날씨에 대부분 감염되어, 길모퉁이에서 신발 밑창을 잃어버리기 일쑤였다. 수만 명의 다른 통행인들은 그 날이 시작되고부터(만약 이 날이 시작될 수 있다면), 미끄러지고 넘어지곤 했으며, 딱딱하게 굳어버린 진흙더미 위에 새로운 진흙을 더하여, 보도 위에 그것들을 끈기 있게 더하곤 하여 복리 이자가 늘어나는 것 같았다.

— 찰스 디킨즈, 『황폐한 집』(1853)

●　　　●　　　●

바다의 거센 폭풍을 제외하곤, 18세기까지 날씨는 거의 주목의 대상이 되지 못했다. 그런데 19세기가 되자, 작가들은 언제나 날씨에 대해 이야기하기 시작했다. 이것은 낭만주의 계열의 시와 그림의 영향으로 인해 대자연에 대한 평가가 고양된 결과이기도 하며, 외부 세계에 대한 인식에 영향을 주고받는 개인적 주체의 감정 상태에 대한 문학적 관심이 증가된 결과이기도 했다. 코울리지는 「절망의 송가」에서 다음과 같이 노래했다.

오오 그대여! 우리는 우리가 준 것만을 받을 뿐
그리고 우리의 생명 속에서만 자연은 숨을 쉬오.

우리 모두는 날씨가 우리의 기분에 영향을 미친다는 것을 알고
있다. 소설가는 자신이 독자의 마음속에 불러일으키고 싶은 기분에
적합한 날씨를 만들어내는 데 있어서 정말로 축복받은 위치에 놓여
있다.

그러므로 날씨는, 존 러스킨이 '감상적 오류'라고 부른 효과 곧 자
신의 감정을 자연계의 현상에 투영시키는 사태를 일으키기 쉽다.
"모든 격렬한 감정은 외부 세계에 대한 허위의 인상을 우리 내부에
만들어내는데 이런 현상을 필자는 감상적 오류라고 정의하고 싶다"
라고 그는 적고 있다. 그 명칭이 암시하듯이, 러스킨은 이것을 좋지
않은 것이라고 생각했다. 그에 의하면, 감상적 오류는 (고전에 대비
되는) 현대문학과 예술의 데카당스적인 징후이며 종종 지나치게 과
장된 제멋대로인 문장에 나타나게 된다. 그러나 그런 표현도 사려 깊
고 분별 있게 사용된다면, 독자를 감동시키는 강력한 효과를 가질 수
있는 수사학적 기교가 되며, 거꾸로 그것을 전혀 사용하지 않게 되면
그 소설은 매우 메마른 것이 되고 말 것이다.

오스틴은 낭만주의적 상상력에 대한 고전주의적인 회의를 품고
있었고, 『이성과 감성』의 마리안의 인물설정을 통해서 그것을 풍자
했다. "아아! 예전에 낙엽이 떨어지는 걸 보면 얼마나 황홀했는데! 산
책을 하다 낙엽이 바람에 날려 내 주위에 소나기처럼 우수수 떨어져

내리면 얼마나 기뻤다고!"라고 말하는 마리안의 푸념을 듣고서 엘리너는 건조하게, "모든 사람이 다 너처럼 낙엽을 좋아하는 건 아니야"라고 말한다. 오스틴의 소설에서 묘사되는 날씨는 등장인물들의 내면의 모습을 의미하는 은유적인 지표라기보다는 실제로 그들의 사회적 삶에 밀접히 연관되어 있는 경우가 많다. 『엠마』의 제15장과 제16장에서 등장하는 눈이 그 대표적인 예다. 그것이 처음으로 언급된 것은 웨스턴 씨 집에서의 크리스마스이브의 만찬회에서이다. 처음에는 절대로 참석하려 하지 않았던 존 나이틀리가 거실에 들어와서, 남의 불행을 고소해하는 기분을 감추려고 해도 감추어지지 않는다는 듯한 얼굴로, "엄청난 바람에 대단한 눈인 걸"이라고 말하자, 엠마의 병약한 아버지인 우드하우스는 큰 충격을 받는다. 그로부터 모든 사람들이 이런저런 날씨 이야기를 통해서 결국 자신의 말을 하게 되는 장면이 이어지는데, 직접 날씨를 확인하러 갔던 조지 나이틀리가 돌아와서 역시 그답게, 좌중을 안심시키려는 듯한 냉정한 보고를 하게 된다. 그와 엠마는, 그럼에도 불구하고 우드하우스가 초조한 밤을 보낼 것이라고 판단하고 마차를 부르기로 한다. 엘튼은 이런 갑작스러운 출발을 이용해 다른 동승자 없이 엠마의 마차에 올라타 그녀에게 갑자기 사랑을 고백하는데, 그것은 그때까지 엘튼이 자신의 누이동생 뻘인 해리엇에게 구애하고 있다고 생각하고 있던 엠마로서는 예기치 못한 난처한 일이었다. 다행히, 그 후 며칠 동안의 날씨는 문제가 된 두 사람이 다시 만나지 않아도 되는 좋은 알리바이를 제공해 주었다.

날씨는 그녀에게 아주 안성맞춤이었다. 땅은 눈으로 덮여 있었고, 그 눈이 얼지도 않고 녹지도 않은 어중간한 상태로 남아 있었기 때문에 밖으로 나가서 활동을 하기에는 아주 나빴다. 그리고 며칠 동안 아침이면 눈이 오거나 비가 왔으며 밤이 되면 얼어붙었다. 그래서 엠마는 며칠 동안 자연스럽게 집에 갇혀서 지낼 수 있었다.

날씨가 묘사되고 있는 것은 이야기와 관련되어 있기 때문이지만, 그 묘사는 문자 그대로 이해되어야 한다. 그렇기는 하지만, 오스틴도 경우에 따라서는 감상적 오류를 활용하기도 한다. 엠마의 운세가 드디어 최악의 상태를 맞아, 그녀는 제인 페어팩스에 관한 진실을 알게 되고, 자신이 부끄러워할 만한 행위를 했으며 자신이 나이틀리를 사랑하고 있었음을 뒤늦게 깨닫게 된다. 그렇지만 나이틀리는 해리엇과 곧 결혼을 하게 될 것이다. 엠마의 삶에서 가장 비참한 이 순간에 서술자는 "날씨도 우울함을 거들었다"고 말한다. 러스킨이 있었다면, 날씨가 그런 의도를 가지고 있지는 않을 것이라고 지적했을지도 모른다. 그러나 여기에 묘사된 한여름의 폭풍우는 자신의 운명에 대한 여주인공의 감정과 멋진 대응관계를 이루고 있다. 왜냐하면 엠마는 하이베리라는 작고 폐쇄된 공간 속에서 대단히 안정된 명문가의 딸이라는 지위에 있긴 하지만, 그 때문에 해리엇과 나이틀리의 결혼이라는 '잔인한 장면'을 "더 오랫동안 지켜봐야만" 하기 때문이다. 계절에 맞지 않는다는 것은 믿을 만한 것이 못 된다는 사실의 전조가 된다. 다음날이 되자, 태양은 다시 떠오르고 나이틀리는 엠마에게 청혼을 하러 오는 것이다.

오스틴이 독자들도 거의 알아채지 못할 만큼 교묘히 '감상적 오류'로 미끄러져 들어가는 것에 반해서, 디킨즈는 『황폐한 집』의 유명한 서두에서 우리의 뒤통수를 친다. "무자비한 11월의 날씨." 날씨를 '무자비한' 것으로 의인화하는 것은 상투적인 표현이지만, 여기서는 구약성서의 암시와 긴밀하게 결합됨으로써 불경스러움을 암시한다. "지표에서 물이 이제야 물러난 것처럼"이라는 표현은 창세기의 천지창조 및 대홍수 이야기를 연상시킨다. 성서를 암시하는 것과 같은 표현은 메갈로사우루스와 엔트로피로 인해서 운동을 멈추는 태양계에 대한 언급에서 보이는 것처럼, 제법 근대적인, 후기 다원주의적인 우주관을 반영한 빅토리아 시대의 발상과 결합하여 전체적으로 멋진 낯설게 하기의 솜씨를 발휘하고 있다.

현실묘사의 차원에서 보면 이 대목은 19세기 런던 거리에 대한 사실적인 묘사이며, 굴뚝에서 흘러나오는 매연, 진흙과 구분이 되지 않는 개, 눈을 가린 안대까지 진흙을 덮어쓴 말, 서로 부딪치는 우산들 등, 아주 단순하고 사실 그대로 묘사된 전형적인 정경의 몽타주이다. 하지만 은유를 다루는 디킨즈의 상상력은 이런 적절한 광경을 대영제국의 자랑스러운 수도(首都)가 돌연히 원시적인 늪으로 혹은 지상의 모든 생명의 절멸을 암시하는 폐허로 화하는 묵시록적 환영으로 변형시킨다. 펄펄 날리는 그을음 조각이 죽음을 애도하는 눈송이로 변하고 다시 태양의 죽음으로 변하는 은유의 이중 전환은 특히 충격적이다.

이 장면은 이후에 우리가 SF소설에서 보게 되는 종류의 시나리오(메갈로사우루스가 홀본 힐을 쿵쿵 걸어다니는 장면은 킹콩이 엠파이어 스테이트 빌딩을 기어오르는 장면을 예시하며, '태양의 죽음'은 웰스의 『타임머신』의 소름끼치는 마지막 장면을 연상시킨다)와 마틴 에이미스와 같은 포스트모던적인 예언자적 소설에서 볼 수 있는 구도와 유사하다. 이 소설은 탐욕과 도덕적 부패에 의해 변질되고 만 사회를 비판적으로 묘사하고 있는데, 디킨즈는 그 논쟁이 되는 지구(地區)에 초점을 맞춘 수많은 플롯들을 통해 그것을 탐색하려 하는 것이다. 진흙이 런던에 복리(複利) 이자처럼 누적되어 가는 것은, 금전을 더러운 것으로 간주하는 성서의 표현을 생각나게 한다. (마치 9시 뉴스의 서두에 흘러나오는 일련의 단신 헤드라인처럼) 인용부분 서두에 묘사되어 있는 대법관은 대법관청을 관리하면서 동시에 날씨를 관리하고 있는 것 같기도 한데, 이런 연상은 몇 단락 뒤의 다음과 같은 문장에서 마무리된다. "어떤 짙은 안개도, 어떤 깊은 수렁도, 이 날, 하늘과 땅이 지켜보는 가운데 괴로워하는 늙은 악당, 대법관 재판소의 추태에 어울릴 수 없다."

제19장 반복 Repetition

가을에는 전쟁이 계속되었지만, 우리는 더 이상 전투에 참가하지 않았다. 밀라노의 가을은 춥고 날도 빨리 저물었다. 이윽고 전등이 켜지면 진열장을 기웃거리며 거리를 걷는 것도 즐거웠다. 가게 바깥에는 사냥에서 잡은 것들이 주렁주렁 매달려 있었다. 눈이 여우 털에 내려앉았고, 바람은 여우의 꼬리를 흔들었다. 사슴은 육중하고 뻣뻣하게 허공에 매달려 있었다. 작은 새들은 바람에 흔들렸는데, 바람이 그 날개를 뒤집곤 했다. 쌀쌀한 가을이었고, 산에서는 매서운 바람이 불어왔다.

우리는 매일 오후에는 병원에 있었다. 황혼녘에 시내를 가로질러 병원으로 가는 길은 여러 갈래가 있었다. 그중 두 길은 운하를 따라 나 있었는데, 그 길은 너무 멀었다. 어쨌거나 병원으로 들어가려면 언제나 운하에 놓인 세 개의 다리 중 하나를 택해서 건너야 했다. 어떤 다리 위에서는 아주머니가 군밤을 팔고 있었다. 숯불 앞에 서 있으면 훈훈했으며 군밤은 호주머니 속에서도 뜨끈뜨끈했다. 병원은 아주 낡았지만 아름다운 건물이었다.

문을 들어가 앞마당을 지나가면 반대쪽에 나가는 문이 있었다. 종종 그 앞마당에서 장례식이 있었다. 낡은 병원 건물을 지나면 벽돌로 새로 지은 별관이 있었는데, 오후가 되면 우리는 그곳에 모여 점잖게 상대방의 부상에 대해 관심을 보였으며, 부상당한 데 놀라운 효과가 있다는 기계 앞에 가 앉아 있곤 했다.

— 어니스트 헤밍웨이, 「이국에서」(1927)

●　　　●　　　●

시간적 여유가 있다면, 헤밍웨이 소설의 첫 단락에서 반복되는 단어를 간단히 각각 다른 색깔의 색연필로 동그라미 친 후에 한데 연결해 보자. 그러면 말의 연쇄의 복잡한 패턴이 두 종류의 단어들을 연결하고 있음을 알게 될 것이다. 그 한 종류는 '가을 fall', '추운 cold', '어두운 dark', '바람 wind', '부는 blow' 등 상황을 지시하는 의미를 가진 단어(어휘어)이며, 다른 하나는 the, of, in, and 등의 관사, 전치사, 접속사 등(문법어)이다.

문법어를 반복하지 않고 영어를 쓰는 것은 거의 불가능하다. 통상 우리는 쉽게 그것을 깨닫지 못하지만, 이 짧은 단락 속에서 '그리고 and'라는 단어가 특이할 정도로 많이 나온다는 사실은 쉽게 파악할 수 있다. 한 문장을 다른 문장에 종속시키지 않고 두 개의 진술을 연결하는, 대단히 반복적인 구문론이 이 단락의 특징이다. 어휘어의 반복은 그 정도로 대규모는 아니지만, 단락의 시작과 끝에 집중되어 있다.

학교에서 작문시간에 이 정도로 어휘어와 문법어를 반복한다면 틀림없이 빨간 줄이 사정없이 그어졌을 것이다. 전통적으로 바람직한 문학적 문장의 모델에 따르면, 문장에는 반드시 '우아한 변주'가 있어야 한다. 무언가를 두 번 이상 언급할 때에는, 두 번째는 다른 말을 생각해야 하며 구문에도 동일한 변화를 주지 않으면 안 된다는 것이다. 제6장에서 살펴본 헨리 제임스의 문장은 이런 두 종류의 변화가 풍부한 예다.

그러나 헤밍웨이는 이런 전통적인 수사학을 거부했다. 문학적인 이유뿐만 아니라 철학적인 이유 때문이었다. '미문'(美文)이 경험을 왜곡한다고 생각한 그는, 간단하고도 지시적인 언어를 사용해서 '실제 행위에서 일어난 것, 경험한 감정을 불러일으킨 실제 사건'을 쓰려고 노력했던 것이다.

얼핏 보면 쉽게 쓰인 것 같지만 사실은 그렇지 않다. 단어는 단순하지만 그것을 배열하는 것은 간단하지 않다. 첫 문장에서 단어들을 배열하는 방법은 무수히 많지만 헤밍웨이가 선택한 방법은 '전투에 참가한다'는 구절을 둘로 쪼갬으로써("전쟁이 계속되었지만, 우리는 더 이상 전투에 참가하지 않았다"), 서술자가 무언가 아직 설명할 수 없는 긴장감을 느끼고 있다는 것을 암시한다. 안도와 아이러니가 혼합된 감정이 여기에서 드러난다. 독자가 쉽게 유추할 수 있는 것처럼 서술자와 그의 동료들은 제1차 세계대전 중 이탈리아 진영에서 전투 중에 부상당한 병사들이다. 그들은 현재는 요양 중에 있지만, 자신들을 죽일 뻔했던 그 전쟁이 자신들의 목숨을 가치 없는 것으로 만들어버렸다는 것을 깨닫고 있다. 이 소설은 정신적 외상에 대한, 그리고 인간이 그것에 어떻게 대처하는지(혹은 대처하지 못하는지)와 연관된 이야기인 것이다. 이 텍스트에서 반복되는 모든 단어들의 열쇠가 되는, 최후까지 말해지지 않는 단어는 '죽음death'이다.

'가을'을 의미하는 미국식 표현인 'fall'은 식물의 조락을 통해서 죽음을 암시하고, 또한 전쟁에서 죽은 사람을 '전몰자the fallen'로 표현하는 관습도 환기시킨다. 두 번째 문장의 '추운cold'과 '어두운dark'을 나란히 병치한 것도 이런 연상을 강화시킨다. 밝게 불을 밝힌 가게들이 나란히 있는 거리가 일부분 그것을 완화시키는 것처럼(이 문장에서만은 반복이 없어서, 그 효과는 특히 고조된다) 보이지만, 서술자의 관심은 곧바로 가게 바깥에 걸려 있는 동물에 집중한다. 이것 역시 죽음의 표상이다. 눈이 그 동물들의 털 위에 내리고 바람이 깃털을 흔든다는 것은 정확하고 축어적으로 묘사되어 있지만, 그러나 '가을', '추운', '어두운', '바람', '부는' 등의 단어는 '죽음'과의 관련성을 강화하고 있다. 그리고 마지막 문장에서는 반복된 이 세 단어들이 처음으로 함께 사용되어 무언가 폐쇄된 감각을 시적으로 부각시킨다("쌀쌀한 가을철이어서 산으로부터 매서운 바람이 불어왔다"). 산은 전투가 벌어지고 있는 장소다. 그리고 바람이라고 하면 종교적이고 낭만적인 글에서는 종종 생명과 영혼의 상징으로 사용되는 경우가 많지만, 여기에서의 바람은 생명의 결여와 연관되어 있다. 헤밍웨이의 초기 단편에서 신(神)은 분명 죽어버린 것이다. 전투로 인해 얻은 마음의 상처 때문에 주인공은 형이상학도 수사학도 의심의 눈으로 바라보게 된다. 그가 믿는 것은 자신의 감각뿐이다. 무뚝뚝한 이분법으로 그는 자신의 경험을 바라본다. 추운 / 더운, 밝은 / 어두운, 삶 / 죽음 등등.

주문과도 같은 리듬과 반복은 두 번째 단락에서도 지속된다. '병원'이라는 단어를 대체하는 우아한 다른 말을 찾는 것은 쉬웠을 테고, 간단히 '그곳 it'이라는 대명사를 사용할 수도 있었을 것이다. 그러나 병원은 병사들의 생활의 중심이자, 매일매일의 순례의 장소이며, 그들의 희망과 불안이 저장된 장소이다. '병원'이라는 말이 반복됨으로써 그 사실이 선명하게 표현된다. 병원에 도달하는 길을 바꿀 가능성이 있는데도, 도달점은 항상 동일하다. 어떤 다리를 건널 지는 선택할 수 있지만 언제나 운하를 건너야 하는 것에는 변함이 없다(어렴풋하게 사후세계의 삼도천(三途川)을 암시하는 듯도 하다). 서술자는 군밤을 살 수 있는 다리를 좋아한다. 호주머니 속의 밤은 인생의 희망처럼 따뜻하지만, 헤밍웨이는 그런 비유를 사용하지 않고 단지 암시하기만 할 뿐이다. 이것은 마치, 첫 번째 단락에서 그가 아무런 은유도 사용하지 않은 채, 감상적 오류의 예처럼 감정적으로 강력한 계절에 대한 묘사를 하려고 했던 것과 유사하다. 힘 있는 간결함과 타성적인 단조로움을 나누는 경계선은 아주 미묘한 것인데, 헤밍웨이가 항상 힘 있는 간결함 쪽을 선호했던 것은 아니지만, 적어도 초기작품에서는 자신의 시대를 위해 완전히 독창적인 문체를 구사했던 것이다.

물론, 반복이라는 것이 반드시 헤밍웨이에게서 볼 수 있는 것처럼 엄중하게 실증주의적이거나 반형이상학적인 표현에만 국한되는 것은 아니다. 그것은 또한 종교적이고 신비주의적인 문장의 특출한 특징이기도 하며, 그런 경향을 가진 소설가에 의해 사용되기도 하는데, 예를 들면 로렌스와 같은 작가가 그렇다. 잃어버린 목가적 삶의 방식을 환기시키는 『무지개』 제1장의 문체는 구약성서의 어구 반복과 병렬법을 방불케 한다.

밀 이삭은 비단처럼 부드럽게 흔들렸고, 그 광택은 그것을 본 남자들의 온몸을 타고 미끄러져 내렸다. 그들이 소젖을 잡으면 소들은 우유를 내보내주었고, 젖을 쥔 사람들의 손에는 그 고동이 전달되고, 소의 젖꼭지에 흐르는 피의 고동이 사내들의 손에 전달되었다.

반복은 또한 웅변가나 설교자가 선호하는 방식으로, 디킨즈가 종종 자신의 작가적 페르소나에게 부여했던 역할이기도 했다. 예를 들어 다음의 인용은 『황폐한 집』에서 가난한 거리 청소부였던, 조의 죽음을 묘사한 장의 결말부이다.

죽었습니다, 폐하. 죽었습니다, 귀족 및 신사 여러분. 죽었습니다, 모든 계층의 덕이 있거나 없는 목사님들. 죽은 것입니다. 마음속에 천부적인 연민의 정을 가지고 태어난 여러분. 매순간 죽음은 이처럼 우리들과 함께 있는 것입니다.

그리고 물론 반복은 우스울 수도 있는데, 마틴 에이미스의 『머니』에 나오는 다음과 같은 대목이 그렇다.

재미있는 것은, 셀리나로 하여금 나와 잠자리를 갖고 싶게 만드는 유일한 방법은, 내가 그녀와 잠자리를 갖고 싶어 하지 않는다는 인상을 주는 것이었다. 절대 실패하지 않는 방법이다. 그렇게만 하면 그녀는 정말로 흥분한다. 문제는 내 쪽에서 그녀와 잠자리를 갖고 싶지 않을 때는(가끔 그럴 때가 있다) 정말 잠자리를 갖고 싶지 않다는 점이다. 그런 일이 언제 생기느냐고? 내가 그녀와 잠자리를 갖고 싶지 않을 때는 그녀가 나와 잠자리를 갖고 싶어 할 때다. 나는 그녀가 나와 잠자리를 갖고 싶은 생각이 조금도 없을 때 그녀와 잠자리를 갖고 싶다. 그럴 때면 그녀는 내가 소리를 지르거나 협박하거나 아니면 충분히 준 뒤에야 침대로 들어오곤 했다, 돈을.

셀리나와의 성관계와 관련된 좌절과 모순이, '잠자리를 갖는다'는 말의 반복을 통해 좀 더 코믹하고 아이러니하게 표현된다는 점을 새삼 지적할 필요는 없을 것이다. 왜냐하면 이 대목은 여러 가지로 다르게 표현하는 게 가능하기 때문이다(의심스럽다면, 우아한 변주를 사용해서 이 대목을 다시 써보기 바란다). 그리고 위 인용문의 마지막 문장은 또 하나의 중요한 유형의 반복의 실례가 되고 있다. 곧, 소설 전체를 일관하는 주제상의 핵심어(이 경우는 '돈'이다)가 여기서 다시 한 번 모습을 드러내고 있기 때문이다. 방금 인용한 대목에서 가장 중요한, 그리고 최후의 위치를 차지하는 단어는 '돈'이지, '잠자리를 갖다'가 아니다. 이처럼 텍스트의 거시적 차원에 속하는 또 한 종류의 반복은 미시적 차원에서의 변주로써 기능하는 것이다.

제20장 공들인 문장 Fancy Prose

롤리타, 내 삶의 빛이요, 내 생명의 불꽃. 나의 죄, 나의 영혼. 롤-리-타. 세 번 입천장에서 이빨을 톡톡 치며 세 단계의 여행을 하는 혀끝. 롤. 리. 타.

그녀는 로, 아침에는 한쪽 양말을 신고 서 있는 사 피트 십 인치의 평범한 로. 그녀는 바지를 입으면 롤라였다. 학교에서는 돌리. 서류상으로는 돌로레스. 그러나 내 품안에서는 언제나 롤리타였다.

그녀 전에 다른 여자가 있었던가? 있었지. 그래, 있었어. 사실상 어느 여름날 내가 어느 최초의 소녀를 사랑하지 않았더라면 롤리타는 없었을 것이다. 바닷가 어느 왕자의 궁에서. 아, 언제? 롤리타가 태어나기 전, 그해 여름 내 나이 때. 공들인 문장을 만들려면 살인을 하시오.

존경하는 배심원 여러분, 증거 서류 제1호는 천사들, 뭔가 잘못 알고 있는, 단순하고 날개 달린 고귀한 대천사들이 무엇을 시기했는지 보여줄 것입니다. 이 가시 면류가 뒤엉킨 걸 좀 보십시오.

— 블라디미르 나보코프, 『롤리타』(1955)

●　　　●　　　●

小설의 황금률은 작가 개개인이 스스로 세운 법칙을 제외하고는 어떤 규칙도 없다는 사실이다. 반복과 단순성은 헤밍웨이의 예술적 목적을 위해 (일반적으로) 유효하다. 변주와 장식은 나보코프의 목적을 위해, 특히 『롤리타』의 목적을 위해 유효하다. 이 소설은 사춘기 이전의, 어떤 유형의 여자에게 이끌려 악마적 행위를 범하는 남자의 특별한 호소의 형식을 취하고 있다. 주인공은 이런 여자를 '님펫 nymphet'이라고 부른다. 처음 출판되었을 때 많은 논쟁을 불러일으켰던 이 책은 지금도 여전히 혐오감을 주는데, 왜냐하면 아동학대자이자 살인자에게 매력적인 변론을 제공하기 때문이다. 험버트 본인이 "공들인 문장을 만들려면 살인을 하시오"라고 말하듯이 말이다.

물론 이 소설의 도입부에도 상당히 많은 반복이 나오지만, 이것은 앞 장의 헤밍웨이의 문장에서 본 것과 같은 어휘적 반복이 아니다. 오히려 이것은 병치된 구문과 유사음(類似音)으로부터 생성된다. 사실상, 시에서 발견할 수 있는 그런 종류의 반복이다. 그래서 공들인 산문의 또 다른 이름은 시적 산문이다. 예를 들어 첫 단락에는 두운의 화려한 축제라고 해도 좋을 만큼, 사랑하는 사람의 이름을 황홀하게 축복하는 도중에, 'i'음과 't'음이 현란하게 파열한다.

—light, life, loins, tip, tongue, trip. Lo. Lee. Ta.

위의 네 단락은 각기 다른 형태의 화법을 보여준다. 첫 단락은 정형(定形) 동사 없는, 서정의 분출 혹은 감탄의 연속이다. 그 시작하는 은유는, 표현에 있어서 과잉된 장식을 동반하고 소리도 다소 고풍스럽다. "내 삶의 빛이요, 내 생명의 불꽃. 나의 죄, 나의 영혼"(여기에도 두운이 있다). "입천장에서 혀끝으로 움직이는 혓바닥"이라는 그 다음 은유는 보다 소박하고 유머러스하지만, 그것은 변론과 욕망 양쪽(주인공에게 이 둘은 서로 분리될 수 없는 것이다)에 종사하는 기관[혀]에 주의를 기울이도록 한다.

두 번째 단락은 부드러운 회고가 기조를 이루고 있다. 동일한 구조를 지닌 절들이, 마치 불경한 기도처럼 사랑하는 사람에 대한 다양한 명칭을 늘어놓는다. "그녀는 로… 그녀는 롤라… 그녀는 돌리… 그녀는 돌로레스… 그러나 내 품안에서는 언제나 롤리타였다." 멜로디를 붙여도 좋을 정도다(실제로 뮤지컬로 만든 <롤리타>가 있었는데 평판은 좋지 못했다. 나보코프는 이에 대해 '유쾌하지만 작은 실패'라고 덤덤하게 일기에 적어놓았다). 그리고 아직 눈치채지 못했다면, 그녀의 키, 양말, 학교 등의 언급을 통해서 욕망의 대상이 되는 롤리타가 미성년이라는 것이 여기서 처음으로 넌지시 암시된다.

세 번째 단락은 별도의 전략을 취한다. 이 부분은 좀 더 대화적이며, 극적인 독백의 형식으로, 모습을 드러내지 않은 질문자의 물음에 답하는 것 같은 형식으로 되어 있다. "그녀 전에 다른 여자가 있었던 가?" 이에 대한 긍정적인 대답이 시적인 반복을 통해 주어진다. "있었지. 그래, 있었어." 법률적 표현인 '사실상'이라는 말은, 마지막 단락에서 법정의 맥락이 명백하게 환기되는 복선이 되고 있다(험버트는 재판을 기다리면서 변론서를 쓰고 있는 것으로 설정된다). "아, 언제?" 그 질문에 대해서, 수수께끼처럼 즉답을 회피하는 태도를 통해 험버트와 롤리타의 나이차가 전면에 드러난다.

이 세 번째 단락과 함께 이야기의 흥미도 시작된다. 인과관계가 시사되고("…하지 않았더라면 …였을 것이다."), '최초의 소녀'의 정체를 둘러싼 문제도 생겨난다. 이 문장의 시적 분위기를 고조시키는 것은 포우의 널리 알려진 시 「애너벨 리」의 언급이다.

> 그녀도 어렸고 나도 어렸고
> 이 바닷가 왕국에서,
> 하지만 우리는 사랑 그 이상의 사랑을 했네
> 나와 나의 **애너벨 리** –
> 천상의 날개를 가진 천사 같은 사랑
> 그녀와 나를 은밀히 감싸던

자신이 어린 소녀들에게 성적으로 집착하는 이유와 구실로서, 험버트는 애너벨이라는 사춘기 소녀가 두 사람의 사랑이 이루어지기도 전에 죽었다는 사실을 들고 있다. 포우의 시도 동일한 주제를 다루고 있는 병적이고 감상적인 애도시이다. 화자는 질투심 강한 천사들이 이 세상에서 자신의 연인을 빼앗아갔다고 비난하고, 그녀의 무덤 옆에 앉아서 위안을 갈구한다. 그러나 험버트는 파렴치하게 자신의 애너벨을 대신할 님펫을 찾는다. 그가 천사들에 적용하고 있는 "뭔가 잘못 알고 있는, 단순하고 날개 달린 고귀한"이라는 표현과 자신의 고통이 가시 면류관에 비유될 수 있다고 하는 불경스러운 암시에는, 그의 악마적 조소가 드러나 있다(이와 같이, 한 텍스트가 기존의 텍스트에 눈길을 돌리는 태도는 '상호텍스트성'이라고 불리는 것으로, 다음 장에서 다루어질 것이다).

자신의 모국어가 아닌 언어로 종횡무진 써나가는 나보코프의 기교는 놀라울 정도다. 그러나 그가 영어 산문의 풍부한 원천을 발견하고 자유분방한 환희로서 그것을 사용할 수 있었던 것은, 아마도 영어가 그의 모국어가 아니었기 때문일 것이다.

영국 소설에서 '공들인 문장'의 초기의, 어쩌면 최초의 선도자는 엘리자베스 시대의 작가였던 존 릴리일 것이다. 그의 『유퓨즈, 혹은 지혜의 해부』(1578)는 당시에 굉장한 인기를 끌었던 책으로, '허구체 euphuism'라는 명사와 '허구체적 euphustic'이라는 형용사가 여기에서 비롯되었다('완곡어법 euphemism' / '완곡어법의 euphemistic' 등의 단어와 혼동하면 안 된다). 그의 문장을 실례로 들어보면 다음과 같다.

가장 신선한 색깔은 가장 빨리 변색되고, 가장 날카로운 면도 날은 가장 빨리 무뎌지고, 가장 좋은 옷은 가장 빨리 좀이 슬고, 아마포 캔버스는 범포 캔버스보다 빨리 얼룩진다. 이를테면, 유퓨즈의 마음에 깊이 새겨진 것처럼. 그에게 있어서, 모든 인상을 마음에 새기는 것, 밀랍으로 형을 뜬 것처럼, 말고삐를 쥐고 박차를 가하는 순간에도 평정을 잃지 않고, 타인의 조언은 어딘가에서 부는 바람, 오랜 친지가 싫어서 고국을 버리고, 기지(機智)로서 정복을 꾀하고, 부끄러움을 감수하면서 알력을 견뎌내고, 우의보다는 도락을 좋아하고, 내일의 명예보다는 오늘의 즐거움을 취하고, 이성(理性) 따위는 물속에 처넣고, 담백하게 멋을 내고, 무절제한 행복에, 무엇보다 좋아하는 연애의 길.

짧은 인용문이라면 아주 재기발랄하고 흥미롭겠지만, 몇 페이지 지나지 않아 화려한 과시벽의 동일성에 현대 독자는 금방 질려버릴 것이다. 구문과 음성의 동일한 패턴이 반복적으로 사용될 뿐만 아니라, 작가의 목소리는 물론 모든 등장인물들에 의해서도 동일하게 사용된다. 이것은 극단적으로 문학적인, 전적으로 문어체에 속하는 종류의 산문이다. 『유퓨즈』에 결핍된 것, 『유퓨즈』에서부터 『롤리타』에 이르기까지 영국 소설에 새롭게 유입된 것은 바로 인간의 목소리, 다양한 억양과 리듬과 음역을 가지고 있으며 문학적 수사의 형태에 생명을 부여하고 그 형태에 변화를 일으키는 인간의 목소리다. 이 문제에 대해서는 <복수의 목소리로 말하기>(제27장)에서 더 살펴보겠지만, 우선은 <상호텍스트성>을 살펴보기로 한다.

제21장 상호텍스트성 Intertextuality

"이 돛대를 우리 쪽으로 끌어당겨야만 해." 내가 말했다. 그림자들은 아무 말도 없이 미끄러지듯이 내 옆에서 떨어져 나갔다. 남자들은 모두 유령이었고, 로프에 매달린 그것들의 체중은, 한 무리의 유령들의 무게를 넘지 않았다. 정말로, 어떤 돛이 어떤 정신적 힘에 의해서 끌어당겨진 적이 있다면, 그것이 바로 그 돛임에 틀림없었다. 어떻게 생각해도, 갑판에서 고군분투하고 있는 우리의 몸은 두말할 것도 없고, 배 어디를 뒤져도, 그런 일을 할 만한 사람은 남아 있지 않았기 때문이었다. 물론, 나 자신이 그 일을 지휘한 것은 확실하다. 그들은 비틀거리면서, 헐떡이면서 로프와 로프 사이를 연약하게 떠돌아 다녔다. 그들은 타이탄처럼 힘을 발휘했다. 적어도 한 시간은 그 일에 매달렸을까, 그렇지만 칠흑의 어둠에 파묻힌 하늘은 고요했다. 마지막 리치선이 고정되었을 때, 어둠에 익숙해진 내 눈에, 난간에 쓰러지거나 해치에 자빠져 있는 사람들의 모습이 들어왔다. 그중의 한 사람은 후미-캡스턴에 기댄 채, 격하게 숨을 몰아쉬고 있었다.

그리고 나는, 역병이 가까이 오지 못하게 하는 힘의 중심처럼 그들 사이에 서 있으면서, 병든 영혼의 불쾌감에 고통스러워하고 있었다. 나는 잠시 동안 침묵한 채, 죄의 무게와, 그리고 무가치한 자신에 대한 혐오의 감정과 맞서 싸우고, 그리고 나서 말했다.

"자, 여보게들, 후미로 가서 돛대의 활대를 돛에 직각이 되도록 해야 해. 우리가 할 수 있는 것은 그것뿐이기 때문이야. 그 뒤는 비에 맡겨두자구."

— 조셉 콘래드, 『그림자 선』(1917)

●   ●   ●

한 텍스트가 다른 텍스트와 관계를 맺는 방식은 패러디, 혼성모방, 주제의 모방, 인유(引喩), 직접 인용, 구조적 병행 등 매우 다양하다. 일부 이론가들은 상호텍스트성이 문학의 전제조건이며, 작가가 의식하든 그렇지 않든 간에 모든 텍스트는 다른 텍스트의 부분에 의해서 성립한다고 믿고 있다. 다큐멘터리 형식의 리얼리즘을 좋아하는 작가들이라면 이런 원칙을 부정하거나 타기해야 할 것이라고 생각할 것이다. 예를 들어 리처드슨은 자신이 그때까지의 문학과는 전혀 다른 독자적인 허구문학을 만들었다고 생각했지만, 정숙한 여자가 수많은 역경 끝에 젊은 남자와 결혼하는 이야기인 그의 『파멜라』(1740)가 동화의 전형임은 쉽게 알 수 있다. 다음으로 중요한 영국 소설은 필딩의 『조셉 앤드류스』(1742)인데, 이 작품은 먼저 『파멜라』의 패러디로 시작해서, 뒤에 가면 '선한 사마리아인'의 우화(寓話)를 개작한 듯한 모티프가 나오고, 많은 장면이 유사-영웅적 양식으로 쓰여 있다. 요약하자면 상호텍스트성은 영국 소설의 전통에 깊게 뿌리를 두고 있다. 근래의 소설가들은 현대세계를 보다 선명하고 풍부하게 묘사하기 위해서 오래된 신화와 이전의 문학작품을 자유롭게 재활용함으로써, 상호텍스트성에 저항하기보다는 오히려 그것을 적극적으로 탐구하고 있다.

어떤 작가들은 다른 작가들보다 그러한 관련성을 더 명시적으로 드러낸다. 조이스는 현대 더블린의 삶을 다룬 자신의 서사시에 『율리시즈』라는 제목을 사용함으로써, 그리고 나보코프는 롤리타의 전신(轉身)이라고 할 만한 인물에게 포우의 작품에 등장하는 애너벨의 이름을 부여함으로써 독자들에게 암시를 주려고 했다. 콘래드의 『그림자 선』의 '고백'이라는 부제도 독자를 위한 하나의 암시라고 말할 수 있을지 모르겠다.

작가 자신의 체험에 토대를 둔 이 중편소설은, 극동의 한 항구에서 집으로 돌아가기를 기다리던 젊은 사관이 어느 상선의 새 선장이 되어 처음으로 항해를 지휘할 기회를 갖게 되는 이야기이다. 시암만(灣)을 향해 출항하자마자, 그는 그 배의 전임 선장이 미쳐서 죽었으며 그의 밑에서 일하는 일등항해사는 그 죽은 늙은이가 배에 저주를 퍼부었다고 믿고 있음을 알게 된다. 배가 멈추고 승무원들이 열병에 시달리게 되자 그런 공포는 확신으로 바뀌게 된다. 설상가상으로 그 젊은 선장은 비축해두었던 말라리아 치료제가 전임 선장에 의해 모두 처분되었다는 사실을 알게 된다. 그리고 나서 칠흑 같은 밤의 한가운데에서 날씨 변화의 조짐이 나타나게 된다.

병 때문에 쇠약해진 선원들이 배가 바람을 탈 수 있도록 돛을 끌어올리라는 선장의 명령에 따라 행동하는 장면의 전문적인 세부묘사("리치선", "후미-캡스턴", "돛대의 활대를 돛에 직각이 되도록" 등)를 통해, 콘래드가 확실한 지식을 갖고 있음을 보여준다. 다 아는 것처럼, 그는 20여 년 간 상선의 선장으로 일한 바 있다. 하지만 그 대목은 또한 영문학에서 가장 유명한 시 가운데 하나인 코울리지의 「늙은 선원의 노래」를 연상시킨다. 그 시에서는 죽은 선원들이 저주받은 배의 갑판에서 일어나 돛을 장착한다.

> 선원들은 그들이 늘 일하던 곳에서
> 모두 밧줄을 조종하기 시작하네.
> 그들은 손발을 들어올렸다. 생명 없는 연장처럼
> 우리는 송장 같은 선원들.

그 선원은 알바트로스를 죽이고, 그로 인해 바람도 불지 않고 배에 역병을 불러들이게 되지만, 무의식중에 물뱀을 축복함으로써 그 저주는 풀리게 되고 초자연적인 힘에 의해 고향으로 돌아갈 수 있게 된다. 하지만 고난의 항해에서 홀로 살아남은 그는 동료들의 운명에 대한 죄의식과 책임감을 느끼게 된다. 콘래드의 중편소설에서 그 배를 저주한 사악한 행위는 죽은 선장으로 전이되는데, 그로 인해 서술자가 경험하게 되는 일련의 사건은 종교적 색채를 띠고 있다는 점에서 코울리지 시에 나오는 선원의 경험과 다르지 않다. 단순히 이야기의 소재로써 재미있는 사건이었을지도 모르는 것이 순진함과 경륜, 젊음과 성숙, 오만과 겸허를 구분 짓는 '그림자-선(陰影線)'을 가로지르는 통과의례가 되는 것이다. 까닭 모르게 역병에 걸리지 않은(「늙은 선원의 노래」의 선원과 마찬가지로) 젊은 선장은, "죄의 무게와, 그리고 무가치한 자신에 대한 혐오의 감정"을 느낀다. 그는 "미풍에 흔들리는 배와 그 안에서 서서히 죽어가는 선원들의 환영"에 사로잡힌다. 돛이 세워지고 바람이 불어오자, 그는 "사악한 악령들은 퇴치되고, 주술은 풀렸다. 우리는 이제 자애롭고 능력 있는 신의 섭리 안에 있다. 신이 우리를 항해하게 해주고" 있다고 생각한다. 코울리지의 시와 비교해 보자.

> 빠르게, 빠르게, 배는 쏜살같이 달렸지만,
> 또한 살며시 미끄러지듯 흘러간다.
> 순조롭게, 순조롭게 미풍은 불어오고—
> 오직 나에게만 불어온다.

콘래드의 소설에서 그 배가 의료 지원을 요청하는 신호를 보내면서 항구에 다다랐을 때, 그 배에 동승한 의사들은 코울리지의 시에 나오는 배의 안내인과 은자(隱者)가 그랬던 것처럼, 배의 황폐한 갑판을 보고 놀란다. 그 늙은 선원처럼, 선장도 승무원들이 겪은 고통에 대한 자책감을 떨쳐버리지 못한다. 그들이 배에서 옮겨질 때 그는 다음과 같이 말한다. "그들이 내 눈앞에서 하나씩 죽어나가고 있다. 한 사람 한 사람이 가장 잔인한 종류의 비난을 담고 있었다…" 이 부분을 코울리지의 시와 다시 비교해 보자.

> 그들이 죽을 때 겪은 고통과 저주는
> 결코 가시지 않았다.
> 나는 그들로부터 눈을 뗄 수 없었고
> 그들을 위해 기도할 수도 없었다.

스스로의 죄의식을 벗어버리기 위해 "(결혼식에 참여하는) 세 사람 가운데 한 명을 붙잡는" 선원처럼 선장도 자신의 경험을 '고백'할 것을 강요받는다.

콘래드가 이런 대응관계를 의식적으로 만들었는지 텍스트를 통해 입증할 수는 없다. 그것을 입증해보는 것은 흥미로울지도 모르지만, 그렇다고 결과가 달라지지는 않을 것이다. 이 정도의 대응관계는 작가가 코울리지의 시를 알고 있었다는 증거는 되지만, 어쩌면 그가 무의식적으로(나는 그렇게 생각하지 않지만) 그것을 재생산했을지도 모르는 일이다. 그리고 그 대응관계가 그 시를 읽은 적이 있지만 오래 되어 잊어버린 독자라든가, 아니면 부분적으로 인용된 것을 읽어 그 시를 알고 있는 독자에게 잠재적인 효과를 불러일으켰는지도 모른다.

확실한 것은 콘래드가 이런 방식으로 문학 텍스트 사이의 대응관계를 마련한 것이 처음이 아니고, 예외적인 것도 아니라는 점이다. 『암흑의 핵심』에서 말로우가 콩고로 떠나는 여행은 분명히 단테가 『신곡』의 「지옥편」의 지옥의 원 안으로 들어가는 것과 비교되어 있으며, 그의 후기 소설인 『승리』는 셰익스피어의 『태풍』을 모델로 하고 있다.

조이스의 『율리시즈』는 아마도 상호텍스트성에 기초를 두고 쓰인 현대 문학작품 가운데 가장 높이 평가받고, 최대의 영향력을 갖는 작품일 것이다. 이 작품이 1922년에 출판되었을 때, T. S. 엘리엇은 조이스가 하나의 구조적 장치로서 『오디세이』를 사용한 것을 칭찬하고, "현대와 고대 사이의 지속적인 평행관계를 만들어내는" 놀라운 기법적 대발견이며 "현대세계를 예술에 적합한 공간이 되도록 만드는 첫번째 단계"라고 평가했다. 엘리엇은 그때까지 수년에 걸쳐, 분책 형식으로 조이스의 소설을 읽었고, 그 사이에, 그 역시 현대와 성배 전설 사이의 지속되는 평행관계를 설정한 자신의 위대한 시 「황무지」(역시 1922년에 출판)를 집필했다는 사실에서, 우리는 『율리시즈』에 대한 그의 찬사가 어떤 의미에서는 인정이면서 또한 일종의 성명서라고 해석할 수도 있다. 하지만 두 작품들 모두에서 상호텍스트성이 하나의 원천이나 구조적 병행성으로 한정되지 않는다. 「황무지」는 매우 다양한 원천들을 환기시킨다. 그리고 『율리시즈』는 패러디와 혼성모방, 모든 종류의 텍스트의 인용과 관련성의 암시로 가득 차 있다. 예를 들어, 장면이 신문사로 설정되어 있는 장에서는 변모하는 저널리즘의 문체를 본따 헤드라인과 섹션을 구분하고 있으며, 또 다른 장에서는 싸구려 여성 잡지를 상당 부분 혼성모방하기도 하고, 병원이 무대로 되어 있는 장에서는 앵글로색슨 시기부터 20세기에 이르는 영국 산문의 역사적 전개를 패러디하고 있기도 하다.

나는 30년 가까이 작가인 동시에 학자로서 활동해왔기 때문에, 내 작품이 점차 많은 상호텍스트성에 기초를 두게 되었다는 사실이 놀랍지는 않다. 이 점에서는 조이스와 엘리엇, 특히 조이스의 영향이 지대하다. 『영국박물관 무너지다』에서의 패러디는 『율리시즈』에서 영감을 받았는데, 역시 하루 동안에 일어난 일을 다루고 있으며, 특히 마지막 장은 몰리 블룸의 독백에 대한 노골적인 헌사이다. 『작은 세계』의 기원이라고도 할 수 있는 발상이 비롯된 것은, 전세계의 학회를 돌아다니면서 학문과 성생활의 양면에 걸쳐서 성공하려는 학계의 거물들에 대한 희극적이고도 풍자적인 소설의 가능성을 인식했을 때였는데, 그것은 아더왕과 원탁의 기사들이 성배를 찾아나서는 이야기, 그리고 특히 T. S. 엘리엇이 「황무지」를 쓰기 위해서 참조했다는 제시 웨스턴의 책에서 영향을 받았다. 이 소설들의 탄생에 대해서는 다른 글(『영국박물관』과 『Write on』)에서도 언급한 바 있는데, 지금 여기서 그것을 또 말하는 이유는 상호텍스트성이 텍스트에 장식적으로 덧붙여지는 것일 뿐만 아니라 텍스트의 구성과 창작에 매우 핵심적인 요소이기도 하다는 것을 강조하기 위해서다.

작가들에게만 알려져 있는 소설 기법의 또 다른 측면이 있는데, 그것

또한 종종 상호텍스트적인 것으로, 이른바 '기회 놓침 Missed Opportunity' 이라는 것이다. 책을 읽다보면 반드시, 자기 작품과 공명하거나 평행 관계에 있거나 아니면 그것과 유사한 부분이 나오게 되는데, 그것을 너무 늦게 발견하게 되어 이용할 수 없게 되는 것이다. 『작은 세계』 의 결말부의 배경은 12월 말에 정기적으로 개최되는 MLA 학회가 열 리는 뉴욕이었다. 페르세 맥개리글이 비평의 기능에 관한 세미나에 서 성공을 거둔 직후, 그의 영웅적 승리와 함께 따뜻한 남풍이 불어 와 맨해튼은 전례 없는 기온을 기록하게 된다. 이 작품의 신화적 주 제에 있어서 그 사건은, 성배전설에서 성배기사가 주문을 푸는 열쇠 가 되는 말을 해서 어부왕의 메마른 왕국이 비옥하게 되는 것에 대 응했다. 그 학회를 주관하는 현대 강단 비평의 원로인 아더 킹피셔는 자신의 발기불능의 저주가 기적적으로 사라졌다고 느낀다. 그는 한 국인 정부(情婦)인 송미에게 이렇게 말한다.

"마치 헬시언의 날씨 같군. (…) 한 겨울에 찾아오는 따뜻한 날들 말이야. 고대 사람들은 물총새(kingfisher)가 알을 부화시키려 는 그 기간을, 헬시언의 날씨라고 부르곤 했지. 밀턴의 '마법에 걸린 물결 위에서 새가 알을 품고 앉아 있네'라는 구절 떠올려 봐. 그 새가 바로 물총새지. 그리스어로 '헬시언'이 의미하는 것 이 바로 그거야, 송미. 헬시언의 날씨가 물총새의 날씨지. 나의 날씨. 우리의 날씨."

그는 다음과 같은, 놀라울 정도로 적절한 운문 구절을 떠올렸어야 했을 것이다.

물총새의 날씨, 바람을 가득 받고,
돛을 부풀리고, 여덟 척의 돛이 나아간다.

그리고 그는 이렇게 덧붙였어야 했는지도 모른다. "이 부분은 「황무지」에서 가장 좋은 구절들이지만, 에즈라 파운드는 엘리엇을 설득해서 이 부분을 잘라내게 했지." 불행하게도, 나는 『작은 세계』가 출간된 이후로도 한참동안, 미망인인 발레리 엘리엇이 편집한 『황무지 —에즈라 파운드의 주석이 수록된 원본 원고 복사본』에서 이 구절을 읽지 못했다.

제22장 실험소설 The Experimental Novel

버밍엄, 브라이즐리.

두 시. 수천 정도가 저녁을 먹고 거리로 되돌아왔다.

"내가 원하는 것은 오로지 앞으로 밀어붙이는 거야."라고 공장장이 뒤프레의 아들에게 말했다. "내가 그들에게 말했지. 계속해, 생산해내라구."

수천 정도가 저녁 식사를 마치고 근무지로 되돌아왔다.

"늘 말하는 것이지만, 그들도 내 말을 이해해. 내가 그들의 부모와 같다는 것을 모두가 알아. 뭔가 문제가 생긴다면, 나에게 오면 된다는 것을 알고 있지. 그리고 그들은 정말 멋지게 일을 해주고 있어. 정말 멋지게. 나는 그들을 위해서 뭐든지 할 수 있고 그들도 그것을 믿어 의심치 않지."

선반 작업장의 소음이 다시 이 공장에서 시작되었다. 수백 정도 되는 남자와 소녀들이 바깥 도로를 통해 들어왔다. 일부는 뒤프레의 공장으로 들어왔다.

몇인가가 철강 주조 작업장에 머물러 공장 안에서 저녁을 먹었다. 그들은 용광로를 빙 둘러싸고 앉았다.

"그리고 나는 코를 흘리면서 파이프작업장의 문을 등지고 창고 입구에 서 있었을 뿐이야. 안에 있는 알버트가 배를 잡고 깔깔깔깔 웃다가, '왔다'가 파이프 작업장에 온다, 하는 소리가 나고 웃음을 멈췄는데, 나는 '자네, 그런 바보 같은 짓밖에는 못하나?' 하는 소리가 날 때까지는 무슨 일이 벌어졌는지 잘 몰랐어. 그러고는 알버트에게 이렇게 말하는 거야. '넌 도대체 뭐하느라고 여기에 서 있는 거야, 밀리건?' 나는 너무 놀라서 코를 들이마시고 말았어, 너무 순식간에 일어났거든. 아마, 평생 못 잊을 거야."

— 헨리 그린, 『삶』(1929)

●　　　●　　　●

'실험소설'이라는 용어는 에밀 졸라가 사회학적 관찰을 목표로 하는 자신의 소설이 자연세계에 대한 과학적 탐구와 대등한 비중을 차지한다는 것을 주장하기 위해서 만든 용어이다. 그렇지만 이러한 비교는 엄밀하게 탐구될 만한 것은 아니다. 하나의 소설 작품은 사회에 대한 어떤 가설을 입증하거나 반증하는 신뢰할 만한 방법이 아니며, 다른 예술에서와 마찬가지로 문학에서의 '실험'도 '낯설게 하기'(제11장 참조)라는 영구적인 목표에 대한 급진적인 접근방법으로 간주하는 편이 낫다. 실험소설은 서사의 구성이나 형식적인 측면, 아니면 이 둘 모두에서 현실을 재현하는 기존의 방식들에서 벗어남으로써, 그 현실에 대한 우리의 인식을 고양하거나 변화시키려는 소설을 가리킨다.

1920년대와 30년대 즉, 모더니즘의 전성기에 실험소설들이 유명했는데, 우리의 머릿속에 떠오르는 도로시 리처드슨, 제임스 조이스, 거트루드 스타인 그리고 버지니아 울프 등과 같은 작가들은 그 일부에 지나지 않는다. 한 작가의 실험은 재빠르게 다른 작가에게 전유되어 다양한 방식으로 사용되기 때문에 특정한 기법의 발견을 어떤 한 사람에게 한정하는 것은 매우 어렵다. 헨리 그린의 『삶』의 도입부는 방법적인 측면에서 의심할 여지없이 이 시기의 산물이다. 매끄럽게 전환되거나 설명적인 연결 대목 없이, 서술에서 대화로 그리고 다시 대화에서 서술로 화법이 급작스럽게 이동하는 것은 아마도 피카소의 큐비즘이라든가 에이젠슈타인 영화의 화면 건너뛰기, 또는 T. S. 엘리엇이 「황무지」에서 폐허의 풍경과 나란히 보여주었던 단편(斷片)들과 유사하거나 그로부터 직접적인 영향을 받았을 것이다.

그러나 『삶』에는 그린의 독창적인 발명이라고 할 만한 측면이 하나 있는데, 그것은 서술 문장에서 관사를 조직적으로 생략한 것이다. 그것은 절대적으로 지켜지는 것은 아니지만(인용한 대목에서 "그들은 용광로를 빙 둘러싸고 앉았다. They sat round brazier in **a** circle"에는 관사가 나온다.), 독자들의 관심을 집중시키기에는 충분할 정도로 지속되고 있으며, 좀 더 일반적인 형태의 압축법(예를 들어, 감각적이거나 감정적인 차원에서 동사, 명사 형용사 등을 생략하는 것)의 효과를 강화하는 데 도움을

주고 있다. 종래의 우아한 산문이었다면, 아마 '두 시였다. 수천 명의
노동자들이 저녁 식사를 마치고 거리로 되돌아왔다'라든가, 아니면
좀 더 고전적인 문학 스타일로, '장갑과 두건을 두른 수천 명의 일손
들이 점심을 재빠르게 해치우고 더러운 길을 따라 재촉하듯이 되돌
아왔다' 정도가 되었을 것이다. 그런데 그린은 이렇게 쓴다. "두 시.
수천 정도가 저녁을 먹고 거리로 되돌아왔다."

헨리 그린은 헨리 요크(Henry Yorke)의 필명으로, 그의 가족은 버밍
엄에서 공장을 운영하고 있었다. 헨리는 매장에서 시작해 다양한 부
서에서 경험을 쌓음으로써 경영자 자리를 물려받을 수 있도록 훈련
받았는데, 그 과정을 통해서 산업사회의 노동의 본성에 대한 값비싼
이해를 하게 되었고, 공장에서 노동하는 남녀 노동자들에 대한 깊은
애정과 존경을 갖게 되었다. 『삶』은 한 시대의 영국 노동자 계급의
삶을 감상에 빠지지 않는 우아함을 가지고 그려낸 멋진 찬가이다.

노동자 계급의 삶을 소설로 진실되게 쓰는 일의 어려움 가운데 하
나는 특히 빅토리아 시대에 쓰인 선의로 가득한 산업소설에 잘 드러
나 있는데, 소설이라는 장르 자체가 본래적으로 중산계급의 형식으
로서, 서술자의 목소리도, 그리고 표현의 하나하나에도 중산계급적인
편향을 드러내게 된다는 점이다. 소설이 서술자의 예의 바르고 잘 다
듬어지고 교양이 뒷받침된 말과 등장인물들의 거칠고 구어적이고 방
언적인 말의 대조를 통해 그 경험을 겸손하게 묘사하기란 여간 어려
운 일이 아니다. 예를 들어 디킨즈는 『어려운 시절』에서 스티븐 블랙
풀이 연대 파업에 참여하는 것을 거부하는 장면을 양심이라는 견지

에서 아래와 같이 다룬다.

　"스티븐 블랙풀." 의장이 일어서면서 말했다. "다시 생각해보게. 옛날부터 알고 지낸 모든 친구들이 자네를 피하기 전에 한번만 더 생각해보게, 이 친구야."

　분명하게 말하는 사람은 하나도 없었지만 같은 취지로 웅성대는 소리가 여기저기서 들렸다. 모두가 스티븐의 얼굴을 뚫어져라 보았다. 스티븐이 자신의 결정을 후회하면 모두의 가슴에서 짐을 더는 셈이었을 것이다. 그는 주위를 둘러보고 그런 상황임을 알아차렸다. 그들에게 불쾌한 감정을 조금도 갖지 않았다. 스티븐은 겉으로 보이는 약점과 오해 이면에 숨어 있는 그들의 본심을, 동료 노동자 이외에 어느 누구도 이해할 수 없을 정도로 잘 알고 있었던 것이다.

　"이 문제를 적잖이 생각해보았습니다만 아무래도 가담할 순 없군요, 의장님. 내 앞에 놓인 길을 가야만 하겠습니다. 여기 모인 모든 친구들과는 작별할 수밖에 없겠네요."

　헨리 그린은 『삶』에서 작가의 목소리와 등장인물의 목소리 사이의 고통스러울 정도로 명백한 간극을, 지문을 정교하게 파괴시킴으로써 메우려고 했다. 말하자면 그 스스로 말했듯이 지문에 중부 방언의 간결함 같은 것을 활용하고, '손쉬운 우아함 easy elegance'을 회피함으로써 말이다. 그렇다고 해서 서술 문장들이 등장인물의 대화와 동일한 위상을 차지하는 것은 아니다. 서술문에서는 산업이 노동자에게 부과한 기계적이고 반복적인 일상 행위에 대한 암울하고 기능적인 효율성을 감지할 수 있는데, 등장인물들의 발화가 시적인 중복("정말 멋지게 일을 해주고 있어. 정말 멋지게.")이나 속담과 같은 구절("내가 그들의 부모와 같다."), 그리고 자기들끼리만 통하는 말(공장 감독관은 다가오는 것을 알리기 위해 그들은 그를 '왔다'라고 부른다) 등을 통해서, 일종의 저항을 거기에 제공하는 것이다.

그린의 실험과 같은 경우, 현실을 모방하고 표현하는 데 있어서 분명한 목적이 있었다는 점에서 높이 평가하는 것이 그리 어렵지 않다. 좀 더 문제가 되는 것은 산문의 언어와 그것의 규범적인 기능들 사이에 일종의 자의적이고 인공적인 장벽을 마련하는, 이를테면 알파벳이 체계적으로 생략되는 '단어 기피문장lipogram' 같은 문체적 일탈이다. 『인생사용법』으로 알려져 있는 프랑스의 소설가 고(故) 조르주 페렉은, 실제로 문자 'e'를 사용하지 않은 소설인 『소멸』을 발표했는데, 'e'를 사용하지 않는 것은 영어로도 어려운 작업이지만, 프랑스어로는 더욱 곤란한 작업이다(길버트 아데어가 이 작품을 번역하는 작업에 착수했다는데, 아무도 그를 부러워하지 않을 것이다). 현대 미국 작가인 월터 아비쉬는 『알파벳 아프리카』라는 소설을 썼는데, 이 소설의 각 장들은 끔찍할 정도로 어려운 규칙에 맞춰 쓰였다. 즉, 첫 장은 오직 'A'자로 시작되는 단어들만을 사용한다("Africa again : Albert arrives, alive and arguing about Africa art, about African angst and also, alas, attacking Ashanti architecture……"). 그리고 두 번째 장은 오직 'B'자와 'A'자만으로 시작되는 단어들로 구성되고, 세 번째 장은 오직 C, B, A자로 시작되는 단어들로만 구성된다. 이런 식으로 계속되어 이어지는 각 장은, Z에 도달할 때까지 그 다음 머리글자로 시작하는 단어로 시작하는 것이다. 그리고 그것이 다 완수되면 이번에는 그것을 뒤집어, 사용할 수 있는 머리문자를 하나씩 줄여가면서, A만 남을 때까지 계속하는 것이다.

이런 작품들은 아마도 그냥 읽는 것보다는 그에 관한 설명을 듣는 편이 더 재미있을 것이다. 이렇게까지 과격하게 모든 것을 망라하는 구속 안에서, 분명히 정상적인 과정에 의해 소설을 구성하는 작업, 이를테면 주제적 또는 서사적 중핵으로부터 시작해서 어떤 이야기의 논리에 따라 사건이며 인물을 창조해나가는 작업은 거의 이루어질 수 없을 것이다. 여기서 과제가 되는 것은, 스스로가 정한 형식의 속박 안에서 어떤 일관성 있는 이야기를 말하는 것뿐일 것이다. 그리고 그 동기가 있다고 한다면(그 작가가 자신의 재주를 시험해보고 싶은 것은 별도로 하고), 그 곤란한 구속을 극복하고 형식상의 조화를 만들어내는 것으로부터 어떤 기쁨을 얻게 되는 것일지도 모르고, 그런 것도 아니라면 작가가 생각하지도 못했던 어떤 의미가 생겨날지도 모른다는 기대 정도일 것이다. 이런 점에서 그런 산문적 실험은 리듬과 연(聯) 형식과 같은 운문의 일반적인 특징과 닮아 있다. 이런 실험은, 소설과 시라는 두 개의 담론을 분리시키는 경계선을 의도적으로 침범하려는 것처럼 생각되는데, 설령 그것이 놀라울 만큼 섬세하다고 해도 결국 그것은 소설 기법 상으로는 주변적인 것에 불과한 것으로 생각된다.

제23장 코믹소설 The Comic Novel

"어디 보자. 자네 논문 제목을 뭐라고 정했다고 했지?"

딕슨은 창밖으로 스쳐가는 들을 내다보았다. 들은 온통, 비가 잦은 4월을 지낸 뒤인지라, 싱싱한 초록빛이었다. 그를 아연케 한 것은 방금 30초간의 대화가 이중노출된 것 같은 영향 때문만은 아니었다(그런 것은 웰치의 말에서는 기본적인 것이었다). 딕슨을 침묵하게 만든 것은 다른 것이 아니라, 자기가 쓴 논문의 제목을 입에 올리지 않으면 안 된다는 공포감이었다. 그것은 정말로 완벽한 제목이었다. 논문 전체를 일관하는 꼼꼼함, 하품이 나오지 않을 수 없는 장례행렬처럼 음울한 사실의 나열, 아무것도 아닌 문제를 조명하는 유사 해결책, 그런 것을 멋지게 결정화하고 있는 것이었다. 딕슨 자신도 그런 논문을 수십 편 읽었거나 읽으려 했었던 적이 있지만, 자신이 쓴 논문은 그것의 유용함과 의의를 확신하는 인상을 주는 점에 있어서 최악인 것처럼 생각되었다. '기묘하게도 등한시된 이 논제에 대하여'라고 논문은 시작하고 있었다. 기묘하게도 등한시된 논제라고? 기묘하게도 어떻게 된 논제라고? 기묘하게도 등한시된 무엇이라고? 이렇게 스스로 되물으면서, 그 타이핑된 원고를 찢어서 불살라 버리지 않고 지금에 이른 결과, 점점 자신이 위선자이며 바보같이 생각되었다. "어디 봅시다" 하고, 그는 웰치의 말투를 흉내 내면서, 기억을 더듬는 체했다. "아, 그래요. 「1450년부터 1485년 사이에 조선기술(造船技術)의 발달이 경제계에 끼친 영향」이로군요. 그 내용을 요약하자면 결국……"

문장을 마저 종결짓지 못하고 다시 왼편을 바라보았더니, 거의 9인치가량 떨어진 거리에서 웬 남자의 얼굴이 그의 얼굴을 쳐다보고 있었다. 딕슨이 보기에 놀란 표정이 가득한 그의 얼굴은, 방금 웰치가 두 개의 석벽 사이에 끼인 예리한 커브길의 전방에서 추월하려고 했던 밴의 운전사의 얼굴이었다. 거대한 버스 한 대가 커브길 앞에서 갑자기 시야에 들어왔다. 웰치가 거기서 약간 속도를 늦추어, 버스가 그들 앞으로 오게 되면 자신들이 그 밴과 일직선으로 나란히 갈 것이 틀림없다고 확인하는 순간, 웰치가 단호하게 말했다. "맞아, 이러면 좋지 않을까 싶은데 말이지."

— 킹슬리 에이미스, 『행운아 짐』(1954)

●   ●   ●

코믹소설은 매우 영국적인, 아니면 적어도 영국적이고 아일랜드적인 소설로, 외국에서는 거의 반응이 없는 장르다. 존 업다이크는 에이미스의 후기 소설 중 한 편인 『제이크의 취향』(1978)을 다소 깔보 듯이 평하면서, "그의 야심과 명성은 모두 '코믹소설'에 한정되어 있 다"라고 말한다. 그리고 다음과 같이 덧붙인다. "현실의 삶이 아무리 코믹하다고 해도, '웃긴 소설 funny novels'을 쓸 필요는 없다." 물론, 삶이 누구에게 충분히 웃긴다는 것인지는 물을 수 있다. 확실히 영국 소설 전통에서는 코믹소설을 자주 발견할 수 있는데, 그것은 18세기 의 필딩, 스턴과 스몰릿에서부터, 19세기의 오스틴과 디킨즈, 그리고 20세기의 이블린 워까지 이어진다. 심지어 엘리엇과 하디 그리고 포 스터처럼 유쾌한 소설을 쓰는 것이 기본적인 관심사가 아니었던 작 가들의 작품에서도, 우리를 크게 웃게 만드는 장면들이 등장한다.

소설 속의 희극은 서로 밀접하게 연관되어 있는 두 개의 주요한 원천을 갖는 것으로 생각된다. 그 하나는 상황(여기엔 반드시 등장인물 이 따른다. 어떤 인물에게 코믹한 상황이라고 해서 반드시 다른 인물에게도 그 런 것은 아니다)이며, 다른 하나는 문체다. 어느 경우든 타이밍이 매우 중요하다. 다시 말하면, 그들이 전하는 말과 정보가 제시되는 순서 가 중요한 것이다. 이 원리는 이블린 워의 『쇠퇴와 타락』의 한 문장 으로 설명될 수 있다. 소설의 서두에서, 수줍음 많고 겸손한 옥스퍼 드 대학생인 폴 페니피더는 한 파티에서 술에 취한 거만한 동료 학 생들에 의해서 바지가 벗겨지게 되고, 그래서 음란 행위를 했다는 이유로 학교 당국에 의해 터무니없게도 불합리한 제재를 받게 된다. 첫 장은 이렇게 끝난다.

"그 자식들 모두 지옥에나 떨어져 버려라" 하고 폴 페니피더
는 정거장으로 차를 몰면서, 혼잣말로 조심스럽게 말했다. 그러
고 나서 그는 자신이 이전에 한번도 그런 욕설을 해본 적이 없
다는 것을 깨닫고 부끄러움을 느꼈다.

우리가 이 장면에서 웃게 된다면(나는 대부분의 독자들이 그럴 것이라
고 생각하는데) 그것은 '조심스럽게'라는 단어가 뒤늦게 출현했기 때문
일 것이다. 문장이 이어지면서 놀림감이 된 주인공의 오랫동안 억눌
려왔던 분노가 폭발한 것처럼 보였던 것이 전혀 그런 것이 아니었다
는 사실이 밝혀지고, 오히려 그의 소심함과 수동적 성격만이 더욱 두
드러지게 된다. 만일 이 문장이 "폴 페니피더는 정거장으로 차를 몰
면서 혼잣말로 조심스럽게 말했다. '그 자식들 모두 지옥에나 떨어져
버려라…….'" 같은 식으로 진행되었다면, 아마도 그 효과는 사라졌
을 것이다. 이것은 소설에서의 또 다른 희극적 특성을 보여주는데,
그것은 놀람(폴은 마침내 그의 감정을 드러낸다)과 패턴의 답습(아니다. 그
는 결국 그러지 못한다)의 결합이다.

유머는 주관적인 것으로 악명 높은 테마이긴 하지만, 『행운아 짐』
의 위와 같은 대목에서 미소를 머금지 않는다면 감정이 매우 메마른
독자일 것이다. 그도 그럴 것이 이 장면은 고도로 다듬어진 형식으로
코믹소설의 모든 특성을 보여주기 때문이다. 지방대학의 시간강사인
짐 딕슨은 자신의 밥벌이를 위해서는 멍청한 교수의 비호를 받아야
하는데, 그러기 위해서는 학술논문을 출판함으로써 자신의 학문적

능력을 입증해야만 한다. 짐은 그 교수와 학자 세계의 이런저런 관행을 경멸하지만, 그것을 표현할 입장이 아니다. 그래서 그의 분노는 내면화되고, 더러는 폭력적 망상(예를 들어, "웰치를 의자에 묶어 놓고 병으로 그의 얼굴과 어깨를 내리치며, 어째서 프랑스인도 아니면서 그의 아들에게 프랑스식 이름을 지어주었는지 실토할 때까지 마구 때린다")에 빠지기도 하고, 더러는 여기에서처럼, 그를 억압하고 있는 행위와 담화 또는 제도에 대한 풍자적인 논평으로 표현되기도 하는 것이다.

『행운아 짐』은 영국 소설에 새로운 목소리를 불러일으켰다. 그 목소리는 교양을 갖추고 있으면서도 계급에 구속되지 않고, 웅변적이면서도 어떤 틀에 맞춰진 것이 아니었다. 그 세심하면서도 회의가 뒷받침된 정치(精緻)함은, 에이미스가 학생이었을 당시에 옥스퍼드를 지배했던 '일상언어' 철학의 영향마저도 느끼게 한다(특히 그런 영향은 "아무것도 아닌 문제를 조명하는 유사 해결책"같은 표현에서 분명하게 드러난다). 거기서 발견되는 작은 의외성이라든가, 조건의 구절들, 반전 등이 상투어구와의 평범한 반응을 멋지게 해체하고 있는 것이다.

딕슨은 논문의 제목이 뭐냐고 하는 웰치의 질문에 대해 즉답을 피한다. 비록 "30초간의 대화가 이중노출된 것 같은 영향 때문만은 아니었"지만 말이다. 여기에는 두 가지 이유가 있다. (1) 자신도 상대가 방금 말한 것에 대해 생각하고 있었다는 듯이, 웰치의 짜증나는 말투에 대한 유쾌한 비유적인 논평으로서 기능한다. (2) 짧은 시간 동안의 지연을 통한 코믹한 서스펜스를 만들어서, 짐의 침묵의 실제 이유(즉, 그가 자신의 논문 제목을 입에 올리는 것이 부끄럽다고 생각하는 것)가 분명해지는 순간의 효과를 극대화한다. 그 제목은 짐이 경멸하는 학계의 모든 담론적 특성들을 축약하고 있다는 아이러니한 의미에서만 '완전'한 것이다. "딕슨 자신도 그런 논문을 수십 편 읽었거나 **읽으려 했었던** 적이 있지만…" 여기서 내가 강조한 부분은, 짐이 학술 논문을 읽는 것을 지겨워하며 정독하는 것을 못견뎌하고 있다는 것을 보여준다. 그의 논문의 첫 문장에서 보이는 매우 파괴적인 분석의 연출(관습적인 학문적 공식어구들 하나하나가 도마 위에 올려져 조롱적인 의문부호가 붙여지는)에 대해서는 더 이야기할 필요도 없을 것이다. 그 뒤를 이어서 정말로 딕슨다운, 자신의 지적 불성실에 대한 규탄이 이어진다(머지않아 그는 '메리 잉글랜드'에 관한 강의를 음주 상태에서 하게 됨으로써 그런 상황에서 해방되게 된다). 그런 뒤에야 결국 우리는 그 논문의 제목을 알게 되는데, 그것은 마치 모래를 씹는 것 같이 무미건조한 것으로, 학계에 종사하는 많은 내 동료들도 그 제목을 기억하고 있다. 이런 발화는 서사적 일관성을 중단시키지 않고서도 웰치의 질문에 뒤따라 나올 수 있었겠지만, 그랬더라면 그 코믹한 효과는 상당히 감소되었을 것이다.

짐의 무기력함은 그가 웰치의 차를 얻어 타고 있다는 것에 의해서, 그리고 그의 끔찍한 운전에서 빼도 박도 못하는 희생자가 되는 것에 의해서 물리적으로 요약되고 있다. 그렇게 보게 되면, 앞에 나왔던, 딕슨이 차창 밖으로 푸르른 들판을 바라본다는, 진부하면서도 일견 쓸데없어 보이는 문장들도 이제는 일종의 의미를 가지고 있음이 밝혀진다. 짐은 조금 뒤에 다시 차창 밖을 바라보다가, "거의 9인치가량 떨어진 거리에서 웬 남자의 얼굴이 그의 얼굴을 쳐다보고 있었다"는 사실에 화들짝 놀란다. 놀람은 여기서도 패턴의 답습(웰치의 무능함)과 결합한다. 느긋할 정도로 정확하게 묘사되는 언어("거의 9인치가량 떨어진", "놀란 표정이 가득한", "추월하려고 했던")에 의해서 나타나는 슬로우 모션 효과는 충돌 직전까지 치닫는 차량의 속도와 코믹하게 대조를 이룬다. 무슨 일이 일어났는지 독자들에게는 전해지지 않지만, 그것을 스스로 추측하게 되고, 등장인물의 놀람과 경악을 재연해보지 않을 수 없게 되는 것이다. 결국 문제는 타이밍이다.

제24장 마술적 리얼리즘 Magic Realism

이윽고 모든 사람들이 느닷없이, 아까의 소절을 다시 부르기 시작하자 춤의 속도가 빨라졌고, 그들은 휴식과 잠을 피하고, 시간을 앞지르며 그들의 힘으로 순수함을 채웠으며, 사람들은 모두 미소를 지었고, 엘뤼아르는 어깨에 손을 얹었던 소녀에게 몸을 굽혀 말했는데,

평화의 포로가 된 사람은 언제나 미소를 그치지 않는다.

그리고 그 소녀는 소리 내어 웃었고, 더욱 힘차게 발을 굴렀으며, 그녀가 보도 위로 몇 센티미터 날아오르자 다른 사람들 역시 그녀와 함께 뛰어올라 얼마 안 돼서 아무도 땅에 발을 딛고 있는 사람이 없었고, 그들은 땅에 닿지 않은 채로 제자리에서 두 발 앞으로 한 발 나아갔는데, 그렇다, 그들은 벤체슬러스 광장 위로 날아오르고 있었으며, 그들의 원은 마치 공중을 나는 거대한 화관 같았고, 그리고 나는 그들을 쫓아 땅 위를 달리며

그들을 우러러봤으며 그들은 공중에 뜬 채로 한쪽 발을 들어 올리고 다시 다른 쪽 발을 들어 올렸으며, 그들 아래에 있는 프라하에는 시인들로 가득 찬 카페와 인민의 배반자들로 가득 찬 감옥이 있었는데, 한 화장장에서는 사회당 국회의원과 한 초현실주의 작가가 재로 화하고 있었고, 그 연기는 좋은 징조를 나타내듯이 하늘 높이 날아오르고 내 귀에는 엘뤼아르의 금속성 목소리가 들렸는데,

진행 중인 사랑은 지치지 않는다.

그리고 도시 위로 날아오른 아름다운 육체의 관을 보기 위해 나는 그 목소리를 따라 거리를 달렸고, 그러면서 그들은 새처럼 날고 나는 돌처럼 추락하고 있으며, 그들은 날개가 있고 난 영원히 날개를 가질 수 없으리라는 사실을 가슴 아프게 깨달았다.

— 밀란 쿤데라, 『웃음과 망각의 책』(1978)

●　　　●　　　●

마술적 리얼리즘에서는 기적 같고 불가능한 사건들이 사실적인 이야기 가운데에서 일어난다. 마술적 리얼리즘은 특히 현대 라틴아메리카 소설(예를 들어 콜롬비아의 마르케스의 작품)과 관련된 효과이지만, 그라스와 루시디 그리고 쿤데라와 같은 유럽의 다른 지역 작가들

에게서도 발견된다. 이 작가들은 모두 거대한 역사적 격동기와 개인적인 부침을 겪었는데, 그들이 느끼기에 그 사건들은 평범한 리얼리즘으로는 충분히 표현할 수 없는 것들이었다. 아마도 영국 작가들은 상대적으로 상처가 깊지 않은 영국 근대사로 인해서 전통적인 리얼리즘의 영역에 머물렀던 것 같다. 몇몇 작가들, 이를테면 페이 웰던, 안젤라 카터 그리고 자넷 윈터슨처럼 젠더 문제에 대해 특히 진지하게 생각하는 작가들에 의해 열정적으로 수용되기는 했지만, 영국 소설에서 마술적 요소들은 자생적으로 생겨났다기보다는 외부에서 도입된 것이다.

중력에서 벗어나고자 하는 인류의 꿈은 언제나 불가능한 것이었기에, 이런 종류의 소설에서 비행과 상승 그리고 자유 낙하의 이미지가 등장한다는 것은 그리 놀라운 일이 아닐 것이다. 마르케스의 『백년 동안의 고독』에서는 한 등장인물이 빨래를 널던 도중에 하늘로 날아오른다. 루시디의 『악마의 시』 도입부에서도 두 사람의 주요 인물이 폭발한 점보 제트기에서 떨어져 나와 서로 엉킨 채로 노래를 부르면서 눈 덮인 영국의 해안에 아무런 상처도 입지 않은 채 내려온다. 카터의 『밤마다 서커스』의 여주인공인 피버스는 공중그네를 타는 예술가인데, 그녀의 매력적인 깃털은 단순한 무대 의상이 아니라 그녀를 날게 해주는 날개이다. 윈터슨의 『처녀딱지 떼기』에는 모든 사람들이 공중에 떠다니는 공중 도시가 등장한다. "몇 가지의 단순한 실험으로부터, 중력을 버린 사람에 대해서는, 중력도 그들을 버린다는 사실이 분명해졌다." 그리고 인용한 『웃음과 망각의 책』의 저자는 원을 그리며 춤을 추는 사람들이 공중으로 떠올라 날아가 버리는 것을 목격했다고 말하고 있다.

쿤데라는 1948년의 체코의 공산주의 쿠데타를 환영했던 많은 체코 젊은이들 가운데 한 명이었다. 그들은 자유와 정의가 있는 용감한 신세계의 도래를 희망했다. 하지만 그는 곧 환멸을 느끼고, '말하지 않는 것이 좋을 것을 말했다'는 이유로 당에서 축출되었다. 그 과정에서 겪은 체험이 그의 첫 번째 소설인 『농담』(1967)의 토대가 되었다. 『웃음과 망각의 책』(1978)에서 그는 전후 체코 역사의 공적 아이러니와 사적 비극들을 다큐멘터리, 자서전, 그리고 환상을 자유롭게 오가는 느슨하면서도 파편적인 서사 속에 담아냈다.

당으로부터 뿐만 아니라 인류의 동료들로부터도 축출되어 '비인간'이 되어 버린 경험에 대한 서술자의 감각은, 당이 승인한 기념일들을 축하하며 춤을 추는 학생들의 원으로부터 배제되는 사건으로 상징화된다. 그는 1950년 6월의 특정한 날을 다음과 같이 회상한다. "프라하의 시가지는 다시 한 번 원을 그리면서 춤을 추는 젊은이들로 흥성거렸다. 나는 이 원에서 저 원으로 돌아다니면서 최대한 그들 가까이 다가가려고 했지만, 그 원 안으로 들어가는 것은 금지되었다." 바로 그 전날, 사회주의 정치가 한 명과 초현실주의 예술가 한 사람이 '국가의 적'이라는 죄명으로 교수형에 처해졌다. 그 초현실주의자, 자비스 칼란드라는 그 당시 서구 사회에서 아마도 가장 유명한 공산주의 시인이었을 폴 엘뤼아르의 친구였다. 엘뤼아르는 칼란드라를 구할 수도 있었지만 개입하지 않았다. 그는 "전 세계의 모든 사회주의 국가와 모든 공산당을 아우르는 거대한 원을 그리며 춤을 추느라 너무나 바빴고 환희와 우애에 관한 자신의 아름다운 시들을 낭송하느라 너무나 바빴던" 것이다.

거리를 배회하던 쿤데라는 젊은 사람들의 원 안에서 춤을 추고 있던 엘뤼아르와 갑자기 마주치게 된다. "그래, 의심할 여지가 없군. 프라하를 위하여 건배. 폴 엘뤼아르!" 엘뤼아르가 환희와 형제애에 관한 자신의 고상한 시 한 편을 낭송하기 시작하자, 문자 그대로도 그렇고 은유적으로도, 서사는 '끝이 난다.' 원을 그리며 춤을 추던 사람들은 땅에서 떠올라 하늘로 올라가기 시작한다. 이것은 불가능한 사건이다. 그럼에도 불구하고 우리는 곧 그런 불신을 일시적으로 거두어들이게 되는데, 그것은 그 일절이, 그때까지 몇 페이지에 걸쳐 서서히 쌓아올렸던 감정을 아주 강력하고 절실하게 표현하고 있기 때문이다. 춤추는 사람들이 허공으로 올라가고, 특히 리듬에 맞춰 발을 구르는 배후에서 국가에 의해 처형된 두 명의 희생자가 연기로 화해서 같은 하늘로 날아오른다. 이런 정경에는 공산당원들의 어리석은 자기기만, 자신들의 순결함과 순수함을 주장하려 할 때의 불안, 그리고 자신들이 섬기는 정치 기구의 폭력과 불의(不義)를 안 보고 말겠다는 그들의 결단 등이 집약되어 있다. 하지만 그것은 또한 그 공동체적 춤의 안도감과 행복함에서 영원히 추방된 작가의 분신 같은 인물의 선망과 고독감을 표현한 것이기도 하다. 쿤데라의 가장 호소력 있는 매력 가운데 하나는 그가 절대로 자기 자신에게 영웅적인 순교자의 위상을 부여하지 않으며 반체제 입장에 섰다는 것의 일상적인 희생의 무게를 결코 가볍게 보지 않는다는 점이다.

체코어 원문에는 이 대목이 어떻게 되어 있는지는 모르지만, 영어 번역은 아주 훌륭하다. 그 이유는 아마 이 작품이 뛰어나게 시각화되어 있기 때문일 것이다. 쿤데라는 프라하에서 한 동안 영화를 가르친 적이 있는데, 이 묘사도 프라하의 창공의 파노라마와, 거리를 다니는 서술자의 위를 향한 부러움 섞인 시선 사이의 간격에 대한 시점의 이동에서 영화적 구성 감각을 보여준다. 춤추는 사람들이 공중에서 원을 그리는 장면은 영화의 '특수 효과'와 흡사하다. 문법적으로 위에 인용된 부분은 그 대부분이 하나의 긴 문장으로 이루어져 있는데, 그 하나하나의 절은 '쇼트'에 해당한다고 볼 수 있다. 그것이 '그리고'라는 단순 접속사로 연결되어, 흐르는 듯한 문장이 되어 서술자의 아이러니라든가 상실감이 과도하게 부각되는 것을 막아주고 있다. 그 쇼트들은 분리될 수 없게 직조되어 있는 것이다.

제25장 표면에 머무르기 Staying on the Surface

그리고 여전히 이야기할 것들이 많다. "그녀의 뭐가 두려워요?" 하고 플로라는 자신의 육중한 몸을 하워드에게 기대면서 묻는다. 그녀의 가슴이 그의 눈앞에 육박해 온다. "내 생각으로는," 하고 하워드가 말한다. "우리는 같은 영역에서 너무 가깝게 경쟁하고 있는 것 같아. 납득이 가는 이야기야. 집사람의 역할이 내 역할과 너무 긴밀하게 붙어 있거든. 그래서 집사람의 성장이 방해받고, 그러니까 그 사람으로서는 내 발목을 잡고 싶다는 기분이 드나봐. 안에서 나를 파괴하려고 하나봐." "편해요?" 플로라가 말한다. "내가 너무 괴롭히는 건가?" "아니," 하고 하워드는 말한다. "어떻게 자기를 파괴한다는 거예요?" 하고 플로라가 묻는다. "우선 내 안의 약점을 찾아야 할 거야" 하고 하워드가 말한다. "내가 가짜고 돌팔이라고 믿고 싶어하거든." "정말 멋진 가슴을 갖고 있군요, 하워드." 하고 플로라가 말한다. "당신도 그래, 플로라,"라고 하워드가 말한다. "당신이 가짜고 돌팔이라고?"라며 플로라는 묻는다. "난 그렇게 생각하지 않아," 하고 하워드는 말한다. "적어도 보통 사람 이상이거든. 나는 다만, 어떤 일이 일어나게 하고 싶을 뿐이야. 혼돈 속에다 얼마간의 질서를 끌어들이고 싶은 거라구. 그걸 그 사람은 유행에 편승하는 급진주의라고 보거든." "오, 하워드," 하고 플로라가 말한다. "그 여자, 생각보다 머리가 좋네. 그 여자 바람 피워요?" "그런 것 같아,"라고 하워드는 말한다. "조금만 움직여 볼래요? 아프거든요." 하고 플로라는 그에게서 떨어져 옆에 눕는다. 그들은 그녀의 하얀 아파트에서 천장을 올려다보고 있다. "몰랐어요? 알아보려고 한 적 없어요?" 하고 플로라가 묻는다. "없어," 하고 하워드는 말한다. "단순한 호기심도 없나봐?" 하고 플로라가 말한다. "그게 심리학자체인데, 당신은 관심이 없군요. 그녀가 당신을 망치려는 것도 무리는 아니지." "그저 자기 길을 가는 게 좋은 거라고 두 사람이 같이 생각하는 거지." 하고 하워드가 말한다. "시트를 덮어요," 하고 플로라는 말한다. "땀이 나잖아요. 그러다가 감기 걸리겠어. 어쨌든, 당신들은 헤어지지 않는다는 거네." "아마 그럴 거야. 하지만 서로를 불신하지." "아무렴요" 하고 플로라는, 그를 바라보기 위해 몸을 돌리면서 말한다. 그러는 바람에 그녀의 커다란 오른쪽 가슴이 그의 몸에 안기듯이 되었는데, 그러자 그녀는 알 수 없다는 표정을 지으며 말한다. "그렇지만, 그것이 결혼의 정의 아닌가요?"

— 말콤 브래드버리, 『역사 인간』(1975)

●   ●   ●

나는 앞에서(제9장), 이야기 형식 가운데 소설이 주관을 드러내는 데 가장 뛰어나다고 말한 바 있다. 디포의 『로빈슨 크루소』, 리처드 슨의 『파멜라』와 같은 초기 영국 소설들은 저널이나 서간문을 활용하여 등장인물들의 내면적 생각을 전례없이 사실적인 방법으로 드러냈다. 그리고 이후의 소설의 발달 과정은 최소한 조이스와 프루스트까지 사람의 의식을 더 깊고 미묘하게 탐구해가는 과정으로 보는 것이 가능하다. 그래서 어떤 작가가 인간 행위의 표층에 머무는 것을 택하는 경우, 우리는 이유를 알 수 없으면서도 그 심리적 깊이가 결여된 데 대해 놀라면서 관심을 기울이게 되고 때로는 불안함을 느끼면서 쳐다보게 되는 것이다.

브래드버리의 『역사 인간』이 그러한 소설이다. 이 소설은 '더 이상 사적(私的)인 자아는 존재하지 않는다'라고 주장하는 『프라이버시의 패배』라는 제목의 책을 갓 출판한 한 사회학 강사의 이야기를 다루고 있다. 하워드 커크는 자아란 구식이 되어버린 부르주아적 개념이며 개인이란 조건 지워진 반사적 행동의 다발에 불과하다고 믿고 있다. 따라서 그는 인간이 자유로워지는 유일한 방법은 (마르크스주의적 사회학에 의존하여) 역사(History)의 발전단계에 따라 협력하는 것이라고 믿는다. 소설은 행위와 상황의 표면에 머무는 것을 통해 커크의 이런 삭막하고 비인간적인 삶의 철학을 신랄하게 모방하는 것으로 보이는데, 그러면서도 다른 한편으로는 그런 인생관을 비난하거나 무시할 수 있는 특권적인 시야를 독자에게 제공하지 않는다. 전달되는 사건의 절반 정도에 그가 등장한다는 점에서 이 이야기는 하워드의 시점에서 말해진다고 할 수 있다. 그렇지만 작품은 우리로 하여금 그의 개인적인 생각을 엿보게 함으로써 그의 동기를 판단하도록 해주지는 않는다. 이는 커크의 적대자를 포함한 작품의 다른 등장인물들에게 있어서도 마찬가지이다.

이 소설은 묘사와 대화로 구성되어 있다. 묘사는 어디까지나 사물의 표층에 국한되고 있다. 커크의 집의 실내장식들, 학교 캠퍼스의 황량하고 비인간적인 건축물, 세미나와 위원회, 파티장에서의 직원들과 학생들의 피상적인 행위 등등. 대화는 평면적이고 객관적이며 등장인물들의 반성적 해석이라든가 작가의 논평도 없고, '그/그녀가 말한다(묻는다)'라는 단순한 부가절에는 어떤 부사도 덧붙여지지 않고 대화 사이에 행갈이도 없다. 현재형이 많이 사용된 것도 이런 대화의 '깊이 없음'을 한층 강조한다. 관습적으로는 과거형이 쓰이는 것이지만, 과거형이라는 것은 서술자가 그 이야기 전체를 이미 파악하고 있으며 이야기에 관해 이미 어느 정도의 평가를 내리고 있다는 사실을 암시한다. 그에 비해 이 소설의 현재형 화법은 알 수 없는 미래를 향해 등장인물들이 한걸음씩 나아가는 모습을 무표정하게 따라갈 뿐이다.

이러한 기법이 불러일으키는 코믹함과 냉정함의 효과는 성교의 묘사 장면에서 특히 충격적으로 나타난다. 이런 장면에서는 적어도 한 사람의 등장인물이 그 순간 느끼는 감정과 지각이 내면 묘사를 통해 전달되도록 하는 것이 일반적이지만 여기에서는 그마저도 없다. 인용문에서 하워드 커크는 동료인 플로라 베니폼과 한 침대에 누워 있다. 플로라는 "결혼생활에 문제가 있는 남자들과 자는 것을 좋아하는" 여성이다. "그녀가 전공하고 있는 복잡한 가정 내적 정치역학의 현장으로 화제가 아주 풍부"하기 때문이다. 두 사람은 하워드와 그의 아내인 바바라의 관계에 대해서 대화를 나누고 있다.

이야기를 하기 위해서, 그것도 불륜 상대에게 자신의 결혼생활을 이야기하기 위해 성관계를 맺는다는 발상 자체에 희극이 숨어 있는 것은 두말할 나위도 없는 것이지만, 여기서는 특히 남녀의 육체의 밀접한 접촉과 그들이 나누는 대화의 지적인 추상성의 대조에도 희극이 존재한다. 하지만 육체와 정신, 사사로운 것과 중대한 것 사이를 지그재그로 왔다갔다하는 그 대화에는 단순한 희극적인 것 이상이 담겨있다. 하워드가 '아내가 나를 가짜이며 돌팔이라고 믿고 싶어한다'고 말할 때, 그는 이 소설의 중심 문제를 표현하고 있는 것이다. 처음에 플로라는 그것을 성적인 제스처를 통해서 회피하려는 것처럼 보인다. "정말 멋진 가슴을 갖고 있군요, 하워드." "당신도 그래, 플로라"라고 말하는 장면은 재미있지만, 우리는 누구를 보고 웃고 있는 것일까? 우리는 스스로 결정을 내려야만 하는데, 그것은 "하워드는 가짜고 돌팔이인가?"라는 보다 중요한 질문에 대해서도 마찬가지다. 또는 그의 "어떤 일이 일어나게 하고 싶을 뿐"이라는 열의는 일종의 고결함의 표현, 즉 모럴의 붕괴를 향해 가고 있는 세계 속에서의 어떤 에너지의 표현인가? 내면이 묘사되어 있다면 이런 질문에 답할 수 있겠지만 그것이 없기 때문에 해석의 짐은 고스란히 독자들의 몫으로 남겨지게 되는 것이다.

텍스트가 일체 논평을 하지 않고 따라야 할 기준을 주지도 않기 때문에, 많은 독자들은 등장인물들을 어떻게 평가해야 하는지 곤혹스러움을 느끼기도 한다. 하지만 바로 그런 측면이 이 작품의 힘과 매혹의 원천임은 틀림없다. 이 점에 관해서 이 작품을 각색한 BBC 드라마와 비교해 보는 것은 아주 흥미롭다. 햄튼이 쓴 시나리오는 원작 소설에 매우 충실하며 드라마는 캐스팅에서 제작, 연기에 이르기까지 놀라울 정도로 매우 잘 만들어졌다. 커크 역을 맡은 안소니 셔도 훌륭했다. 하지만 배우로서 그는 그 역할을 불가피하게 해석하지 않으면 안 되었던지, 그 인물을 자신의 욕구를 만족시키기 위해서 타인을 등쳐먹기만 하는 인물로 연기했다. 이 때문에 소설에서 독자의 몫으로 남겨진 해석의 부하(負荷)의 상당 부분이 드라마판에 떠맡겨졌으며, 그 대신에 충분히 재밌는 드라마일 수 있었음에도 불구하고 그리 도전적인 작품이 되지 못했다(위에 인용된 장면에 관해 덧붙여 말한다면, TV를 본 사람들은 시각적으로 재현되는 플로라의 아름다운 가슴 때문에 위트 있는 대화가 귀에 들어오지 않았을 것이다).

제26장 보여주기와 말하기 Showing and Telling

"**자**네는 너무 외곬이군. 그렇게 열을 내면, 만에 하나라도 그 여자가 신의 부름을 받게 된다면, 마지못해 헤어지게 될까봐 걱정되네. 자, 나를 믿게, 기독교도라면, 속세의 것에 마음을 두어선 안 되네. 신의 뜻이 그렇다면, 어떤 것에도 평화롭게, 흔쾌하게 복종하지 않으면 안 된다네." 이런 말이 끝나기가 무섭게 어떤 사내가 달려 들어와 아담스 씨에게 막내아들이 물에 빠져 죽었다고 전했다. 그는 한 순간 묵묵히 서 있더니 곧바로 방을 서성이기 시작했으며 비통한 모습으로 아들의 죽음을 탄식했다. 조셉도 역시 가슴이 불안으로 가득했지만 어떻게든 평정심을 찾고 목사를 위로하려고 했다. 이 과정에서 그가 사용한 화술의 많은 부분은 목사가 공사에 걸쳐서 행해왔던 설법(열정을 적으로 여기는 목사는, 이성과 선의에 의해 그것을 극복하라는 식의 말밖에는 하지 않았다)을 빈 것이었지만, 목사는 그 충고에 귀를 기울일 여유가 없었다. "여보게," 하고 그는 말했다. "별 것도 아닌 것엔 신경 쓰지 말게. 막내만 아니었더라도, 나는 더 견뎌낼 수 있었을 걸세. 하지만, 그 아이가, 내 늘그막의 유일한 위안인 아이, 그 어린 것이, 이승의 인생에 발을 떼어놓자마자 신의 부름을 받았다는 것은. 온순하고, 귀엽고, 좋은 아이였다네. 라틴어 학습을 시작한 게 바로 오늘 아침이었는데. 이제 막 그 책을 배우기 시작했지. 가엾게도! 이젠 그것도 필요 없게 되었다는 것인가. 최고의 학자가 되고, 교회의 보배가 되었을 텐데. …… 그애 만큼 재능과 착한 성격을 겸비한 아이는 없었네." "게다가, 아주 잘생긴 아이였었죠" 하고 패니의 품에서 몸을 일으키면서 아담스 부인이 말했다. "불쌍한 재키, 이제 두 번 다시 볼 수 없다는 건가?" 하고 목사가 말했다. "아니에요. 볼 수 있을 겁니다" 하고 조셉은 말했다. "그것도 더 좋은 곳에서요. 다시 만나면, 두 번 다시 헤어지지 않을 겁니다." 분명히 목사는 이 말을 듣고 있지 않았을 것이다. 그는 그 말에 신경 쓰지 않고 계속해서 울먹이고 있었고 눈물이 그의 가슴으로 흘러내렸으니 말이다. 마침내 그는, "그 아이가 도대체 어디에 간 것일까?" 하고 울부짖고는 맹렬하게 밖으로 뛰쳐나갔는데, 나는 그때 그의 놀라움과 기쁨이 분명히 독자들에게도 전달되었기를 바란다. 그는 정말로 물에 젖은 채로 살아서 자신을 향해 달려오는 아들을 만나게 되었기 때문이다.

— 헨리 필딩, 『조셉 앤드류스』(1742)

●   ●   ●

小설의 담화에는 언제나 무슨 일이 일어났는지를 보여주는 부분과 무슨 일이 일어났는지를 말하는 부분이 서로 교차한다. 보여주기의 가장 순수한 형태는 등장인물의 발화를 그대로 전달하는 방법으로, 거기에서 언어는 정확하게 그 사건을 거울처럼 반영한다. 왜냐하면 사건은 언제나 언어를 통해 성립하니까 말이다. 말하기의 가장 순수한 형태는 서술자에 의한 요약으로, 이 형태에서는 서술자의 언어의 간명함과 추상성이 등장인물과 그의 행동의 특수성과 개별성을 지워버린다. 그렇기 때문에 소설이 완전히 요약적인 형태로 쓰였다면 인내를 갖고 읽는 것이 거의 불가능해질 것이다. 하지만 요약에도 나름의 효용이 있다. 예를 들어 재미가 별로 없거나 아니면 너무 재밌어서 시간을 너무 잡아먹는 부분을 간단히 처리함으로써 이야기의 진행을 빠르게 하는 것이 가능한 것이다. 필딩의 작품에서 이런 효과를 확인할 수 있다. 필딩이 소설을 썼던 시대에는 서술자의 발화와 등장인물의 발화가 뒤섞인 자유간접화법(제9장 참조)이 아직 사용되지 않았기 때문에, 그의 소설에서 이 두 종류의 담화 사이의 경계가 아주 분명하게 구분되어 있다.

아브라함 아담스 교구 목사는 자비롭고 관대하며 비세속적인 사람이지만 동시에 영국 소설사에서 가장 기억에 남을 만한 매우 코믹한 인물이기도 하다. 왜냐하면 그는 끊임없이 모순과 갈등에 직면하기 때문이다. 세상이 그렇게 되어야 한다는(자신과 같이 이타적인 인간으로 넘쳐나야 한다는) 자신의 믿음과 실제 세상의 모습(이기적인 기회주의자들로 가득 찬), 그의 설교(다소 엄격한 기독교의 교의)와 그의 실제 행위

(평범한 인간적인 본능적 행위) 사이에는 언제나 불일치가 존재한다. 필딩 자신이 말하고 있는 것처럼 세르반테스의 돈키호테의 인물화로부터 차용한 이 환상과 현실과의 대조가 그를 일관되게 골계적인 인물로 만든다. 그는 비록 올바르게 판단하지 못한다고 하더라도 마음이 순수하여 그리 밉게 보이지 않는 인물이다.

위 인용문에서 교구 목사 아담스는 오랜 세월 위험천만했던 이별을 겪고 바야흐로 재회한 연인 패니와 결혼하려는 주인공 조셉의 성급함을 지적하고 있다. 아담스는 그 젊은이에게 욕망에 사로잡히는 죄와 신의 섭리를 불신하는 죄에 대해 일장 연설을 한다. 그는 신이 요구한다면 자신의 아들인 이삭도 바칠 준비가 되어 있는 구약성서의 아브라함을 예로 들어 설명한다. 이 설교는 축어적으로 인용되어 '보이고' 있다. 신이 요구하는 것은 언제나 흔쾌히 받아들이지 않으면 안 된다고 아담스가 선언할 때, 그의 신조는 잔혹한 시련을 받게 된다. "이런 말이 끝나기가 무섭게 어떤 사내가 달려 들어와 아담스 씨에게 막내아들이 물에 빠져죽었다고 전했"던 것이다. 이것은 대담하기 짝이 없는 종류의 요약이다. '전했다'라는 말은 이 맥락에서 아주 냉정하고 형식적인 울림을 가지고 있으며, 게다가 독자는 '어떤 사내'가 누구인지조차 모른다. 아들을 잃은 아버지의 슬픔과 그를 위로하려는 조셉의 모습도 또한 요약된다. 하지만 아담스가 조셉의 조언을 거부하는 모습은 "여보게, 별 것도 아닌 것엔 신경 쓰지 말게"라는 발화의 완전한 인용에 의해 제시되고, 이 묘사는 그의 말과 행동의 모순을 부각시킨다.

필딩은 여기에서 위험한 방법을 사용하고 있다. 한편으로, 확실히 독자는 이 모순에 의해 아담스라는 인물의 익숙한 희극성을 확인하지만, 다른 한편으로 아이의 죽음은 웃을 만한 상황이 아니기 때문이다. 모든 것을 희생하고라도 신에게 충성을 서약한 성서의 아브라함처럼 살고자 하는 데 실패한 아브라함 아담스의 우스꽝스러움은, 독자의 마음속에서 그가 처한 상황은 슬퍼해야 할 것이며 그의 탄식이 지극히 자연스럽다고 하는 인식에 의해 억제된다. 우리는 어떻게 반응해야 할 것인지 난감하게 되는 것이다.

그러나 필딩은 등장인물들과 독자들이 그 곤경에서 빠져나올 수 있는 방법을 준비해두고 있다. 아담스 부부의 탄식과 공연히 두 사람을 위로하려는 조셉의 말이 몇 줄 이어진 뒤에, 아담스는 결국 자기 아들이 익사하지 않았다는 사실을 알게 된다. 그로부터 바로 뒤에 아담스가 언제 그랬냐는 듯한 얼굴로 기독교도의 체념에 대하여 조셉에게 설교를 시작하게 되는 것이다.

아이가 어떻게 살아 돌아왔는지를 전하는 서술자의 설명은, "그 불행을 알려준 사람은, 사람들이 종종 그렇듯이, 그 나쁜 소식을 알려야 한다는 열정이 지나쳐서, 아이가 강에 빠진 것을 보고는, 그를 구하러 가는 대신에, 멋대로 아이가 봉착하게 될 운명을 알리기 위해, 곧바로 그 아버지가 있는 곳으로 달려간 것이다"라는 것으로, 아이가 누군가 다른 사람에게 구조된 것임을 암시하고 있다. 이 설명이 적절한 것은 우선 그것이 이 소설 속에 일관되게 예시되는 인간의 어리석은 행동과 악의라는 주제와 부합하기 때문이며, 또한 그것이 사건 직후에 제시되기 때문이기도 하다. 만약 그 소식을 전한 인물이 자세하게 묘사되어 그 사건을 알리는 발화가 직접화법으로 쓰였다고 한다면, 장면 전체의 진행이 보다 '생생하게' 되었을 것이고 그 감정적인 효과는 완전히 달라졌을 것이다. 어린 아이가 익사하는 장면은 고통스러운 개별성을 띠고 소설 전체의 희극적인 분위기가 엉망이 되고 말았을 것이다. 또는 그 보고가 틀렸다는 것이 드러났을 때 독자인 우리는 사기를 당한 느낌을 받게 되었을지도 모른다. 요약의 적절한 활용을 통해 필딩은 이런 역효과를 피하고 있다.

제27장 복수(複數)의 목소리로 말하기 Telling in Different Voices

크리스티는 그해 최고의 독신남이었다. 겨울 눈이 몇 개월째인가 쌓여가고, 유럽의 절반이 굶주리고, 머리 위의 폭격기가 폭탄 대신에 식량을 독일에 나르고, 가스불이 작고 약해져서 전구 불빛이 너울거리고, 낯선 사람들이 따뜻함을 찾아 서로 가까이 다가섰지만, 그레이스의 눈에 크리스티는 희망과 약속의 등대처럼 빛을 뿌렸다. 그는 명쾌하고 강인한(다만 결혼에 관해서만 발휘되는) 남자다움이 넘쳐흘렀다. 크리스티는 그레이스의 야망이었다. 대학의 졸업장도 필요 없고 직업도 필요 없고 세상이 알아주는 것도 필요 없었다. 크리스티면 족했다.

그레이스는 그를 사랑한다. 오, 정말로 그렇다. 그의 모습을 보는 것만으로도 심장은 뛰었고 그녀의 몸은 애타는 생각에 녹아내린다. 하지만 그녀는 그의 포옹에 굴복되지 않을 것이고 그럴 수 없었다. 그는 그레이스를 요트에 태워줄 때에는 좋은 보호자였으며(그렇다, 그는 요트를 가지고 있다), 산에 데리고 갈 때에도 역시 잘 보호해주었다(그렇다, 그는 산을 오른다). 그는 그녀에게 아파트를 사주겠다고 했지만(그렇다, 그는 그럴만한 여유가 있다), 아니에요, 그녀는 그것을 받을 수 없었다. 아니에요, 다이아몬드는 필요 없어요. 고마워요, 크리스티. 손목시계도 필요 없어요. 선물도 필요 없고, 뇌물도 필요 없어요, 나의 사랑. 초콜릿은 받을게요, 그래요, 고마워요! 그리고 꽃과 저녁 식사 초대와 집까지 택시로 바래다주고, 그래요, 키스, 그래요, 가슴을 만져도 좋아요(우리는 정말로 영악하다!), 빨리 빨리, 잘 자요, 크리스티. 나의, 내 사랑, 나의 사랑스러운 연인. 당신을 위해서라면 목숨도 아깝지 않지만, 그래도 당신과 자는 것만은 안 돼요.

크리스티는 집으로 오는 길에 소호에 들러서, 매춘부와 한 시간 정도를 보냈다. 그렇지 않고서 어떻게 살아갈 수 있겠는가?

그레이스는 그를 사랑하고 있다. 그녀는 그와 결혼할 예정이다. 그렇지 않고서 그녀가 어떻게 살아갈 수 있겠는가?

— 페이 웰던, 『여자 친구들』(1975)

●　　　●　　　●

앞 장에서 필딩의 『조셉 앤드류스』에서의 말하기와 보여주기의 균형 잡힌 전환에 대해서 설명할 때에, 나는 전체가 요약 형식으로 쓰인 소설은 거의 읽어내기 힘들 것이라고 설명한 바 있다. 하지만 현대 소설가들 가운데에는 의도적으로 요약 형식을 사용하면서도 그러한 위험을 현명하게 피해가는 작가들도 있다. 요약적 서술은 아이러니와 속도감, 그리고 간결함을 좋아하는 현대의 취미에 잘 들어맞는 것처럼 보인다. 고전소설은 시간의 흐름이 넉넉하고 세부묘사가 농밀한 편이었다. 요약적 서술은 인물의 등장이 많고 오랜 시간에 걸친 이야기를 효율적으로 전달하는 데에 특히 적합하다. 그런 이유로 나는『얼마나 멀리까지 갈 수 있나』에서 이 수법을 사용했다. 하지만 그 요약의 문체가 어휘와 구문에서 단조롭게 획일화되지 않도록 주의해야 한다. 요약을 많이 사용하는 웰던의 일련의 소설들이 뛰어난 것은, 그녀가 서술의 빠른 템포와 쾌활한 문체에 있어서 특출하기 때문이다.

『여자 친구들』은 1940년대와 50년대 그리고 60년대를 무대로 세 명의 여성들의 운명을 그들의 성적 체험과 결혼생활에 초점을 맞춰 급변하는 사회의 도덕관을 배경으로 보여주고 있다. 작품은 대체로 여성을 희생자로 묘사하고 있다. 자기 자신의 정체성과 감정의 무력한 희생자로서, 여성들은 남편과 연인들에게 학대받고 배신당하면서도 그들에게 애를 태운다. 남성들 또한 그들 자신의 이기주의와 성적 취향의 무력한 희생자로 그려지지만, 그들은 원래 문란하기 때문에 여성인물들보다 '관대한 사회'의 혜택을 더 즐긴다. 하지만 위에서 인용된 대목은 그 이전인 1940년대, '정숙한 여성은 그렇지 않다'고 일컬어졌던, 남자와 여자의 대결에 있어서 이런 통념을 흥정술로 사용할 수 있었던 시대를 묘사하고 있다. 그레이스는 실제로는 처녀가 아니지만 처녀인 척하는데, 그것은 "자신은 동정을 버리려고 안달하고 있는" 크리스티가 "사랑하는 여성은 절대로 처녀가 아니면 안 된다고 생각"하는 것을 알기 때문이다. 이렇게 해서 두 사람은 모순과 위선에 의해 희극적인 궁지에 빠지게 되는 것이다.

첫 문단은 내핍생활과 물자부족, 냉전에 들어선 독일을 영화의 몽타주 기법처럼 간결하게 병치시켜 시대의 분위기를 빚어낸 뒤, 역설적으로 그레이스의 개인적인 망상을 이런 사회적 궁핍과 불안과 병렬시켜 보여준다. 유럽 인구의 절반이 굶주리고 있는 가운데, 그레이스는 어떻게 하면 크리스티를 결혼으로 끌어들일 수 있을까 하는 것밖에는 생각하지 않는다. 화가가 되겠다는 야심(그녀는 슬레이드 미술학교의 학생이다)은 잊혀진다. "크리스티는 그레이스의 야망이었다. 대학의 졸업장도 필요 없고 직업도 필요 없고 세상이 알아주는 것도 필요 없었다. 크리스티면 족했다." 담화는 여기에서 사건의 개략으로부터 그레이스의 생각으로 변화하는데, 다음 단락의 끝부분에서는 그것이 한층 더 두드러진다.

인용한 부분은 『조셉 앤드류스』의 한 대목에 등장하는 작가 필딩의 목소리와 같은 균질적인 하나의 문체가 아니다. 오히려 그것은 문체 혹은 목소리들의 다성적인 메들리이며, 그 메들리를 통해서 그레이스와 크리스티의 연애의 반 정도는 진지하고 반 정도는 희극적인 전초전이 생생하면서도 간결하게 부각된다. "그레이스는 그를 사랑한다. 오, 정말로 그렇다. 그의 모습을 보는 것만으로도 심장은 뛰었고 그녀의 몸은 애타는 생각에 녹아내린다." 여기에서 서술자는 '사랑'과 연관된 전통적인 문학담론인 연애편지, 연애시, 사랑이야기 등을 빌려오는 것처럼 보인다. "그녀는 그의 포옹에 굴복되지 않을 것"

이라는 구절은 할리퀸 로맨스 소설의 상투어로서 그 패러디적 성격이 그레이스의 행동의 허위성을 전달한다. 다음 문장의 괄호 속의 삽입구("그렇다, 그는 요트를 가지고 있다… 그렇다, 그는 산을 오른다… 그렇다, 그는 그럴만한 여유가 있다")는 서술자가 독자의 의문을 앞지르는 것처럼 보인다. 이 정보가 늦어진 것에 대해서, 그것을 인정은 하지만 사과하려고는 하지 않는 느낌이 든다. 더욱 복잡한 경우는 그 친구들 중의 한 명인 클로에가 서술자가 되는 것으로, 그녀가 3인칭으로 자신을 표현하면서도 다른 인물들의 은밀한 생각에 대해서는 작가만이 알 수 있는 지식을 주장할 때이다.

"아니에요, 다이아몬드는 필요 없어요. 고마워요, 크리스티. 손목시계도 필요 없어요. 선물도 필요 없고, 뇌물도 필요 없어요, 나의 사랑. 초콜릿은 받을게요, 그래요, 고마워요!" 문법적으로는 이 부분과, 이 부분을 포함한 단락 전체가 그레이스의 말을 재현한 직접화법이지만 인용부호도 없고 단일한 발화행위를 그대로 기록한 것도 아닌 것이 분명하다. 그것은 이른바 요약으로서의 발화다. 그레이스가 여러 다른 상황에서 입에 올린 것, 혹은 생각하거나 암시한 말을 응축한 것이다. 그레이스는 분명 어딘가에서, "잘 자요, 크리스티. 나의, 내 사랑, 나의 사랑스러운 연인"이라고 말했을 것이 틀림없지만, "당신을 위해서라면 목숨도 아깝지 않지만, 그래도 당신과 자는 것만은 안 돼요"라고 실제로 말했다고는 생각되지 않는다(이런 말도, 어딘가 반쯤 기억하고 있는 이야기로부터 빌려온 것일 것이다). 두 개의 짧고 대칭적인 단락이 다양한 인물의 생각을 건조하게 반복하는 서술자의 목소리에 의해서 남녀 간의 성적인 교착상태를 요약해주고 있는 것이다.

이 대목은 러시아의 비평가인 바흐친이 '다성성' 혹은 '대화주의'라고 불렀던 소설적 산문의 하나의 특성을 인상적이면서도 정통적인 형태로 예증하고 있다(문학 이론에 반감을 갖는 독자는 이번 장의 나머지 부분을 건너뛰어도 무방하다. 이 주제는 단순한 이론적인 흥미를 넘어서, 소설에 의한 인생의 재현이라는 문제의 핵심을 건드리는 것이라고 생각되지만 말이다). 바흐친에 따르면, 전통적 서사시와 서정시의 언어 또는 설명적 산문의 언어는 '단성적'으로 단일한 문체를 통해서 세계에 대한 하나의 비전, 하나의 해석을 주장하려고 한다. 이와는 대조적으로 소설은 '대화적'이며 많은 다양한 문체나 목소리들을 수렴하는데, 그것은 말하자면 서로 대화하거나 텍스트 바깥의 다양한 목소리 ─ 문화, 사회 전체의 여러 담론들 ─ 와 대화한다. 가장 단순한 단계에서는 서술자의 목소리가 등장인물들의 목소리와 교차되어 나타나게 된다. 이때 인물들의 목소리에는 그들의 계급, 지역, 직업, 젠더 등에 대응하는 다양한 표현이 부여된다. 소설에서 이것은 일견 당연해 보이지만, 르네상스 이전의 서사 문학까지만 해도 비교적 희귀한 현상이었다. 디킨즈의 『우리 서로의 친구』에는 슬로피라는 버려진 아이가 등장하는데, 그는 베티 히그던이라는 노파에게 입양된다. 베티의 눈으로 보면 슬로피는 특별한 재능을 가지고 있다. "설마 하고 생각하겠지만, 슬로피는 신문을 읽는 데에는 아주 뛰어났어요" 하고 베티는 말한다. "그는 경찰 일을 이런저런 목소리로 한다니까요." 소설가들은 다양한 목소리로 그 일을 집행한다.

"산문예술가에게 세계는 타인의 말로 가득 차 있다. 그 다양한 목소리 속에서 그는 자신을 위치 짓고, 그들의 목소리의 특징을 아주 예리한 귀로 듣고 파악할 수 있어야만 한다. 그들의 목소리를 자신의 담화의 차원에, 그 차원 자체를 손상시키지 않고 도입하지 않으면 안 된다"라고 바흐친은 적고 있다. 여기에도 다양한 방법이 있다. 자유 간접화법(제9장)을 사용해서 작가 자신의 목소리에 등장인물의 목소리를 겹쳐놓고 생각과 감정을 전달하는 것도 가능하다. 아니면 서술자의 목소리에 인물과는 전혀 무관한 다른 종류의 색채를 부여하는 것도 가능하다. 이를테면 필딩은 종종 '유사-영웅체'를 사용한다. 고전적·신고전적 서사시에 어울리는 언어를 야비한 말투와 색정적인 수작을 사용해서 보여주고 있다. 『톰 존스』의 저녁 식사 자리에서 워터즈 부인이 톰을 유혹하려는 장면을 필딩은 다음과 같이 묘사한다.

먼저 눈부신 안구가 번갯불 번쩍이듯 빛을 발하는, 사랑스런 파란 두 눈에서 날카로운 추파 두 발이 발사되었다. 그러나 우리의 주인공에게 다행스럽게도, 그것들은 마침 존스가 접시 위에 옮겨 담고 있던 커다란 쇠고기 조각만 맞추고는 아무런 피해도 입히지 못한 채 소진되어 버렸다.

바흐친은 이런 종류의 문장을 '이중 지향의 담론 doubly-oriented discourse'이라 불렀는데, 이것은 행위를 묘사하는 동시에 특정한 스타

일의 발화와 문장을 모방하는 언어를 의미한다. 이 경우에 패러디의
효과가 나타나게 된다. 스타일이 주제와 부합하지 않기 때문에 어딘
가 불합리하고 인위적인 느낌이 들기 때문이다. 주제와 스타일 간의
틈새는 웰던의 소설의 대목에서는 그리 명확하지 않다. 여기서 차용
된 로맨스 소설과 여성 잡지의 언어는 주제에서 볼 때 적당하며 단
지 과장되고 진부해 보일 뿐이기 때문이다. 아마도 이런 종류의 글쓰
기는 패러디라기보다는 혼성모방 혹은 바흐친 고유의 표현을 빌리자
면 '양식화 stylization'라고 불러야 할지 모르겠다. 소설의 언어를 다양
한 발화 수준에서 나누는 바흐친의 분류는 아주 복잡하지만 기본적
인 요점은 단순하다. 즉 소설의 언어는 하나의 언어가 아니라 다양한
문체와 목소리가 만들어내는 메들리라는 점이다. 이 특징이 소설을
민주적이며 반전체주의적인 문학형식으로 만든다. 거기에서 어떤 이
데올로기적 입장이나 도덕적 입장도 이의제기와 반박을 피할 수는
없다.

제28장 과거에 대한 감각 A Sense of the Past

오늘은 거대한 방파제가 읍내에서 멀리 떨어져 있다는 느낌을 주지 않았다. 그곳에는 어부들이 나와서, 배에 타르를 칠하거나, 그물을 수선거거나, 새우잡이용 항아리를 손보고 있었다. 그들 외에도, 철 이른 관광객과 지역 주민들이 바닷가를 어슬렁거리고 있었다. 어제보다는 약간 가라앉았지만 아직도 파도가 높았다. 어제 보았던 여인은 흔적도 없었다. 찰스는 그녀를 한순간도 생각하지 않았다. 그는 평소 읍내에서 어슬렁거리며 걷던 것과는 달리, 빠르고 가벼운 걸음으로 목적지를 향하여, 웨어클리프 벼랑 기슭의 해안을 따라 걷기 시작했다.

그는 주어진 역할에 어울리도록 세심하게 분장하고 있어서, 만약에 여러분이 그의 행색을 보았다면 웃음을 참지 못했을 것이다. 징이 박힌 부츠를 신었고, 두꺼운 아마포 바지를 입었고, 범포로 만든 각반을 정강이까지 둘렀고, 몸에 꼭 끼는 기다란 외투를 걸쳤고, 베이지색 중절모를 얹었고, 묵직한 물푸레나무 지팡이를 짚었고, 제법 부피가 큰 배낭이 속에는 크고 작은 망치

들, 쌈지와 보자기들, 노트들, 구급약 상자, 까뀌와 자귀, 그 밖에 이름
도 알 수 없는 것들이 잔뜩 들어 있었다)을 어깨에 메고 있었다. 빅
토리아 시대 사람들의 꼼꼼한 태도만큼 이해하기 힘든 것도 아
마 없을 것이다. 가장 좋은(어쩌면 가장 우스꽝스러운) 예를 베데커
여행안내서에서 찾아볼 수 있다. 이 책자는 시시콜콜한 것까지
일러주고 있는데, 그렇게 되면 여행자들은 도대체 어디서 조그
만 즐거움이나마 새롭게 발견할 수 있을 것인가. 찰스의 경우,
가벼운 옷차림이 한결 편하리라는 것을 왜 몰랐을까? 모자는 필
요 없는 게 아닐까? 게다가 돌로 뒤덮인 해변에서 스케이트 타
기에나 알맞은 징 박힌 구두라니!

— 존 파울즈, 『프랑스 중위의 여자』(1969)

●　　　●　　　●

小설을 사용해서 과거에 대한 감각을 확고한 구체성을 가지고
환기한 최초의 작가는, 17세기와 18세기 스코틀랜드를 배경으로 한
『웨이벌리』(1814)와 『미들로디언의 심장』(1818)과 같은 소설을 썼던 월
터 스콧이었다. 그 소설들은 역사적 인물과 사건을 취급했다는 의미
에서 역사소설이라고 말할 수 있으며 보통 사람들의 '삶의 방식'을
있는 그대로 묘사하는 것을 통해 문화 · 이데올로기 · 풍속 · 도덕의
측면에서도 과거를 재현하고 있다. 이 점에서 스콧은 이후의 소설의
발전에 지대한 영향을 미쳤다. 빅토리아 시대의 소설은 당대에 관한

일종의 역사소설이라고 말할 수 있을 정도다. 사실 그 상당수(예를 들면, 『미들마치』, 『허영의 시장』 등)는 작가의 유년시절과 청춘시절까지의 시대를 다룸으로써 당시 사회·문화적 변화를 조명하고 있다. 이 효과는 현대의 독자에게는 간과되기 쉽다. 일례로 『허영의 시장』의 시작 부분을 살펴보기로 하자.

19세기가 아직 십 년대였던 6월의 어느 화창한 날 아침, 치즈윅 거리에 위치한 핑카튼 여사가 경영하는 여학교의 큰 철문 앞으로 눈부신 마구가 채워진 두 필의 살찐 말을 모는, 삼각 모자와 가발을 쓴 살찐 마부가 끄는 큰 마차 한 대가 시속 4마일의 속도로 다가오고 있었다.

현대의 독자들에게 새커리가 이 작품을 쓴 1840년대와 소설에서 묘사되는 시대는 거의 동일하게 멀리 떨어져 있는 시간대로 보이지만, 그는 여기서 확실하고 유머러스하면서도 아주 겸손하게 향수를 불러일으키는 분위기를 환기시키려고 했다. 새커리와 그의 독자들에게는 그 세기의 10년대와 40년대 사이에 '철도 시대'가 있었고, 마차의 느린 속도가 언급되는 것으로서 지난날의 여유로웠던 생활의 속도감이 환기되기 때문이다. 마부의 모자와 가발의 묘사도 당대 독자에게는 당시를 보다 정확하게 알려주는 지표가 되었을 것이다.
가까운 과거라는 것은 오늘날의 작가들이 특히 애용하는 테마인데, 웰던의 『여자 친구들』도 그 무수한 예 가운데 하나다. 하지만 가까운 과거에 관해서 쓰는 것과 이전 세기에 관해서 쓰는 것과는 대단한 차이가 있다. 특히 당시의 작가에 의해 이미 그 시대의 생활이 잊을 수 없을 만큼 상세히 묘사되어왔다면 더욱 그렇다. 19세기의 사람들을 재현한다고 할 때, 현대의 소설가가 어떻게 디킨즈나 하디와 같은 작가들과 경쟁할 수 있겠는가? 그것은 불가능하다. 현대의 작가에게 가능한 것은 19세기의 생활을 현재의 시점에서 포착하거나 아니면 빅토리아 시대의 사람들에 관해서 당시 사람들도 모르고 있었거나 감추려했던 것 혹은 당연시했던 것들을 드러내는 것 정도일 것이다.

위에 인용한 『프랑스 중위의 여자』의 일절을 아무런 맥락 없이 읽게 되면 이 작품이 언제 쓰인 것인지 가늠하기 어려울 것이다. 그것은 위 장면이 소설의 바닷가 배경인 라임 레기스의 '시간을 초월한' 특성들(어부들과 그물, 새우잡이용 항아리, 그리고 바닷가를 거니는 사람들)에 초점을 맞추고 있기 때문이고, 또한 과거 200년 간에 걸쳐 이어져온 유형의 리얼리즘 소설의 전통에 맞춰 쓰였기 때문이다. 화석을 찾으러 출발하려는 찰스의 시점으로 쓰인 이 해변의 묘사는 이제까지의 이야기의 중심적인 흥미—폭풍우가 부는 날 바닷가 제방에서 발견한 수수께끼 같은 여인의 정체—를 교묘하게 재확인하고 있다. 'elastic'이라는 말을 '가벼운'이라는 의미로 사용하는 것이 약간 의고적으로 들리는 것 정도가, 겨우 이것이 빅토리아 시대의 작품인지 아니면 그 시대에 대한 현대의 모방인지를 시사해주고 있다.

그러나 두 번째 단락은 작품에 묘사된 시대(1867년, 파울즈가 이 소설을 쓰기 정확히 100년 전)로부터 작가―그리고 독자―가 시간적으로 떨어져 있다는 것을 드러낸다. 이야기에서 시대를 무엇보다 잘 알려 주는 것은 의상이다(이것은 대중적인 작품에서 특히 두드러지는데, 시대극은 '의상 드라마 costume drama'라고 불리며 '내복 bodice-ripper'이라는 표현은 폭력과 성애를 강조한 역사소설의 어휘다). 특정한 시대에 사람들이 어떤 의상을 입었는가는, 여기에서 파울즈가 분명하게 행하고 있는 것처럼 연구에 의해서 어느 정도 조사하는 것이 가능하다. 하지만 찰스의 의상과 그 장신구가 그 자신과 그의 동시대인에 대해서 갖는 의미(곧 그는 신사며, 세상일을 어떻게 해야 하는지를 정확히 알고 있다)는 우리가 느끼는 의미와는 다르다. 여기서 우리가 읽어내는 것은 용도에 비추어 볼 때 좀 지나친 것, 불편함, 부적절함 등이며 그것이 빅토리아 시대의 가치에 대해서 드러내는 것 정도다.

과거에 대한 상상적 재창조를 시도하는 첫 단락에서 과거로부터 유리되어 있음을 드러내놓고 인정하는 두 번째 단락으로의 시점 이동은 이 소설에서 파울즈가 사용하는 독특한 방식을 보여준다. 위에 인용된 대목에 뒤이어 다음과 같은 대목이 이어진다. "확실히, 우리는 웃는다. 하지만 이처럼, 가장 쾌적한 것과, 가장 올바르다고 하는 것이 분리되어 있다고 하는 것에는, 어딘가 고귀한 것이 있는 것은 아닐까. 여기서도 또한 우리는, 두 세기의 사이에 걸친 불화의 씨를 만난다―의무는 우리를 그렇게 부추겨야만 하는 것인가 아닌가?" '의무'라는 단어에는 별표가 붙은 각주가 첨가되어 있음을 알 수 있는데, 그 각주에는 빅토리아 시대의 천재 작가인 엘리엇이 의무에 관해서 말한 내용이 인용되어 있다. 다시 한 번 파울즈가 19세기의 이야기를 쓰고 있는 20세기의 작가라는 점을 무엇보다도 분명히 제시해주는 것은 수수께끼의 여자 세라에 대한 욕망을 찰스가 드디어 성취하는 대목의 묘사에서이다. 거기에서 그의 정신 상태는 짐짓 시대적으로 잘못된 표현을 사용하여, "원자 폭탄에 의해서 고요한 하늘에서 폭격을 받은 도시처럼"으로 쓰여 있는 것이다. 그렇기는 하지만 이야기되는 시대와 집필 당시의 시대간의 차이를 드러내는 것은 단순히 역사소설의 인위성을 폭로하는 데에 그치지 않고 모든 소설의 인위성을 드러내는 것과 관련되어 있다. 곧이어 파울즈는 다음과 같이 쓴다. "내가 말하고 있는 이 이야기는 어디까지나 상상의 산물이다. 내가 창조한 등장인물들은 내 정신 속 말고는 어디에도 존재하지 않는다." 『프랑스 중위의 여자』는 과거에 대한 소설일 뿐만 아니라 소설 쓰기에 대한 소설이기도 하다. 이런 종류의 소설을 가리키는 용어로 '메타픽션'이라는 말이 있는데 여기에 대해서도 곧 설명하게 될 것이다(제46장 참조).

제29장 미래를 상상하기 Imagining the Future

4월, 맑고 쌀쌀한 날이었다. 괘종시계가 13시를 알렸다. 윈스턴 스미스는 차가운 바람을 피해 턱을 가슴에 처박고 빅토리 맨션의 유리문으로 재빨리 들어갔다. 막을 새도 없이 모래 바람이 그 뒤를 따라 들이닥쳤다.

복도에서는 양배추 삶는 냄새와 낡은 매트 냄새가 풍겼다. 복도 한쪽 끝 벽에 컬러 포스터가 붙어 있었다. 실내에 붙이기에 지나치게 큰 것이었다. 포스터에는 폭이 1미터도 넘는 커다란 얼굴이 그려져 있었다. 덥수룩한 검은 수염에 마흔 댓 살쯤 되어 보이는 잘생긴 남자 얼굴이었다. 윈스턴은 계단 쪽으로 향했다. 엘리베이터는 있으나마나 한 것으로, 경기가 좋을 때도 좀처럼 가동되지 않았다. 게다가 지금은 한낮이라 전기조차 들어오지 않고 있었다. 증오주간(憎惡週間)에 대비한 절약 운동 탓이었다. 윈스턴의 방은 7층이었다. 서른아홉 살의 그는 도중에 몇 차례나 쉬면서 천천히 계단을 올라가야 했다. 오른쪽 발목에 정맥류성 궤양을 앓고 있기 때문이었다. 층계참을 지날 때마다 엘리베이터 맞은 편 벽에 붙은 커다란 얼굴의 포스터가 그를 노려보았다. 그 얼굴은 교묘하게 그려져 있었다. 마치 눈동자가 사람이 움직이는 대로 따라 움직이는 것 같았다. 그 얼굴 아래 '빅 브라더가 당신을 주시하고 있다'라는 글이 적혀 있었다.

방 안에서 낭랑한 목소리가 들렸다. 무쇠 생산과 관계되는 무언가 숫자로 이루어진 목록을 읽는 소리였다. 그 목소리는 뿌연 거울 같은 직사각형의 금속판에서 흘러나왔다. 금속판은 오른쪽 벽에 붙어 있었다. 윈스턴이 스위치를 돌리자 목소리는 약간 작아졌지만, 여전히 또렷하게 들렸다. '텔레스크린'이라는 그 금속판은 소리를 줄일 수는 있어도 완전히 끌 수는 없게 되어 있었다.

— 조지 오웰, 『1984』(1949)

●　　　　●　　　　●

미래를 대상으로 하는 대부분의 소설들이 과거 시제로 서술된다는 것은, 얼핏 보면 모순된 것처럼 보이지만 실제로는 나름의 이유가 있다. 마이클 프레인의 『매우 개인적인 삶』(1968)은 "언젠가 운쿰버라는 소녀가 존재하게 될 것이다"라는 미래 시제로 시작되기는 하지만 오래 지속되지 못하고 곧이어 현재 시제로 전환된다. 소설의 상상의 세계에 들어가기 위해서 우리는 등장인물과 같은 시공간에 몸을 두어야 하지만 미래형으로는 그것이 불가능하다. 과거형은 이야기하기에 가장 자연스러운 시제이며 현재형조차도 어느 정도 역설적인데, 왜냐하면 무언가가 쓰인다고 하는 것은 논리적으로 그것이 이미 일어난 것임을 전제로 하기 때문이다.

물론 오늘날의 우리들에게 1984년은 이미 지나간 해다. 그러나 오웰이 이 소설을 쓸 때에는 미래를 상상하고 있었다. 따라서 이 소설을 적절하게 이해하기 위해서는 이 소설을 역사 소설이 아닌 일종의 예언서로 읽지 않으면 안 된다. 오웰은 미래에 대한 자신의 전망에 소설 특유의 현실감을 부여하기 위해서 과거형 시제를 사용했다. 이야기의 시대적 배경을 겨우 30여 년 후의 가까운 미래로 설정함으로써 작가는 자신이 상상하는 전제정치 시대가 곧 닥쳐온다는 인상을 독자에게 주려고 했을 것이다. 이 소설이 집필된 해(1948)의 숫자를 뒤집은 제목에도 역설적인 유머가 느껴진다. 오웰은 전후 영국의 '내핍생활'의 여러 모습과 동구권 생활에 관한 여러 보고서를 기초로 하여 1984년의 런던의 침울한 분위기, 그 단조로움, 물자부족, 황폐함 등을 창조한 것이다. 일반적으로 SF소설은 미래에는 물적 토대가 어떻게 변하게 될까 하는 것을 묘사한다. 오웰은 미래에도 그다지 상황이 변하지 않으며 얼마간 악화될 뿐이라는 전망을 넌지시 암시하고 있는 것이다.

이 책 서두의 첫 문장은 감탄할 만하다. "4월, 맑고 쌀쌀한 날이었다. 괘종시계가 13시를 알렸다." 특히 독자의 주의를 끄는 것은 13시라는 표현인데, 발표 당시가 24시간을 표시하는 디지털 시계가 없었던 시대였음을 알고 있는 독자는 이러한 표현에서 더욱 강한 인상을 받을 것이다. 이 표현이 등장하기 전까지는 아주 친숙한 말투로 안심하고 읽을 수 있다. 현대세계에서 어떤 변화도 없는 보통의 날을 묘사한 '일상적인' 소설의 서두가 될 수 있는 것이다. 그것이 '13시'라는 특이한 단어 하나 때문에 그때부터 전혀 이질적인 경험이 펼쳐진다는 사실이 멋지고 간결하게 예고된다. 시계, 시간, 그리고 그것과 관련된 시간의 계산은 익숙해진 일상적인 세계의 생활과 질서를 영위하기 위해 필요한 이성의 규칙의 일부를 이룬다. 그래서 '13시'라는 것은 꿈속에서 자신이 꿈을 꾸고 있다는 사실을 깨닫고 번쩍 눈을 뜨게 되는 순간과 비슷한 것이 된다. 하지만 이 경우에 악몽은 이제 시작일 뿐이며 적어도 주인공은 권력의 명령이라면 2 더하기 2는 5가 될 수도 있는 세계로부터 절대로 깨어나지 못한다.

다음 문장에서는 억제된 필치로 이루어지는 현실묘사 가운데 고유명사만이 묘하게 두드러져 보인다. 윈스턴 스미스라는 이름은 분명히 제2차 세계대전 당시의 영국 지도자였던 윈스턴 처칠로부터 따온 것이며, 그가 거주하는 맨션은 종전 직후에 지어진 것이라고 생각된다. 이런 세부묘사가 지니는 아이러니한 의미가 분명해지는 것은 독자가 텍스트를 읽어나가면서 세계가 그 이후로도 36년간 계속된 대륙간 전쟁의 소용돌이에 휘말려 있다는 사실을 알게 되는 때다. 현관으로 불어오는 모래바람은 바깥의 노면과 보도가 그리 깨끗하게 청소되어 있지 않다는 점을 암시하며, 이 물리적인 더러움과 빈궁의 색채는 다음 단락에서 언급되는 삶은 양배추, 낡은 매트 냄새, 절전, 그리고 윈스턴의 정맥류성 궤양에 의해서 더욱 강화되고 있다.

'증오주간'과 '빅 브라더가 당신을 주시하고 있다'는 문구가 적힌 거대한 천연색 포스터에 대한 언급만이 유일하게 낯선 세부묘사로서, 그것만 없었다면 위 묘사는 1948년의 낡은 의회 맨션에 대한 묘사가 될 수 있었을 것이다. 그것은 효과면에서 13시를 치는 시계와 동일하다. 그것들은 커다란 수수께끼로서 우리의 호기심을 ─ 그리고 그것이 암시하는 사회적 상황은 거의 완화되지 않기 때문에, 불안까지도 ─ 불러일으켜, 어느 사이엔가 우리는 윈스턴 스미스라는 인물을 이 사회의 희생자로서 상상하기 시작하는 것이다. '증오주간'과 '빅 브라더'는 전체의 물리적인 오염, 빈궁 상황, 심지어는 최초 단락의 더러운 공기와 인접한 관계에 있는 것으로서 파악된다. 빅 브라더의 모습은 스탈린을 연상시키지만, 그것은 또한 턱수염을 잔뜩 기른 군인(키치너 경)이 정면을 가리키고 있고 그 밑에 '국가가 그대를 필요로 하고 있다'고 쓰인 제1차 세계대전 중의 유명한 군인 모집 포스터를 연상시킨다. 시청자를 늘 감시하는 양방향 텔레비전 스크린을 발명한 것 정도가 오웰이 자신의 시대에 존재하지 않았던 장치를 위해 SF적 상상에 몰두한 결과이다. 그 기술적인 우수성은 빅토리 맨션의 황량하고 빈곤한 배경 속에서 더욱더 불길하게 보인다.

말하자면 오웰은 의식적으로든 무의식적으로든 그의 독자들이 이미 알고 있는 이미지들을 환기하고 수정하고 재구성함으로써 상상의 미래를 묘사해 보여주고 있는 것이다. 이것은 어느 정도 일반적인 사례라고도 말할 수 있다. 예를 들어 SF 대중소설에는 새로운 장치가 차례차례로 발명되는 한편, 분명히 민담과 동화 그리고 성서로부터 빌려온 것으로 보이는 원형적 서사 모티프도 등장한다. 성서에 나오는 천지창조, 낙원으로부터의 추방, 홍수, 구세주 등의 신화가, 신앙을 잃은 채 미신에 지배되고 있는 세계 속에서 재활용되고 있는 것이다. 오웰은 아담과 이브의 이야기 구도를 빅 브라더에 의해 비밀리에 감시받고 처벌받는, 그래서 결국은 기대했던 행복한 결말을 맞지 못하는 윈스턴과 줄리아의 정사(情事) 속에 끌어넣지만, 그 효과는 예상과는 정반대로 드러나기 때문에 독자는 그 대응관계를 눈치채지 못할지도 모른다. 이것을 포함해 다른 많은 점에서 오웰의 기법은 전통적인 리얼리즘 소설의 기법과 유사하지만, 그것을 사용하는 목적은 다르다. 그는 현대사회의 현실을 반영하려는 것이 아니라 일어날 수 있는 미래사회의 두려운 상상의 그림을 그려내려고 했던 것이다.

제30장 상징 Symbolism

"저런 바보," 우르술라가 큰 목소리로 외쳤다. "어째서 다 지나갈 때까지 물러나 있지 않는 거야?"

구드룬은 검은 눈동자를 빛내면서 매혹된 것처럼 그를 바라보았다. 그러나 그는 얼굴을 번들거리면서 빙빙 돌려고 하는 암컷 말을 앞으로 나아가게 하려고 완강하게 안장에 걸터앉았는데, 말은 바람처럼 몸을 움직였지만, 소름끼치는 소리를 내면서 건널목의 레일 위를 차례차례 지나가는 화차를 앞에 두고, 그의 의지의 손아귀를 벗어나지 못하고 전신을 관통하는 공포의 굉음으로부터 도망치지도 못했다.

기관차 쪽도, 그 상황을 어떻게 하려고 생각했던 것인지, 급제동을 걸었고, 그에 따라 뒤따르던 화차가 쇠로 된 완충기를 들이받고, 심벌즈처럼 엄청난 소리를 내면서 충돌하듯이 격렬한 기세로 밀려 들어왔다. 암컷 말은 입을 벌리고 공포의 바람에 떠오르는 것처럼 서서히 몸을 일으켰다. 그리고 공포에서 벗어나려는 듯이, 돌연 앞발을 들어올렸다. 말이 몸을 뒤로 젖히자,

두 명의 여인은 말이 그대로 몸을 뒤집어 그를 떨어뜨릴지도 모른다고 생각했다. 그러나 그는 몸을 앞으로 기댔고, 얼굴은 확고한 기쁨으로 빛나고 있었으며, 결국에는 말을 꼼짝 못하게 덮쳐 눌렀고, 표시된 지점까지 물러나게 했다. 하지만 그가 억누르려 하면 할수록, 말도 필사적으로 공포에서 도망치려고 선로에서 물러나려고 했고, 그 때문에 마치 회오리의 가운데에 있기라도 한 것처럼, 두 다리를 축으로 하여 빙글빙글 돌았다. 그것을 본 구드룬은 심장을 막 관통당한 듯, 통렬한 현기증을 느끼지 않을 수 없었다.

—D. H. 로렌스, 『사랑에 빠진 여인들』(1921)

●　　　●　　　●

거칠게 말하면, 무엇인가를 '의미하는' 모든 것은 상징이지만, 상징화 과정은 다양한 방식으로 작동한다. 십자(十字)는 어떤 맥락에서는 십자가의 연상에 의해서 기독교를 상징하지만, 또 다른 맥락에서는 그 도형적인 유사성으로 인해 교차점을 의미한다. 문학적 상징은 이런 예들처럼 쉽게 해독되지는 않는데, 그 이유는 문학적 상징이 독창성을 추구하고, 또 의미의 풍부한 복수성, 심지어는 애매성을 향하는 경향이 있기 때문이다(모든 특성들이 교통 신호나 종교적 도상에 적합한 것은 아닌데, 특히 전자가 그렇다). 은유나 직유가 A를 B로 비유함으로써 이루어진다면, 문학적 상징은 B가 A를, 혹은 다수의 A를 암시하는 것이라고 말할 수 있다. 상징주의라고 알려진 시적 양식은 19세기 후반의 프랑스에서 보들레르, 베를렌, 말라르메의 작품에서 시작되어 20세기 영국 문학에 상당한 영향을 미쳤는데, 사물을 명확히 지시하지 않은 채 텍스트의 표면에서 빛나는 암시적 배열을 하는 것을 그 특징으로 한다.

그렇지만 소설가는 상징을 구사하기 전에 스페이드를 스페이드라고 불러야 한다고, 즉 사물을 분명히 표현해야 한다고 말한 사람도 있다. 이것은 '삶의 환영'과 같은 것을 창조하고자 하는 작가에게는 좋은 충고가 될 것이다. 만약 스페이드가 노골적으로 상징적 의미로 사용된다면, 그것은 인간의 행위로서의 이야기의 신빙성을 훼손할지도 모른다. 로렌스는 그런 위험을 무릅쓰고 환시적인 직관을 표현하려는 경우가 많다. 이를테면 『사랑에 빠진 여인들』의 다른 장면에서 작가는 주인공을 벌거벗은 채로 풀밭에 넘어지게 해서 물에 비친 달에 돌을 던지게 하고 있다. 하지만 위의 인용 대목에는 사실적인 묘사와 상징의 암시가 훌륭하게 균형을 이루고 있다.

이 장면에서의 '스페이드'는 복합적인 사건에서 성립하고 있다. 건널목을 가로지르는 석탄운반용 열차에 놀란 말을 어떤 사내가 제어하려고 하고 그것을 여인 두 명이 보고 있다. 그 남자는 지방의 탄광 소유자의 아들인 제럴드 크리치로 탄광의 경영을 배우며 언젠가 그 사업을 상속받을 위치에 있다. 이야기 무대는 실제로 광부의 아들이었던 로렌스가 성장했던 노팅엄셔다. 평화로운 시골마을은 탄갱과 철로로 여기저기 상처를 입고 검게 변한다. 혹자는 인류학적 견지에서 문화의 산물이라 할 수 있는 기차가 '탄광 산업'을 상징하고 자연의 피조물인 말은 시골을 상징한다고 말할 수도 있을 것이다. 자본주의의 남성적인 힘과 의지에 의해 산업이 시골을 침식해가는 과정은 암컷 말을 조종해서 열차의 감추어진 기계적인 소음을 받아들이게 하려는 제럴드의 행동으로 상징화되고 있다.

이 장면에 등장하는 두 명의 여인은 교사인 우르술라와 조각가인 구드룬 자매다. 두 사람은 산책을 나섰다가 건널목에서 이 장면을 우연히 목격하게 된다. 우르술라는 제럴드의 행위에 분개하고 그 생각을 언어로 표현한다. 하지만 이 장면은 구드룬의 시점으로 묘사되고 그녀의 반응은 더욱 복잡하고 애매모호하다. 제럴드가 말을 제어하는 모습은 성적인 상징성을 띠고 있고 ― "(그는) 결국에는 말을 꼼짝 못하게 덮쳐눌렀고, 표시된 지점까지 물러나게 했다." ― 두 여자 앞에서 그가 힘을 과시하는 모습에는 분명히 마초와도 같은 과시적 요소가 있다. 우르술라는 이 광경을 보고 단순히 혐오감을 느낄 뿐이지만 구드룬은 자신도 모르게 성적 흥분을 느끼게 된다. "(그 말은) 마치 회오리의 가운데에 있기라도 한 것처럼, 두 다리를 축으로 하여 빙글빙글 돌았다. 그것을 본 구드룬은 심장을 막 관통당한 듯, 통렬한 현기증을 느끼지 않을 수 없었다." '통렬한'이라는 표현은 전이수식어로서 논리적으로는 말의 고통을 가리키는 말일 것이다. 그것이 '현기증'이라는 단어와 묘하게 결합하면서 구드룬의 감정의 동요를 표현하고 독자로 하여금 '통렬한'의 원래 의미 ― 따끔한, 통과하는 ― 에 주의를 기울이게 만들지만, 그 말은 다음 구절의 '관통하다'라는 단어와 함께 작용해서 전체의 묘사 속에서 남자의 성적인 강렬함을 강조하고 있다. 몇 페이지가 지난 뒤, 구드룬은 "살아 있는 말의 몸에 올라타고 있는 남자의 저항할 수 없는 힘을 느끼고, 머릿속이 완전히 마비되"고 만다. 이 장면 전체는 머지않아 사랑하게 되는 구드룬과 제럴드의 정열적이면서도 상호파괴적인 성적 관계를 예고하는 것이다.

그렇기는 해도 만일 로렌스가 그와 동시에 독자로 하여금 이 장면의 세부를 선명하고도 감각적으로 그려내지 않았더라면, 이 상징의 풍부한 맛은 생겨나지 않았을 것이다. 기관차가 급정거를 할 때의 화차의 소름 돋는 소리와 움직임은 의성어적인 구문("충돌하는 듯이 격렬한 기세로 밀려 들어왔다")에 의해서 표현되고 공포에 질린 상태에서도 우아한 말의 뚜렷한 이미지가 뒤따른다. "암컷 말은 입을 벌리고 공포의 바람에 떠오르는 것처럼 서서히 몸을 일으켰다." 독자들이 로렌스의 등장인물들에 대해서 어떻게 생각하든지 간에 동물을 묘사하는 데 있어서 그는 언제나 뛰어나다.

앞에 인용한 대목에서 서로 다른 두 가지 방식에 의해서 상징이 만들어지고 있다는 사실은 주목할 만하다. 자연 / 문명에 대한 상징은 환유와 제유라는 용어로 알려져 있는 두 개의 수사학적 기법에 기초하고 있다. 환유는 원인을 결과로, 혹은 결과를 원인으로 대신 사용하는 표현법(기관차는 산업을 상징한다. 그것은 산업 혁명의 결과이기 때문이다.)이며, 제유는 전체를 부분으로, 혹은 부분을 전체로 말하는 표현법(말은 자연을 상징한다. 자연의 일부이기 때문이다)이다. 한편으로 성적인 상징은 은유와 직유, 그러니까 어떤 유사성에 의해 어떤 것을 다른 것에 비유하는 표현법에 기초하고 있다. 예를 들어 제럴드의 암말에 대한 제어는 인간의 성행위를 암시하는 것처럼 그려지고 있다. 이 구분은 러시아 형식주의자인 야콥슨에 의해서 처음으로 제안된 것으로 문학 텍스트의 모든 단계에서 나타나지만, 내 소설 『멋진 일』의 여주인공인 로빈 펜로즈가 담배 광고의 분석을 통해 회의적인 빅 윌콕스에게 설명하는 것처럼 실제로는 문학 이외에도 나타난다. 이 도식이 소설의 상징을 만들어내는 또 다른 예로는 제35장의 <이국성>에서 설명되는 그레이엄 그린의 문장을 살펴보기 바란다.

제31장 알레고리 Allegory

그렇지만, 지금까지 얻을 수 있었던 확실한 정보를 통해 볼 때, 여기에서는 두 종류의 다른 통화가 있으며, 그 각각은 서로 다른 은행과 금융제도 아래에서 취급되고 있는 것 같다. 그중의 하나(음악은행이 관여하고 있는)의 제도가 정식 제도로서, 그 아래에서 모든 금융거래가 이루어지는 통화가 발행되고, 내가 아는 한, 사회적으로 존중 받고자 하는 사람들은 모두 액수의 다소는 있을망정 이 은행에 돈을 예치하고 있었다. 다른 한편으로, 내가 얻은 가장 확실한 정보는, 거기에 맡긴 돈은 바깥 세계에서는 직접적인 상업적 가치를 갖지 못한다는 것이다. 음악은행의 관리자들이나 행원들의 급여가, 그들이 취급하고 있는 통화로 지급되지 않는 것은 분명하다. 노스니보(Nosnibor) 씨는 때로는 이 은행에, 또는 도시의 본점에 가고는 했는데, 그처럼 빈번하게 간 것은 아니었다. 그는 다른 은행의 핵심 인물이었지만, 음악은행에서도 조금 중요한 인물인 것 같았다. 부인들은 대개 별도로 행동했지만, 그것은 공식행사의 경우를 제외하고는 집에서와 거의 동일했다.

나는 오랫동안 이 기이한 관습에 대해서 좀 더 알고 싶어 했고, 특히 여성 고객들과 그들의 딸들과 함께 행동하고 싶다고 생각했다. 내가 이곳에 도착한 이래로 그들은 거의 매일 아침마다 어디론가 나갔고 흥미롭게도 그때마다 반드시 지갑을 손에 들고 있었는데, 설혹 그것이 반드시 과시적인 것만은 아니라고 해도, 어쩐지 만나러 가는 사람에게 가는 곳을 알리려는 것 같았다. 하지만, 나 자신이 그런 외출을 권유 받아본 적은 한 번도 없었다.

— 사뮤엘 버틀러, 『에레혼』(1872)

●　　　●　　　●

알레고리는 상징적인 이야기의 특수한 형태로 단순히 문자 그대로의 의미를 넘어서 무엇인가를 암시하는 것에 머물지 않고, 다른 의미의 관점에서 전체를 해석할 것을 지시한다. 영어로 쓰인 가장 유명한 알레고리 작품은 존 번연의 『천로역정』으로, 크리스천이 구원을 받기 위해 '멸망의 도시'를 출발해 '절망의 수렁'과 '허영의 시장'의 장애와 유혹을 물리치고 '하늘의 도시'에 이르기까지의 길고 고통스러운 순례의 여행을 알레고리로 묘사한 작품이다. 미덕과 악덕은 크리스천이 여행 중에 만나게 되는 사람들로 의인화된다. 예를 들면 다음과 같다.

그런데, 크리스천이 언덕의 꼭대기에 이르자, 두 사람의 사내가 전속력으로 그를 향해 달려왔다. 한 사람의 이름은 '겁쟁이'였고, 다른 한 사람의 이름은 '회의'였다. 크리스천은 그들에게 도대체 무슨 일이냐고 물었다. 가는 길이 틀렸어요, 하고 '겁쟁이'는 대답했다. 자신들은 시온의 마을로 가려 한다고, 그런데 어느 피난처에 올라가려고 했지만, 가면 갈수록 많은 위험이 기다리고 있었다고. 그래서 거기에서 다시 되돌아오는 길이라고 말이다.

알레고리적 이야기의 진행은 모든 지점들이 이면의 의미와 대응하면서 전개되어가는 것이기 때문에, 헨리 제임스가 말한 바, '현실감'에 반하게 되는 경향이 있다. 그래서 정통적인 소설에서 알레고리는 기껏해야 꿈(『천로역정』 자체도 꿈으로서 구성되어 있다)이라든가, 어떤 등장인물이 다른 인물에게 말하는 이야기와 같은 형태의 삽화로써 짜 넣어지게 된다. 예를 들어 그레이엄 그린의 『불타버린 인간』에서는 주인공인 케리가 어린애 같은 마리 라이커에게 들려주는 머리맡 이야기가 중심이 되고 있다. 사회적으로는 성공을 거두었지만 냉소적인 성격의 어느 보석상의 이야기를 다룬 이 작품은, 그 자체가 유명한 가톨릭 건축가이면서 신앙을 상실해버린 케리 자신의 직업적 윤리에 대한 알레고리이며 또한 작가 자신의 인생과 문학적 경력과도 연관된다.

"유명한 기술자로 이름이 높은 그는, 작품 내용의 진지함마저도 칭찬받았습니다. 모든 달걀 위에는, 국왕을 기리는 섬세한 보석이 박힌 금(金)십자가가 세워져 있었기 때문입니다."

확장된 소설적 장치로서의 알레고리는 『걸리버 여행기』와 『동물농장』, 『에레혼』과 같은 설교적이고 풍자적인 이야기에서 주로 사용된다. 이 명작들에서는 표면적인 사실에 의해 공상적인 사건에 기이한 개연성이 부여되고, 현실과의 대응관계가 멋진 기지와 기교로 완성되기 때문에 예측할 수 없는 재미가 생긴다. 『에레혼 Erewhon』이라는 제목은 'nowhere'(어디에도 없는)라는 말의 철자를 (거의) 거꾸로 쓴 것이다. 그러니까 버틀러는 어떤 교훈을 암시하는 듯한 형태로 우리의 세계와 유사하지만 다른 가상의 세계를 묘사한다고 하는, 토머스 모어의 『유토피아』('어디에도 없는')의 전통에 자신의 작품을 위치시키는 것이다. 어느 젊은 영국인이 어딘가 변경의 식민지의 산맥을 넘어 그때까지 발견되지 않았던 나라에 도착한다. 참고로 그곳은 버틀러가 수년간 거주한 적이 있었던 뉴질랜드를 연상시킨다. 그곳 주민들의 생활수준은 빅토리아 시대의 영국 정도로 발달해 있는데, 그들의 가치관과 신념은 서술자에 의해 기묘하고도 별난 것으로 인식된다. 예를 들어 그들은 병을 범죄로 간주하여 대다수의 사람들로부터 격리시키고 처벌해야 하는 것으로 생각하는 한편, 범죄를 병으로 간주하여 친구와 친척이 슬퍼해야 하는 것, '바로잡아주는 사람 straightener'이라고 불리는 동정적인 의사에 의해 고가(高價)의 치료를 받아야 하는 것으로 생각하고 있다. 독자는 금방 이 기이한 발상의 근저에 있는—에레혼에는 빅토리아 시대의 관습이 조금 벗어난 형태로, 아니면 역전된 형태로 행해지고 있다는—장치를 알게 되지만, 서술자는 이런 사실을 알지 못하고 있다. 이런 종류의 소설이 재미있는 것은 알레고리를 해석함으로써 우리의 지성이 활발히 움직이고 그 우월성이 확인되기 때문이다.

에레혼 사람들은 신앙심이라는 것을 알지 못하기 때문에, 서술자가 안식일을 지키는 것을, "그들의 말을 빌자면, 7일마다 내 몸에 일어나는 음습한 발작" 탓이라고 생각한다. 한편 이 나라에는 음악은행이라는 것이 있다. 이런 이름으로 불리는 것은, 그곳에서는 "모든 거래에 음악의 반주가 동반되기 때문이다. 비록 그것이 유럽인의 귀에는 감춰져 있지만 말이다." 은행의 건물에는 대리석의 외벽, 조각, 스테인드글라스 등이 정교하게 장식되어 있다. 서술자를 도와주는 노스니보(거꾸로 쓰면 로빈슨) 일가처럼 그런 지위에 있는 사람들은 이 은행과 어느 정도의 거래가 있고 이 은행을 충분히 활용하는 사람이 거의 없다고 탄식하지만, 거기서 취급하는 화폐에 실질적인 가치가 없다는 사실을 모두 잘 알고 있다.

여기에서 분명히 드러나는 것은 빅토리아 시대의 종교가 거의 사회적 의식이었을 뿐이며, 영국의 부르주아들이 명목상으로는 기독교 교의에 따르기는 하지만 실제로는 물질주의적인 가치관에 기초해 살아가고 있다는 비판이다. 그러나 우리가 『에레혼』을 읽으면서 즐기게 되는 것은 이런 명확한 메시지 때문이 아니라, 작가가 현실과의 대응관계를 만드는 과정에서 사용하는 기묘한 유머, 상상력을 자극하는 멋진 필력 때문이다. 예를 들어서 은행, 그것도 거대한 주요 은행들은 그 건축양식과 장식으로 볼 때 교회나 대성당과 같으며, 거의 빈틈없는 유사성에 의해서 우리는 금융 및 종교제도의 위선과 기만에 대해서 생각하게 된다. 그리고 젊은 여성들이 "그것이 반드시 과시적인 것만은 아니라고 해도, 어쩐지 만나러 가는 사람에게 가는 곳을 알리려는 것 같"이, 지갑을 들고 음악은행으로 향할 때 내보이는 신중하면서도 독선적인 태도는 그들이 리얼리즘 소설에서 기도책을 들고 등장하는 장면보다도 훨씬 더 흥미롭다. 알레고리 역시 낯설게 하기를 발생시키는 기법의 하나인 것이다.

제32장 에피파니 Epiphany

두 사람이 티 앞에 온다. 잔디가 평평하게 무성하고, 그 옆에 비틀어진 과실수가 한 그루 있었는데, 창백한 봉오리를 내밀고 있다. "제가 먼저 치는 게 좋겠습니다" 하고 토끼는 말했다, "목사님이 조금 흥분하고 있으니 말입니다." 그의 심장은 분노 때문에 진정되었고, 중용의 템포로 유지되고 있다. 어떻게 되어도 좋아, 어쨌든 냉큼 이런 상황에서 벗어나고 싶어. 비가 왔으면 좋겠는데. 이클레스 쪽을 보지 않으려고 하면서 그는 공을 본다. 공은 티 위에 올려져 있었고, 벌써 지상에서 자유로워져 있는 것처럼 보인다. 그는 아주 간단히 클럽헤드를 어깨까지 들어올려 공에 가져간다. 그 소리에는 그가 이제까지 들어보지 못했던 공허함과 독자성이 있다. 두 팔의 힘에 이끌려 그의 머리는 위로 향하고, 그가 친 공은 진로를 벗어나서, 바람을 실은 구름의 아름다워 보이는 암청색을 배경으로 하여 달처럼 새파랗게 보인다. 그의 할아버지의 색이 동쪽하늘 한쪽에 짙게 퍼져가고 있는 것처럼. 공은 그게 본래의 진로인 듯 곧은 선을 그리며 멀어져간다. 상처를 입은 몸이, 구체(球體)로, 별로, 점으로. 공은 머뭇거리고, 토끼는 공이 죽을 것이라고 생각하지만, 그러나 틀렸다. 공은 그 머뭇거림을 마지막 비약의 토대로 삼는 것이다. 눈에 보일 만큼 진동하면서, 공간을 한 번 더 물어뜯고, 바닥에 떨어져 사라져 간다. "됐다" 하고 토끼는 소리치고, 과장된 웃음을 띠우고 이클레스 쪽으로 몸을 돌려, "됐어!" 하고 다시 외친다.

— 존 업다이크, 『달려라 토끼』(1960)

● ● ●

에피파니는 문자 그대로 보여주는 것이다. 기독교 용어로는 아기 예수를 동방박사에게 보여주는 것을 의미한다. 가톨릭 배교자(背教者)인 조이스에게 있어 작가라는 천직은 일종의 세속적인 사제직과 같은 것이었으므로, 그는 에피파니라는 말을 작가가 기교를 사용해서 일반적인 사건과 생각이 시간을 초월하는 아름다움으로 변형되는 과정을 표현하는 데에 사용했다. 그의 소설 속 제2의 자아인 스티븐 디덜러스도 "가장 흔한 물건의 정신이 우리에게 눈부시게 빛날 때"라고 말한다. 현재 이 용어는 좀 더 폭넓은 의미로 외적 세계가 일종의 초월적인 의미를 띠고 있는 것처럼 보이는 장면 일반에 관해서 사용되고 있다.

이야기와 에피소드에 절정과 결말을 초래하는, 전통적인 이야기에서는 무언가 결정적인 행위와 사건이 담당하던 역할을 현대소설에서는 에피파니가 떠맡는 경우가 많다. 이 점에 있어서 선구자는 조이스다. 『더블린 사람들』에 수록된 많은 이야기가 얼핏 보면 안티-클라이맥스(패배, 좌절, 혹은 무언가 사소한 사건)로 끝을 맺는 것처럼 보이지만, 그 언어에 의해 그 안티-클라이맥스가 주인공이나 독자 혹은 양측 모두에게 진실의 순간으로 변용되는 것이다. 『젊은 예술가의 초상』에서도 스커트를 걷어붙이고 바닷속으로 들어가는 어린 소녀의 모습은 문장의 리듬과 반복에 의해서 비속한 아름다움을 견뎌낸 초월적인 계시로 변모하고 종교뿐만 아니라 예술을 천직으로 알고 살아가려는 주인공의 결의에 확증을 부여한다.

청자색 스커트는 대담하게 허리까지 걷어올려져 뒤가 비둘기 꼬리처럼 늘어져 있었다. 그녀의 가슴은 새의 가슴처럼 부드럽게 화사하고, 검은 새털을 가진 비둘기처럼 화사하고 부드러웠다. 그래도 그 긴 금발은 소녀다웠다. 그리고 소녀다운, 지상의 아름다움에 물든 그 얼굴.

업다이크의 『토끼』 연작의 첫 작품에서 인용한 위 대목은 골프 대결을 묘사하고 있는데, 중요한 것은 그 결과가 아니라(주인공이 그 홀에서 이겼는지 졌는지 우리는 알 수 없다) 순간의 강렬함이다. 해리 '래빗'(토끼) 앙스트롬은 미국의 조그만 마을에 사는 젊은 사내이지만 장래성이 없는 직업과 아이 하나가 태어난 이래 육체적으로나 정신적으로 죽어버린 결혼생활에 속박되어 살고 있다. 그는 질식할 듯한 자신의 삶으로부터 도망치려고 헛되이 노력하지만, 다른 여성의 품에 안기는 것 이상으로는 나아가지 못한다. 그런 그를, 지역 목사인 이클레스가 부인에게 돌아가도록 설득할 구실로 골프를 제안하는 것이다. 토끼는 어린 시절 캐디로 일한 적이 있어서 골프의 기본 원리를 알고 있지만 화제가 화제인 만큼 긴장한 탓인지 최초의 일타는 "찔끔찔금 튀어, 심술궂은 탑스핀에 걸려, 흙덩이처럼 다른 곳에 떨어뜨리게" 되고, 그 후에도 이클레스가 끈덕지게 설교를 하는 바람에 제대로 경기를 하지 못한다. "어째서 부인 곁을 떠났소?" "말했다시피, 뭔가 결핍되어 있는 게 있었어요." "뭐지요? 그게 뭔지 본 적이나 있소? 분명히 그게 있다고 확신합니까? 딱딱한 것이던가요, 부드러운 것이던가요? 해리, 푸르던가요, 붉던가요? 물방울무늬가 있던가요?" 이클레스의 조롱하는 듯한 실증적인 질문에 괴로워하던 토끼는 그러나, 점점 완벽한 쇼트를 치게 됨으로써 그 해답을 발견하게 된다.

에피파니로 인해 소설은 서정시의 언어적 집약성에 가깝게 접근한다. 현대의 서정시 대부분은 사실 에피파니 이외에 아무것도 아니다. 그래서 에피파니적인 묘사에는 비유적인 표현과 소리의 형태가 풍부하게 사용되는 경우가 많다. 그리고 업다이크는 은유를 다루는 능력에 있어서 뛰어난 작가다. 그는 이 단락의 주제에 접근하기 이전부터 과실수에 대한 생생한 묘사가 담긴 장면을 보여주는데 그 '창백한 봉오리'는 적개심과 해방의 예감을 동시에 암시한다. 그러나 드라이브를 묘사하는 부분은 의도적으로 비유를 배제하고 있다. "클럽 헤드를 어깨까지 들어올려 공에 가져간다"는 표현은, 프로 골퍼가 자연스러운 스윙을 설명하는 말처럼 들린다. "그 소리에는 그가 이제까지 들어보지 못했던 공허함과 독자성이 있다." '공허함'과 '독자성'(獨自性) 같은 상투어를 추상명사로 전환함으로써 그 말에 신비스런 울림을 제공한다. 그리고 여기에 은유적인 표현이 등장한다. "그가 친 공은 진로를 벗어나서, 바람을 실은 구름의 아름다워 보이는 암청색을 배경으로 하여 달처럼 새파랗게 보인다." 그리고 이런 우주적이고 천문학적인 이미지의 흐름이 드디어 "구체(球體)로, 별로, 점으로" 확장된다. 그리고 가장 대범한 이미지는 적절하게 가장 최후까지 남겨진다. 토끼가 자신의 공이 죽을 것이라고 생각하는 순간, "공은 그 머뭇거림을 마지막 비약의 토대로 삼는 것이다. 눈에 보일 만큼 진동하면서, 공간을 한 번 더 물어뜯고, 바닥에 떨어져 사라져 간다." "눈에 보일 만큼 진동하면서"라는 공감각(synaesthesia)은 만일 그것이 절정부에 놓이지 않았다면, 골프공에 적용하기에는 통상적으로 주저되었을 것이다. 토끼가 이클레스를 돌아보고 "됐어!"라고 용감하게 외칠 때, 그는 그의 결혼생활에서 무엇이 결핍되었느냐는 목사의 물음에 응답하고 있는 것이다. 하지만 골프공에 적용된 언어의 종교적 초월의 암시('마지막 비약'은 현대 실존주의 신학의 구절일 수도 있다)에는, 간접적으로 이클레스 자신의 종교적 신념의 결핍도 언급되고 있다. "됐다!"라는 토끼의 외침에서, 어쩌면 우리는 잘 맞은 티샷의 빛나는 영혼을 계시한 것에 대해 작가 자신도 만족하고 있다는 언어적 메아리를 들을 수 있을지도 모른다.

제33장 우연 Coincidence

스트레더는 매우 행복해 보이는 두 사람이라고 자신도 모르는 사이에 느꼈다. 그들은 어딘가 다른 장소에서 유람을 즐기면서 배를 저어온 셔츠 차림의 젊은 사내와 태연하게 구는 젊고 아름다운 여인으로, 부근의 사정을 알고 남의 눈에 띄지 않는 장소에서의 즐거움을 아는 분위기였다. 이 두 사람이 가까이 다가옴에 따라 어떤 농후한 공기가, 두 사람이 종종 이 주변을 찾는 친숙한 사람이라는 것, 어쨌든 오늘이 처음은 아니라는 것을 암시하는 공기가 퍼져 나왔다. 어떻게 하는 것이 좋을지를 두 사람은 알고 있을 것이라고, 그는 막연히 느꼈다. 그리고 그 때문에 두 사람은 한층 아늑해 보였는데, 그런 인상을 받는 순간, 노를 젓는 사람이 힘을 풀어, 배가 크게 진로를 벗어나는 것이 보였다. 그럼에도 불구하고, 이미 배는 훨씬 가까이까지 다가왔다. 그것은 선미(船尾) 쪽에 타고 있는 부인이, 어쩐지 관찰자인 자신의 존재를 의식하고 있다고 느낄 정도의 거리였다. 부인은 그의 존재에 대해 무언가 분명히 말을 한 듯했지만, 동반한 사내는 돌아보지 않았다. 사실 스트레더의 인상으로는, 부인이 꼼짝 하지 말도록 사내에게 부탁하는 것도 같았다. 그녀가 뭔가를 눈치챘기 때문에 배가 흔들렸고, 물가에서 계속 멀어져서 흘러갔다. 이 작은 사건은 너무도 돌연하고 갑작스럽게 일어났다. 너무나 갑작스러워 스트레더의 인상은, 정말 한 순간이라고는 해도, 선명한 놀람과는 동떨어진 것으로 존재하고 있었다. 그 순간, 그도 어떤 것을 깨달았다. 빛나는 풍경 속에서 멋진 핑크색 작은 원처럼 떠오르는 우산은 주인의 얼굴을 가리려는 듯한 움직임을 보였는데, 자신이 그 부인을 알고 있다는 것을 깨달았기 때문이다. 그 부인이 그가 알고 있는 인물이라는 것은 만에 한 번 있을 법한 사건이었으나, 아직 등을 돌린 채 접근하지 않는 신사의 정체는 그에 못지않는 기적이었다. 부인의 놀람에 반응을 보인, 윗도리를 벗고 있는 그 태평한 주인공은 바로, 다름 아닌 채드였기 때문이다.

— 헨리 제임스, 『대사들』(1903)

●　　　●　　　●

小설을 쓸 때에는 언제나, 한편으로는 구조, 패턴 그리고 결말을 성취해가면서 다른 한편으로는 인생의 불규칙성, 불합리성, 무한한 가능성을 묘사해나가지 않으면 안 되지만, 일반적으로 그런 균형을 맞추기란 매우 어렵다. 현실생활에서 우연은 예상할 수 없는 상황에서 발생하여 우리를 놀라게 하지만, 소설에서는 오히려 속이 뻔히 들여다보이는 구조상의 장치로서 거기에 너무 의존하게 되면 이야기의 박진성을 위태롭게 만들 수도 있다. 물론 우연에 대한 수용가능성은 시대에 따라 매우 다르다. 브라이언 잉글리스는 『우연』이라는 책에서 "소설가들이 자신들의 작품 속에서 보여주는 우연성의 취급방법은 우연에 대한 동시대인들의 태도를 이해할 수 있는 귀중한 자료가 된다"고 말하고 있다.

"샬롯 브론테가 우연의 긴 팔을 팔이 빠질 정도까지 내뻗었다"라고 한 세실의 위트 있는 지적은, 사회의 여러 계층의 등장인물들을 사용해서 복잡하고도 도덕성 높은 장편소설을 썼던 빅토리아 시대의 위대한 작가들에게 들어맞을 것이다. 보통이라면 서로 전혀 관련이 없을 사람들이 우연을 통해서 발생하는 흥미로운 관계에 의해 엮이게 되는 것이다. 이 관계는 인과응보의 주제 ― 악행은 반드시 최후에 드러나고 만다는, 빅토리아 시대 사람들이 특히 즐겨 믿었던 방법 ― 에 의해 만들어지는 경우도 많다. 제임스는 『대사들』의 절정부를 이루는 이 우연적인 만남을 묘사함으로써 아마도 그와 동일한 도덕관념을 시사하고 있을지도 모르지만, 죄 없는 두 사람이 양심의 가책을 느껴 당혹해하는 것 등은 어디까지나 현대적이다.

이 이야기의 주인공인 램버트 스트레더는 이미 중년을 넘긴 미국인 독신남으로, 위엄 있는 후원자인 뉴섬 부인의 명으로 파리로 건너가 부인의 아들인 채드가 프랑스인 여성과 좋지 않은 관계에 빠졌다는 소문을 확인하고 가업을 잇도록 그를 본국으로 데려올 임무를 부여받는다. 파리의 매력 그리고 세련된 채드와 귀족계층의 친구인 비오네 부인의 매력에 빠져들어 두 사람의 관계가 전적으로 순수하다는 채드의 말을 믿게 된 스트레더는, 자신의 지위가 위험해지는 대가를 치르면서도 가족 간의 다툼에서 그 젊은이의 편에 서게 된다. 그리고 프랑스의 시골 지역으로 홀로 여행을 하는 과정에서 강가의 여인숙에 머물며 홀로 산책하는 중에 시중드는 사람들도 대동하지 않은 채 단 둘이 배를 저어 그곳에 오게 된 채드와 비오네 부인과 우연히 만나게 된다. 스트레더는 두 사람이 결국 연인이었다는 사실을 깨닫고는 쓰라린 환멸과 굴욕을 느낀다. 그가 마음 저 밑에서부터 느낀 우아함과 세련된 유럽문화는 도덕적으로 기만적인 것으로 드러나고 공교롭게도 청교도적인 뉴잉글랜드의 편견을 확신시켜 준다.

이런 대단원(dénouement)은 텍스트 자체가 채택하고 있는 대담한 표현에 의하면, '만에 한 번 있을 법한' 우연에 의해서 교묘하게 이끌려 나오는 것이다. 만일 독서과정에서 이 부분이 우연처럼 보이지 않는다면, 이 부분이 이야기 전체 속에서 실제로 거의 유일한 뒤틀림이기 때문일 수도 있고(즉, 제임스는 다른 곳에서는 이야기에 충분한 신뢰성을 가지도록 한다), 스트레더의 시점에서 그 사건을 묘사하는 멋진 서술기법에 의해서 우리 독자가 간단히 사건의 보고를 받고 있음에도 불구하고 마치 실제로 그것을 체험하는 것처럼 느끼기 때문일 수도 있다. 스트레더의 지각은 세 단계로 나누어져 있는데 그것들은 마치 슬로우 모션처럼 제시된다. 첫 단계에서 독자는 그와 함께 배 위의 두 사람을 호의적인 구도 속에서 바라본다. 당연히 그가 두 사람을 본 적도 없고 알지도 못한다는 것이 전제되어 있으며, 두 사람이 그곳에 나타나게 됨으로써 그가 몽상하고 있던 목가적인 장면이 멋지게 완성되는 것이다. 그는 두 사람에 대해서 멋진 상상을 하고 그 태도로부터 두 사람이 '종종 이 주변을 찾는 친숙한 사람'이라고 추측한다(이것이 의미하는 것은, 그들이 채드와 비오네 부인임을 알아차렸을 때, 그들이 빈번히 만남을 지속해온 오랜 연인이며 자신을 한 동안 속여 왔었다는 유쾌하지 않은 진실에 직면하게 될 수밖에 없다는 것이다). 두 번째 단계에서 그는 두 사람의 행동에서 얼마간의 마음에 걸리는 변화를 인식하게 된다. 배가 크게 진로를 벗어나고 노를 젓던 사내는 움직임을 멈춘다. 스트레더의 존재를 알아차린 부인의 지시를 받은 것으로 보인다(비오네 부인은 발각되지 않은 채 되돌아갈 수 있는지를 생각했던 것이다). 그리고 세 번째이자 마지막 단계에 이르면 스트레더는 "주인의 얼굴을 가리려는 듯"이 움직이는 "빛나는 풍경 속에서 멋진 핑크색 작은 원처럼 떠오르는 우산"으로 인해, "자신이 그 부인을 알고 있다는 것"을 깨닫게 된다. 그럼에도 불구하고 아직 스트레더의 머리는 목가적인 미학에 결박되어 있고 채드의 존재를 알아차렸을 때에도 그는 장난스럽게 그 놀람을 즐거운 이미지로 꾸밈으로써 자신의 당혹감을 감추려고 한다. 이 우연적 만남을 선명하게 묘사했기 때문에, 다음 단락에서 제임스는 이 장면을 "소설처럼, 한 편의 소극(笑劇)처럼 기묘했다"라고 쓸 수 있었던 것이다.

소설의 줄거리 속에서 우연이 발생하는 빈도는 장르와 시대에 따라 크게 다르며, 또한 작가가 어느 정도까지 그것을 밀고 나갈 수 있는가와도 관련되어 있다. 내 개인적인 경험을 말하자면, 주저 없이 우연성을 사용할 기분이 들었던 것은 제목에서도 그러한 성향이 전경화되어 나타나지만, 『멋진 일』보다는 『작은 세계』쪽이었다. 『작은 세계』는 코믹소설이며, 희극의 관객은 재미를 위해서라면 일어날 것 같지 않은 우연이라 할지라도 쉽게 받아들일 수 있다. 우연과 소극(笑劇)을 하나로 연결지어 생각한 제임스의 구상에는 분명히 세기말 프랑스의 통속회극이 있었음에 틀림없다. 조르주 페이도 같은 작가는 사회적 지위를 위태롭게 하는 성적인 타협의 관계를 중심적으로 다뤘는데, 『작은 세계』도 그 전통에 속한다. 이 작품은 또한 기사도 로망스에서 볼 수 있는 것과 같은 줄거리의 착종을 의도적으로 모방하고 있어서, 이야기 속에 다수의 우연이 등장하는 것은 상호텍스트적으로 정당화된다고 할 수 있다. 이야기에 등장하는 멋진 예들 가운데 하나는, 히드로 공항의 어느 항공사에서 근무하면서 믿기 어려울 만큼 다양한 인물들을 상대하는 여성인 세릴 서머비에 초점을 맞추고 있다. 주인공 퍼스 맥가리글이 여주인공인 안젤리카를 추적하고, 그 추적극의 마지막 단계에서 안젤리카는 히드로의 예배당의 탄원판(歎願版)에 스펜서의 『요정의 여왕』에 나오는 일절을 언급함으로써 암호화된 메시지를 남겨놓는다. 히드로의 잡지매장에서 이 작품의 페이퍼백판을 찾는 데 실패한 퍼스는 런던으로 돌아가려고 하는데, 바로 그 순간 안내계였던 세릴이 그 책을 카운터 아래에서 꺼내준다. 항상 연애소설만을 읽던 그녀가 지나치게 현학적인 안젤리카로부터 순문학적인 로망스에 대한 강의를 받고 나서 그 책을 읽었다는 것이 여기에서 분명해진다. 그녀는 얼마 전 제네바행 비행기에 탄 한 승객과 항공사 안내원으로서 만났던 것이다. 그래서 퍼스는 안젤리카가 거주하는 장소에 대한 정보와 메시지의 의미를 해독하는 방법을 동시에 얻게 되는 것이다. 이 모든 것은 매우 있음직하지 않은 것들이지만, 나는 소설의 이 단계에 이르면 만일 그것이 사람들의 상식을 크게 벗어나지 않는다면 좀 더 많은 우연이 더 큰 즐거움을 줄 수 있다고 생각한다. 고전적인 르네상스 시에 관한 정보를 원하는 사람이 그것을 항공사 안내원으로부터 얻게 된다는 발상도 너무나 기발해서 독자들은 기꺼이 자신들의 불신감을 거둘 것이다.

『멋진 일』은 코믹하고 상호텍스트적인 요소를 갖고 있는 작품이지만, 또한 좀 더 진지한 리얼리즘 소설이기도 하며, 그래서 나는 이 작품에서 플롯의 도구로써의 우연이 보다 절제되고 좀 더 세심하게 위장되거나 정당화되어 활용되어야 한다고 생각했다. 그것이 성공했는지 실패했는지는 내가 말할 수 있는 사항이 아니지만, 나는 내가 의도했던 하나의 예를 전하고자 한다. 이 소설의 제4장에서, 주인공인 빅 윌콕스는 노동자 집회에서 이야기를 한다. 그러던 도중, 섹시한 속옷을 입은 한 여자가 그에게 키스 전보(Kissogram : 여재[남재] 배달원이 수취인에게 서비스로 키스를 해주는 전보)를 하고 그를 조롱하는 내용의 노래를 부른다. 그것은 빅에 대해 반감을 가지고 있는 판매부장의 장난이었다. 집회가 엉망이 되기 직전에, 여주인공인 로빈 펜로즈가 그를 도와주러 나타난다. 그 키스 전보 여자는 조용히 물러나라는 로빈의 말에 복종하는데, 그것은 그녀가 로빈의 학생들 가운데 한명인 마리온 러셀이었기 때문이다. 이것은 명백한 우연이다. 서사적 견지에서 이것이 제대로 작동했다면, 그것은 텍스트의 앞쪽에 마리온이 그런 일을 할 법한 여성이라는 것을 암시하는 장치가 마련되어 있었기 때문이다. 키스 전보의 여자가 나타난 순간, 독자들은 그녀가 마리온이라는 것을 추측할 수 있었을 것이고, 이 점은 나중에 생각해 봐도 납득이 될 정도로 분명히 암시되어 있다. 이처럼 마리온이 어떤 아르바이트를 하고 있는가라는 수수께끼에 대한 해답을 제시하는 동시에, 우연한 사건에 대해 생각하는 것보다 로빈의 성공적인 개입을 강조하는 것을 통해서, 우연에 대한 독자의 회의감을 비껴갈 수 있었던 것은 아닐까.

제34장 신뢰할 수 없는 서술자 The Unreliable Narrator

"이모님과 함께 사는 존슨 부인이 보내온 것이에요. 그분 얘기에 따르면 이모님께서 그저께 돌아가셨다는군요."

켄턴 양은 한동안 주저한 끝에 말을 이었다.

"장례식이 내일 치러진답니다. 헌데 제가 여기를 하루 비울 수 있을지 모르겠군요."

"켄턴 양, 염려하지 말아요. 여기는 내가 어떻게든 해보겠습니다."

"감사합니다. 스티븐스 씨. 그리고 괜찮다면, 잠시 저 혼자 있고 싶습니다만……."

"물론 그러시겠지요."

나는 조용히 자리를 물러나왔는데, 문 밖에서 불과 몇 걸음도 떼어놓지 않았을 때 깜빡 잊고 켄턴 양에게 위로의 말을 전하지 않았음을 알았다. 그간 모든 정황으로 미루어보건대, 이모를 친어머니처럼 여겨왔던 그녀였으므로 얼마나 큰 충격을 받았을지는 나로서도 익히 짐작이 갔던 것이다. 나는 복도 어중간에 멈쳐 서서, 되돌아가 실수를 만회해볼까 하고 생각했다. 하지만 곧 이어, 그랬다가는 혹여 그녀의 내밀한 슬픔을 침해할지도 모른다는 걱정이 일었고, 지금쯤 켄턴 양이 섧게 울고 있을지도 몰랐다. 여기까지 생각하자 가슴 한편에서 이상한 감정이 솟구쳐 올랐고, 나는 꽤 오랜 시간 복도를 서성거렸다. 결국 나는 다음에 기회가 되면 위로를 전하기로 하고 그곳을 떠났다.

— 가즈오 이시구로, 『남아있는 나날들』(1989)

●   ●   ●

신뢰할 수 없는 서술자는 자신이 말하는 이야기의 내용에 한 사람의 등장인물로 등장한다. 신뢰할 수 없는 '전지적인' 서술자(제2장 참조)는 거의 논리적인 모순으로, 오직 특수한 실험적인 텍스트에만 예외적으로 존재한다. 심지어 인물-서술자라고 해도, 100퍼센트 완벽하게 신뢰하지 않을 수는 없다. 만일 그 인물이 말하는 것이 완벽하게 거짓이라면, 그것은 소설이란 허구의 산물이라는 우리가 익히 아는 사실을 재인식시켜주는 것에 불과할 것이다. 이야기가 우리의 관심을 끌기 위해서는 현실 세계와 마찬가지로 소설 내부에서의 진실과 허구가 분간될 수 있어야 한다.

신뢰할 수 없는 서술자를 사용하는 핵심은 외관과 실제 사이의 간격을 흥미롭게 드러내고, 등장인물들이 실제를 어떻게 왜곡하고 감추는가를 보여주는 데에 있다. 이런 요구가 반드시 의식적이거나 악의적이어야 할 필요는 없다. 이시구로 소설의 서술자는 사악한 인물은 아니지만, 자기 자신과 다른 사람들에 대한 진실을 억압하거나 회피하려는 인물이다. 그의 서술은 일종의 고백이지만 솔직하지 못한 자기 정당화와 특유의 항변으로 가득하며, 오직 마지막에 가서야 자신에 대한 어떤 이해에 도달하게 되지만 그때는 이미 그로부터 무언가를 얻기에는 너무 늦은 시간이다.

이 소설의 시간적 배경은 1956년이다. 서술자인 스티븐스는 영국 대저택에서 일하고 있는 나이든 집사다. 예전에 그 저택은 달링턴 경이 소유했지만 현재는 부유한 미국인의 소유가 되어 있다. 이 새로운 고용주의 권유로 스티븐스는 휴가를 얻어 영국 서부지방으로 여행을 떠나게 된다. 이 여행은 예전 달링턴 저택에서 가정부로 일을 했던 켄턴 양을 만나기 위한 사적인 여행이었다. 그녀가 일했던 시기는 두 차례의 세계대전의 사이 시기로 저택의 융성기에 해당했다. 당시 달링턴 경은 정부고관들을 초청해 비공식적인 회합을 열어 유럽의 위기에 대한 이야기를 나누곤 하였다. 스티븐스는 켄턴 양(그녀가 이미 결혼했음에도 불구하고 그는 변함없이 그녀를 그렇게 부른다)을 설득해 은둔생활로부터 나와 달링턴 저택의 인력부족의 해소에 일익을 담당해줄 것을 호소하려 생각하고 있다. 여행을 하면서 그는 지난 과거를 회상하는 것이다.

스티븐스는 매우 꼼꼼하고 격식을 갖춰 말하고 또 글을 쓴다. 말하자면 집사 말투인 것이다. 객관적으로 봤을 때 그 스타일에는 문학적인 장점이라곤 전혀 없다. 위트도 없고 감각적이지도 않을 뿐만 아니라 독창성도 없다. 그럼에도 불구하고 그것이 이 소설의 문체로서 유효한 것은 오로지 전달되는 내용에 비해 그 말투가 부적절한 것이 우리에게 서서히 보이게 된다는 사실 때문이다. 달링턴 경이 실제로는 무능한 초짜 외교가이며 히틀러에게 충성하고 파시즘과 반유대주의를 지지했던 인물이었다는 점이 작품을 읽어나감에 따라 점차 알려지게 된다. 그 이후의 역사 전개에 의해서 주인의 행동이 완전히 그릇된 것이었다는 것이 증명되지만, 스티븐스는 그것을 스스로에게나 다른 사람에게 한 번도 인정하지 않으며 무력하고 성격도 나쁜 주인에게 완벽하게 헌신했다는 것을 언제까지나 자랑스럽게 생각하는 것이다.

완벽한 하인이고자 하는 신념 때문에 스티븐스는 함께 일했던 켄턴 양이 보인 애정을 깨닫지 못했고 그에 반응하지도 못했다. 그러나 자신이 그녀를 어떻게 대했는지에 관한 강한 자기검열을 거친 기억이 이야기가 진행됨에 따라서 점차 드러나게 된다. 그래서 우리는 그런 그가 켄턴 양과 재회하려는 것이 과거를 원래 상태로 되돌리려는 헛된 희망 때문이라는 사실을 알아차리게 된다.

스티븐스는 반복해서 자신에 대해 우호적인 평가를 내리지만 그것은 모순적이거나 기만적인 것으로 드러난다. 이모의 죽음을 알려주는 편지를 켄턴 양에게 전달한 뒤에도 그는 '위로의 말'을 전하지 않았다는 것을 깨닫는다. 여기서 그가 되돌아가야 할 것인지 말 것인지 망설이는 대목은 우리로 하여금 바로 앞의 대화에서 그가 애도의 표현을 일체 입에 올리지 않았다는 것을 쉽게 망각하도록 한다. 특히 그녀의 슬픔에 방해가 되지 않을까 하는 그의 우려도 얼핏 보면 그의 섬세한 성격을 말해주는 것처럼 보이지만 사실은 '다음에 위로를 전할' 기회가 왔음에도 불구하고 그는 위로의 말을 하지 않으며, 오히려 새로운 두 명의 하녀에 대한 그녀의 감독태도를 악의적으로 비난한다. 단적으로 그는 켄턴 양이 문의 안쪽에서 울고 있을지도 모른다는 생각에 대한 자신의 감정을 '이상하다'는 정도 이상으로는 표현하지 않는 것이다. 하지만 그녀가 부음을 차분하게 접했다는 것을 긍정적으로 전한 직후에, 그녀가 울고 있을지도 모른다고 하는 억측 자체에 우리는 놀라게 된다. 나중에 가서야 그는 이 기억이 별도의 에피소드와 결합되어 있었다는 사실을 인정하기에 이르는 것이다.

나는 복도 뒤편에서 있었던 실제적인 정황에 대해서 지금은 전혀 확신할 수 없다. 확실히 그런 회상을 정리하려고 했던 어떤 시점에, 이 기억은 켄턴 양이 이모의 부음을 접했던 직후의 일이라고 술회했던 지도 모르겠다. ……그러나 좀 더 생각을 해보면, 이 문제에 관해 나는 다소 혼란스러웠던 것은 아니었을까 생각한다. 사실, 이 기억의 파편은, 켄턴 양의 이모가 죽고 나서 적어도 몇 개월을 지난 어느 저녁에 일어난 일로부터 비롯되었다고 생각되는 것이다.

실제로 그녀가 문 안쪽에서 울었던 것은 조심스럽지만 분명하게 표현된 그녀의 애정을 그가 차갑게 거절함으로써 모욕을 준 어느 저녁의 일이었다. 하지만 스티븐스는 역시 그답게 그 우는 목소리를 이 개인적이고 내밀한 에피소드에 연결시키는 대신, 달링턴 경의 저택에서 열린 가장 중요한 회합의 하나와 연결 짓고 만다. 정치적으로 그릇된 신념과 감정적인 불모성이라는 주제는 스티븐스의 황폐한 삶의 슬픈 이야기와 미묘하게 엮이는 것이다.

신뢰할 수 없는 서술자의 뛰어난 활용이라는 점에서 이시구로의 소설을 나보코프의 『창백한 불꽃』과 비교·대조해보는 것도 흥미로운 일이다. 이 소설은 가공의 미국 시인 존 셰이드의 장시(長詩)와, 그 시에 대해 상세한 주석을 다는 이웃사람이자 유럽의 망명학자인 찰스 킨보트의 이야기로 구성된 색다른 형식을 취하고 있다. 그 시는 셰이드의 딸의 비극적인 자살을 중심으로 하는 자전적인 작품이다. 셰이드 본인도 작품의 원고를 킨보트의 손에 넘긴 직후에 살해된 것으로 추측된다. 우리는 곧 킨보트가 미쳤으며 그가 자신을 혁명 이전의 러시아를 연상케하는 가상의 왕국의 왕으로 믿고 있었다는 사실을 알게 된다. 킨보트는 셰이드가 그 시에서 킨보트의 생애를 썼으며 셰이드도 다름 아니라 킨보트를 암살하기 위해 파견된 암살자가 쏜 총에 실수로 맞은 것으로 확신하고 있다. 그가 행한 주해의 목적은 이 사실에 대한 킨보트의 기이한 해석을 확고한 것으로 하기 위한 것이다. 이 작품을 읽는 재미 가운데 하나는 셰이드가 쓴 시의 '신뢰할 만한' 이야기를 참조해가면서 킨보트의 망상의 정도를 분별해내는 것이다. 『남아있는 나날들』과 비교했을 때 『창백한 불꽃』은 신뢰할 수 없는 서술을 희생시켜 훨씬 더 코믹하다. 하지만 그 효과 때문에 킨보트가 전면적으로 폄하되기만 하는 것은 아니다. 자신의 사랑하는 젬블라(Zembla) 왕국의 이미지를 환기하는 킨보트의 말투는 생생하고 매혹적이며 독자의 마음을 사로잡는다. 나보코프는 이 미친 인물에게 자신의 목소리를 어느 정도 주입하여, 망명 이후 작가 스스로 절실하게 느껴야 했던 향수(鄕愁)를 충분히 표현했던 것이다. 이와는 대조적으로 이시구로의 소설은 어떤 웅변적 목소리도 없는 서술자의 한계를 채택한다. 만약 스티븐스가 신뢰할 수 있는 서술자였다면 두 말할 것도 없이 지루한 소설이 되고 말았을 것이다.

제35장 이국성(異國性) The Exotic

월슨은 반들반들한 분홍색 무릎을 쇠난간에 내민 채 베드포드 호텔 발코니에 앉아 있었다. 마침 일요일이어서 성당의 종소리가 아침 미사 시간을 알리고 있었다. 본드 거리 맞은편에 있는 고등학교 건물의 창가에는, 암청색 제복을 입은 흑인 소녀들이 앉아서 용수철처럼 빳빳한 머리를 웨이브 지게 하려고 무진 애를 쓰고 있었다. 월슨은 갓 기른 콧수염을 매만지며 몽상에 잠긴 채, 진 앤드 비터스를 기다리고 있었다.

월슨은 본드 거리 쪽을 향해 앉아 있었지만, 얼굴은 바다 쪽으로 향해 있었다. 그의 창백한 얼굴이 그가 아주 최근에 배에서 내렸다는 것을 말해주었으며, 맞은편 여학생들에 대한 무관심도 역시 같은 이유였다. 그는 마치 기압계의 한 바늘이 폭풍우로 돌아간 한참 뒤에도 여전히 맑음을 가리키고 있는 느린 바늘과도 같았다. 밑에서는 흑인 서기들이 교회를 향해 가고 있었으나 눈이 부실 듯한 청색과 연분홍색의 애프터눈 드레스를 차려 입은 그들의 아낙네들에게도 월슨은 아무런 흥미가 없었다.

발코니에는 자기 이외에, 일찍이 그의 운세를 점쳐주겠노라고
했던, 터번을 두르고 수염을 기른 인도인이 한 사람 있을 뿐이
었다. 지금은 백인이 모일 시간도 그런 날도 아니었다. 그들은 5
마일 떨어진 해변에 나가 있음에 틀림없었다. 하지만 윌슨에겐
차가 없었다. 그는 도저히 견딜 수 없는 외로움을 느꼈다. 학교
의 좌우에 나란히 늘어선 함석지붕은 바다로 기울어져 있었고,
윌슨의 머리 위 지붕에는 독수리가 내려와 요란스럽게 울고 있
었다.

—그레이엄 그린, 『사건의 핵심』(1948)

•　　•　　•

제국주의와 그 여파는 여행, 탐험 그리고 이주의 엄청난 파문을
지구 전체에 확산시켰고, 당시 작가들은 불가피하게 그 흐름에 휩쓸
릴 수밖에 없었다. 그 결과 과거 150여 년간에 쓰인 많은 소설(특히
영국 소설)이 이국(異國)을 무대로 하게 되었다. 여기서 '이국'이라는
말은 외국을 의미하지만, 그렇다고 해서 반드시 매혹적이거나 황홀
한 것을 의미하지는 않는다. 실제로 그린은 자신의 소설에서 그리 기
분이 좋지 않은, 그의 표현을 빌리자면 '꼴사나운' 외국의 장소를 전
문적으로 다루었다. 그 모든 곳은 그린랜드라고 불리는 상상의 나라
로 분위기상으로는 어느 정도 공통된다. 예를 들어 그가 그리는 하늘
에는 비둘기나 참새보다는 주로 독수리들이 날아다닌다. 하지만 이

렇게 말하고 나면 그의 소설적 배경의 특수성을 놓치기 쉽다.

소설에서 이국성은 '국내'에 있다고 상상되는 독자와 '외국'을 연결하는 매개체이다. 콘래드는 이런 사실을 매우 잘 알고 있었는데(그는 영국 해군에 입대한 폴란드계 이민자로, 대영제국과 그 경쟁국들의 전지구적인 광범위한 활동을 목격했다), 그의 작품들은 제국주의 시대와 불가분 연결되지 않을 수 없었다. 그의 『암흑의 핵심』은 벨기에의 콩고 지배로 인해서 원주민과 식민지화를 추진하는 유럽인들이 겪는 소름끼치는 변화를 추적한 명작이다. 이 작품의 서두에서 콘래드는 서술자인 말로우가 템즈강 어귀에 정박한 배에 탄 선원들에게 이야기를 들려주는 액자형식을 취하고 있다. "그런데 이 땅도 한때는 이 지구의 어두운 구석 중의 하나였겠지"라고 그는 말한다. 그리고 2천 년 전에 갤리선을 타고 온 로마인들의 눈에 템즈강 하구가 어떻게 보였을지 상상하는 것으로 나아간다. "모래톱, 늪, 숲, 야만인들이 있었을 뿐, 문명인들이 먹을 만한 것은 아주 귀했고… 여기저기 밀림 속에 로마군의 야영지가 있었겠지만, 건초 다발 속에 떨어진 바늘 한 개만큼이나 찾아내기 어려웠을 것 아닌가. 도처에 추위, 안개, 폭풍우, 질병, 유배(流配), 죽음밖에 없는데, 죽음은 허공 속에서, 물속에서 그리고 숲속에서 넘보고 있었을 거야." 어떤 영국인이 바쁘고 현대적이며 '진보적인' 유럽을 벗어나 암흑의 아프리카의 위험과 빈곤과 만나기 위해 나아가는 중심 이야기의 전복으로, 말로우의 콩고로의 여행 이야기에 담겨 있는 '야만'과 '문명'이라는 전형에 대한 근본적인 의문이 준비되어 있는 것이다.

그린은 콘래드에 대한 찬사를 여러 차례 기록해 두었으며, 자신이 그의 스타일에 과도하게 영향 받을 것이 두려운 나머지 그의 작품을 읽는 것을 포기해야 했다고 고백한 적도 있다. 전쟁 중인 서아프리카 시에라리온에서 영국대외정보부(MI6)에 근무했던 경험에 토대를 두고 있는 소설 『사건의 핵심』이 콘래드의 『암흑의 핵심』에 대한 경의의 표현을 담고 있는지 여부는 알 수 없다. 하지만 그린의 소설 기법도 콘래드의 그것과 마찬가지로, '국내'와 '외국'을 가리키는 여러 가지 기호를 아주 교묘히 병치시키며 대비시키고 있다. 영국에서 갓 건너 온 인물인 윌슨은 오로지 이국적인 무대를 소개하기 위해 설정된 부수적 인물이다. 일단 이런 목적이 성취되면 이야기의 시점은 오랫동안 그곳에 머물고 있는 경찰관인 주인공 스코비로 이동한다. 그린은 그곳이 어디인지(시에라리온의 수도 프리타운) 곧바로 설명하지 않고 독자에게 추측하도록 하지만, 여기에도 혼란스러운 단서를 흩어놓음으로써 그 일을 복잡하게 해놓고 있다. 베드포드 호텔, 아침 미사 종소리가 울리는 성당, 본드 거리와 고등학교, 이것들은 모두 영국의 도시의 정경처럼 느껴진다. 첫 단락에서 윌슨의 드러난 무릎(이것은 그가 반바지를 입고 있다는 것을 암시한다)과 흑인여성들에 대한 언급만이 이 소설의 배경이 열대 아프리카일지도 모른다는 것을 암시한다. 이런 이중조명적(double-take) 효과에는 식민주의가 이데올로기 지배의 도구이자 자신의 향수병을 완화시키는 수단으로써 자신의 문화를 강요하려는 경향이 선명하게 응축되어 있다. 또한 식민지화되는 측이 이런 흐름에 기꺼이 순응하려 하는 사실 자체에 아이러니와 비애감이 존재한다. 영국 스타일의 교복을 입은 아프리카 소녀들이 헛되게 자신의 머리를 가르려고 하고, 흑인 사무원과 그 부인들이 영국 국교회에 미사를 보러가는 장면들이 그렇다. 『사건의 핵심』이라면 우선은 종교적 신념에 대한 도덕적 책임을 다룬 소설로 생각하기 쉽지만, 그에 못지않게 중요한 의미는 이 작품이 식민주의와 연관된 소설이기도 하다는 사실이다.

내가 앞에서(제14장) 언급한 것처럼 소설에서 묘사란 당연히 선택적인 것이고 인용 부분은 제유라는 수사학적 기법을 통해 부분으로써 전체를 드러내는 기법에 과도하게 의존하고 있다. 윌슨은 자신의 무릎과 창백함과 콧수염에 의해, 아프리카 소녀들은 제복과 용수철 같은 머리에 의해, 그리고 베드포드 호텔은 철로 된 발코니와 물결모양의 철제지붕에 의해 우리의 눈앞에 제시된다. 이것은 그 풍경 속에서 드러나는 무수한 세부사항 가운데 극히 일부에 지나지 않는 것들이다. 은유적인 표현은 오직 한 군데에서만 분명하게 드러난다. 작품 전체를 관통하는 백인과 흑인 간의 대비를 유지하기 위해 'fair'(맑은/공평한)라는 말을 유희적으로 사용하는 기압계의 비유가 대표적이다. 하지만 이 장면의 축어적인 세부사항들에 적용되는 형용사구들은 비유와 유사한 함축과 상호 참조성의 특성을 보여주기도 한다. '반들반들한'(일반적으로 머리에만 사용되는 용어)이라는 표현은 윌슨의 무릎에 털이 없다는 것을 강조하고, 일반적으로 사람에 대해 사용되는 '젊은'이라는 말이 콧수염의 부드러움을 의미함으로써 아프리카 소녀들의 풍성한 머리와 대조를 이루는 것이다. 물론 여기에서는 대조뿐만 아니라 등가성도 발견할 수 있다. 윌슨의 무릎이 쇠난간 밖으로 나가 있는 것은 그가 여전히 상실하지 않은 영국의 공립학교/관료적 정신의 억압성을 상징하고 있으며, 아프리카 여성들에게 성적인 흥미가 없다고 두 번이나 반복적으로 언급하는 대목에도 표현되어 있다. 심하게 곱슬거리는 머리를 펴려고 하는 여학생들의 노력도 자연이 문화에 복종하는 것의 좀 더 명백한 상징이다. 인종을 표현하기 위해 모발을 사용하는 수법은 다음 단락에서도 인도인의 턱수염과 터번으로 계속 이어진다.

비록 이 장면이 윌슨의 시공간적 입장에서 묘사되기는 하지만, "그는 도저히 견딜 수 없는 외로움을 느꼈다"라는 문장에 이를 때까지 그의 주관적인 시점에서 말해지는 것은 아니다. 그 문장에 이를 때까지, 윌슨 자신도 장면 속의 사물의 하나일 뿐이고 윌슨이 알지 못하고 느끼지 못하는 것을 알아채는 서술자에 의해서 묘사되는 하나의 존재일 뿐이다. 그 전지적이며 비인격적인 서술자가 진 앤드 비터스를 기다리면서 고국에 대해 몽상하는 윌슨과 윌슨이 이해할 수 없는 것들 사이의 아이러니한 연관성을 드러내 보여주고 있는 것이다.

제36장 장(章) 구분 Chapters etc.

제2장

나는 성장해서-친척들에게 미움을 받았으며-학교에 보내졌고-할아버지에게 무시당했으며-선생님으로부터 학대받았고-불행에 익숙해졌고-현학적인 사람들에게 맞서려고 했으며-할아버지에게 드나들지 못하도록 금지당했으며-할아버지의 상속에서 제외되었으며-가정교사의 이빨을 부러뜨린다.

— 토비아스 스몰릿, 『로더릭 랜덤의 모험』(1748)

제10장

층계 하나를 내려가는 사이에 일어난 일로 두 장을 채운다는 것은 너무 심한 일이 아니겠습니까? 사실 우리는 이제 겨우 첫 번째 층계참에 도달했을 뿐이며, 밑바닥까지는 모두 열다섯 개의 계단이 남아 있으니, 아버지와 토비 삼촌의 수다스러운 분위기로 미루어, 아마도 계단 수만큼의 장이 필요할 것 같은데-설사 그렇게 된다 해도, 선생님, 내가 내 운명을 어찌할 수 없는 것처럼 속수무책일 따름입니다―갑작스런 충동이 마음에 스치는군요―막을 내려라, 샌디―나는 막을 내립니다―종이를 가로질러 금을 그어라, 트리스트럼―내가 금을 그으니―보세요. 새 장이 되었습니다!

여기서 내가 지켜야 할 무슨 규칙이라도 있단 말입니까―만약 있다면―나는 무슨 일을 하든 어떤 규칙도 따르지 않기로 결심했기 때문에―그 규칙을 비틀어 갈기갈기 찢은 다음, 불 속에 던져버리겠습니다―따뜻하냐고요? 물론, 따뜻합니다―사람이 규칙을 따라야 하는가―아니면 규칙이 사람을 따라야 하는가? 멋진 이야기 아닙니까!

― 로렌스 스턴, 『트리스트럼 샌디』(1759-1767)

제13장
나, 사랑에게 버림받는다면,
침구에 눕지 않고,
아더의 왕좌를 침대로 하고,
성(聖) 안톤의 샘에서 마실 물을 구하리.

<옛노래>
― 월터 스콧, 『미들로디언의 심장』(1818)

제1장
여자이기 때문에 착한 행동도 할 수 없기에,
그에 가까운 것을 끊임없이 찾는답니다.

보먼트와 플레처 공저 『처녀의 비극』에서
― 조지 엘리엇, 『미들마치』(1871-1872)

……그녀는 행복할 권리가 있다. 프랭크가 그녀를 두 팔로 껴안고, 꼬옥 감싸줄 것이다. 그가 그녀를 구원해줄 것이다.

*   *   *

그녀는 노스 월 선착장의 떠들썩한 사람들 사이에 서 있었다. 그는 그녀의 손을 잡고 있었고, 그녀는 그가 항해에 대한 무슨 얘기를 거듭거듭 하고 있다는 것을 알고 있었다.

— 제임스 조이스, 「이블린」(1914)

●   ●   ●

사람들은 소설을 장으로 구분하는 것을 마치 담화를 문장과 단락으로 구분하는 것처럼 당연시하는 경향이 있다. 하지만 사실 그리 당연한 것은 아니다. 예를 들어 초기 영국소설을 대표하는 디포의 소설을 보면 장(章)과 같은 구별 없이 문장이 방해받지 않고 지속되고 있다. 디포의 경우에서 알 수 있듯이, 그것이 작가 자신의 문학적 정교함의 부족 때문인지, 아니면 사전의 계획이나 구성없이 자신들의 삶의 이야기들을 지면에 쏟아내는 게으르고 비전문적인 서술자의 모습을 교묘하게 흉내 내고 있는 것인지를 판단하기란 쉽지 않다. 그 이유가 어떻든 간에, 이것은 독서 경험을 어느 정도 지루하게 만들고 특히 서술되는 내용에 대해 상당히 혼란스럽게 느끼게 한다. 예를 들어 몰 플랜더스의 수많은 편력을 파악하기란 쉽지 않으며 또한 텍스트를 반복해 읽음으로써 그것을 확인하는 것도 어렵다.

하나의 긴 텍스트를 좀 더 작은 단위로 나눔으로써 다양한 효과를 기대할 수 있다. 우선 사이를 둠으로써 이야기도 독자도 이를테면 숨 돌릴 여유를 얻을 수 있다. 이런 이유로 장(章)을 나누는 것은 이야기 속에서 시간이 변하고 장소가 바뀌었다는 것을 나타내는 데에 유효하다. 새커리가 놀람과 서스펜스의 효과를 강조하기 위해서 연극에서 커튼이 내려지는 것처럼 한 장(章)의 마지막 문장을 활용하는 방식에 대해서는 앞서 언급한 바 있다(제15장 참조). 포스터도 앞서 인용한 『하워즈 엔드』의 단락에서 이와 비슷한 효과를 보여준다(제2장 참조). 새로운 장을 시작하는 것은 그것만으로도 유효한 표현효과 혹은 수사효과를 얻을 수 있지만, 특히 장 제목이나 인용 혹은 내용의 요약 등의 형식으로 제사(題詞)가 붙게 되면 한층 효과적이다. 예를 들어 스몰릿의 장(章)-요약문은 마치 영화의 예고편과 같이, 흥미진진한 일이 일어날 것을 독자들에게 기대하게 만드는 효과가 있다. 그것은 어떤 의미에서는 이야기의 전개를 미리 '누설'하지만 흥미를 반감시킬 만큼 자세하게 보여주지는 않는다. 이러한 장(章)의 요약문은 그의 소설이 지닌 활기차고 급박하며 격렬한 묘미를 멋지게 전달해주고 있다.

일반적으로 작가가 리얼리즘을 추구할수록 소설 텍스트를 구성하는 하나의 요소로서 이런 장의 구분을 경시하기가 쉽다. 반대로 문학적인 기교를 중시하는 작가들은 무턱대고 이것을 사용하는 경향이 있는 것 같다. '장'(章)이라는 말 자체가 소설의 창작과정을 생각해보게 만든다. 이미 살펴본 것처럼 스턴은 이 말을 사용하여 피서술자의 역할을 연출하여, 트리스트럼이 독자인 여성의 부주의를 꾸짖으며, '앞 장을 정말 부주의하게' 읽었다고 말하게 한다(제17장 참조). 위에서 인용한 부분은 『트리스트럼 샌디』의 제4장 부분인데, 여기서 서술자 트리스트럼이 묘사하고 있는 것은 그가 태어난 당일 아버지와 토비 삼촌이 나눈 대화이다. 전통적인 소설일수록 이런 대화가 장으로 구분되지는 않지만, 스턴은 등장인물들의 수다스러움을 구실로 해서 창작에 관한 관례적인 '규칙'을 무시하고 기분 내키는 대로 새로운 장을 시작한다. 실제로 이것은, "내가 자러 가기 전에 쓰겠다고 약속했던, 장에 대한 장"으로 밝혀진다. 그는 이 주제에 대해 일반적으로 받아들여지는 지혜를 정리해 말하기를, "장은 머리를 쉬게 해주고―상상력을 도와주거나 혹은 속이며―그리고 그런 극적인 작품에 관해서는, 장면의 전환처럼 필요하다"고 하는데, 결국 이런 언급은 '보잘것없는 발상'으로 기각되고 마는 것이다. 그는 독자에게 롱기누스를 읽어볼 것을 권한다. "만약 당신이 그것을 한 번 읽고 조금도 현명해지지 않았다면, 두려워하지 말고, 한 번 더 읽기를 바란다." 『트리스트럼 샌디』의 많은 부분이 그렇듯이 장에 관해 이야기하는 장은 정교하면서도 함축적인 농담이 된다.

월터 스콧은 인용문을 상호텍스트성을 나타내는 표지와 같은 형태로 장의 제목처럼 사용하는 것을 유행시킨 장본인이다. 스콧의 인용은 그 자신이 열심히 수집한 옛 민요에서 발췌한 것이 많다. 이런 인용들은 여러 가지 기능을 한다. 그 하나는 주제에 관한 것이다. 예를 들어 『미들로디언의 심장』의 제8장 서두에 있는 '옛노래'의 인용은 이야기의 핵심에 관한 중요한 요소와 관련되어 있다. 즉 여주인공인 지니 딘스의 여동생인 에피 딘스는 서출(庶出)인 자신의 아이를 살해한 혐의로 기소되는데 '옛노래'의 일절은 그녀의 비극을, 다시 말해 젊은 여인이 연인에게 유혹되어 결국은 버림받는다는 판에 박은 이야기의 오랜 전통을 계승하는 것으로 만든다. '아더의 왕좌'(에딘버러를 내려다보는 언덕)와 성 안톤의 샘에 대한 언급은 이 모티프를 하나의 특정한 지역적 배경과 연결 짓는 역할을 담당하는데, 이것은 스콧이 특히 즐겨 사용했던 장면설정이었으며 당시 독자를 끌어들이는 매력이 있었다. 이처럼 반복적으로 옛노래나 민요를 인용함으로써 전지적 서술자는 스코틀랜드의 역사와 문화와 지형에 관한 박식한 안내자로서 확고한 신뢰를 얻게 되는 것이다.

이것은 19세기에 성행했던 수법이었으며, 엘리엇 같은 작가도 즐겨 사용하곤 했다. 그녀가 사용한 제사(題詞)는 일류는 아니더라도 어느 정도 지위를 확보한 작가들로부터 가져온 것이 많은데, 『미들마치』의 도로시아 브룩을 소개하기 전에 제시되는 2행의 인용문의 출전인 엘리자베스 시대의 극작가 보먼트와 플레처 등은 그 좋은 예이다. 이 인용문은 젠더 때문에 갈등을 빚는 도로시아의 이상주의를 강조하고 있다. 그것은 또한 엘리엇이 독자에게 주고자 했던 자신의 인상, 이를테면 지적 수준에 있어서 그녀가 남성에 전혀 뒤지지 않는 학구적인 작가라는 인상을 강화한다.

엘리엇이 작자 미상의 시를 인용하는 경우, 그것은 대개 자신이 직접 지은 시일 경우가 많다. 키플링은 출처가 불분명한 것을 제사(題詞)로 활용하는 관습을 극단까지 몰고 갔다. 앞에서 살펴본(제7장 참조) 『배서스트 부인』의 서두에는 긴 인용문이 실려 있는데, 그 출전은 '고전극' 등으로 되어 있지만 실제는 키플링 자신이 어떤 궁정의 하인이나 익살꾼의 죽음을 17세기의 극적 산문을 활용해 모사한 혼성 모방 작품이다. 그 자체를 해석하기가 극도로 곤란하긴 해도 거기에는 이야기를 해석하기 위한 중요한 실마리가 숨겨져 있다. 예를 들어 "그를 죽음에 이르게 한 것이 그녀 자신의 행위였다는 사실을 알지 못했다. 아니, 그렇게 하기보다 자신의 죽음을 택했어야 했다. 왜냐하면 그녀는 그를 사랑했기 때문이다"라는 구절은, 비커리의 시체 옆에서 발견된 또 다른 시체 한 구가 배서스트 부인이라는 해석을 배제하고 있는 것처럼 읽히는 것이다.

물론 『배서스트 부인』에는 장의 구분이 없다. 비록 한줄 비워두기 등으로 텍스트 속에 구획이 지어져 있기는 해도 단편소설이 장으로 구분되어 있는 경우는 거의 없다. 예를 들어 조이스의 「이블린」은 연인인 선원과 계획한 사랑의 도피를 목전에 두고 창가에 앉아 있는 여주인공의 의식의 묘사로부터 이야기가 시작되지만, 텍스트 속에는 별표에 의해 단절된 부분이 있고, 그 다음 부분은 "그녀는 노스 월 선착장의 떠들썩한 사람들 사이에 서 있었다"라고 시작된다. 텍스트의 단절된 부분에 의해서 이블린이 집에서 선착장까지 어떻게 도달했을까하는 것과 같은 이야기와는 직접 관계없는 부분을 건너 뛰어,

장면은 절정부로 전환되는 것이다.

소설 텍스트를 나누고 구분을 표시하는 방법은 매우 다양하다. '권', '호', 숫자를 매긴 장, 숫자를 매기거나 혹은 매기지 않은 하부 장 등이 있다. 일부 작가들은 이 문제에 대해서 놀라울 정도로 많은 생각을 하고 형식의 확실한 대칭을 얻기 위해서 고심한다. 예를 들어 필딩의 『톰 존스』는 198장이 전체 18권으로 구성되어 있는데 첫 6권은 시골을, 다음 6권은 길 위를, 그리고 마지막 6권은 런던을 배경으로 하고 있다. 특정 시기에서는 소설의 발행과 유통의 방법도 소설의 형식에 영향을 미쳤다. 예를 들어 19세기에 주류를 이루었던 소설의 출판 형식은 3권 분권 형태였는데 그것이 순회도서관의 편의성에 좀 더 적합했기 때문이었다. 3권으로 나누어졌기 때문에 동시에 세 명의 독자에게 같은 소설을 읽게 하는 것이 가능했기 때문인데, 동시에 이런 관습 때문에 작가들이 자신의 소설을 구상할 때 애초부터 3부 구성을 의식하게 되었다고도 할 수 있다(예를 들어 오스틴의 『엠마』는 3부로 나누는 것이 가능하다). 빅토리아 시대의 소설 중에는, 그것이 단독 출판이든 잡지 연재든 간에, 원래 분책과 연재형식으로 출판된 것이 많고 그것이 가장 최종적인 소설의 완성품 형태에 영향을 미치게 되었다. 디킨즈가 주간 분책 형태로 연재했던 『어려운 시절』과 『위대한 유산』 등과 같은 소설의 각 장들은, 『돔비와 아들』과 『황폐한 집』처럼 월간 분책으로 출판된 소설의 장들보다도 훨씬 길이가 짧다. 잡지 연재의 경우에는 아주 균등한 길이로 이야기를 분할하지 않으면 안 되었던 경우도 많았다.

이 주제에는 두 가지 측면이 있는 것 같다. 그 하나는 텍스트가 작은 단위로 나누어지고 배분되는 순수하게 공간적인 측면이다. 이것은 이야기 전체의 구조와 구성의 단서가 되는 경우가 많고, 또한 책을 읽는 속도에도 영향을 미친다. 그것이 구현하고 있는 대칭성의 측면에서는 시의 형식과도 일맥상통하는 점이 있다. 또 다른 하나는 의미론적 측면이다. 각 장의 머리말이나 제사 등을 통해서 이런저런 의미를 덧붙이는 것이 가능하게 된다. 이 점에 관해 나 자신은 어떤 방법을 택했는지를 생각해보면, 창작 중인 작품의 성격에 따라 이런저런 대응을 생각해왔던 것 같다. 이번에 살펴보기 전까지는 잊고 있었던 것이지만, 내 첫 번째 소설인 『영화팬』에는 장 구분이 없다. 대신 3부(部)로 나누어져 있으며, 그 각각이 어느 주말의 사건을 취급하고 있다. 각 부는 한 줄 비워두기 아니면 구분을 보다 확실히 하기 위해 별표로 세분화되어 있는데, 이 형식은 이야기의 성격을 생각해서 결정한 것이었다. 그러니까 같은 시간에 다른 장소에 있는 인물간의 시점의 이동과 장면의 전환을 상당히 빈번하게 행할 필요가 있었기 때문이다. 장면을 전환할 때에 사용한 공백은 영화에 있어서의 '컷'과 동일한 기능을 수행한다. 내가 최초로 장 구분을 한 것은 『영국박물관 무너지다』로, 그것은 문학적인 구성을 의식하고 쓴, 많은 패러디적 요소를 포함한 코믹소설이다. 각 장의 서두에는 영국박물관 열람실에 관해 쓰인 재미있는(또는 그렇게 생각되는) 인용을 실었는데, 이런저런 문학연구의 절차가 희화적으로 묘사되어 있다. 『교환교수』의 경우에는 <비행>, <이주>, <통신>, <독서>, <교환> 등등의 장 제목이 붙은 번호로 나누어져 있다. 그리고 『얼마나 멀리까지 갈 수 있나』도 이와 유사하게 나누어져 있는데 그 각각은 <어떻게>라는 단어로 시작된다. <어떻게 그렇게 되었나>, <어떻게 그녀들은 처녀성을 잃었을까>, <어떻게 지옥의 공포를 잊었을까> 하는 식으로 말이다. 말하자면 이런 작업은 유사표현의 반복에 의해서 장 제목의 의미수준에 대칭성의 요소를 도입하고, 특히 장의 길이의 고르지 못함을 보충하기 위한 것이었다고 할 수 있다. 소설가에게 대칭성의 문제는 독자가 작품에서 느끼는 것보다 더욱 중요한 문제인 것이다.

제37장 전화 The Telephone

그는 로비로 나와, 전화 있는 곳으로 갔다. "여보", 하고 그가 말했다.

"라스트 씨이신가요? 브렌다 부인으로부터 전갈을 받았습니다."

"그녀를 대주시오."

"부인께서는 직접 말씀하실 수 없구요. 저보고 대단히 미안하지만 오늘밤 선생님을 만나뵐 수 없다고 전하라고 했어요. 부인께서는 대단히 피곤하셔서 댁에 가셔서 자리에 드셨습니다."

"내가 말하고 싶다고 전하시오."

"죄송하지만 그럴 수 없군요. 부인께서는 이미 잠자리에 드셨거든요. 대단히 피곤해 하십니다."

"대단히 피곤해서 자리에 들었다고?"

"그렇습니다."

"그래도 말해야겠소."

"안녕히 주무십시오" 하고 상대방이 말했다.

"그 늙은 친구 취했는데," 하고 비버는 전화를 끊으면서 말했다.

"저런, 그에게 좀 안 됐다는 생각이 들어요. 하지만 이렇게 갑자기 올라와서 어쩌자는 거지? 이렇게 갑자기 찾아오지 못하도록 교육을 단단히 시켜야겠어요."

"그 친구 이런 짓 가끔 하오?"

"아니에요. 안하던 짓이에요."

전화벨이 울렸다. "또 그 사람일까요? 이번엔 제가 받을게요."

"브렌다 라스트 부인 부탁합니다."

"토니, 여보, 저예요. 브렌다."

"어떤 멍청한 녀석이 당신 못 대주겠다고 하던데?"

"저녁 식사를 하고 있던 곳에다 그렇게 전해달라고 부탁을 했었어요. 당신, 잘 지내고 계세요?"

— 이블린 워, 『한 줌의 흙』(1934)

●　　●　　●

전화는 현대 생활에서 너무나 친숙하고 도처에 있는 물건이기 때문에, 보거나 만질 수 없는 상태에서 누군가와 말하거나 말을 듣는다는 것이 이전 세기의 사람들에게 얼마나 부자연스러웠을지를 우리는 쉽게 망각하곤 한다. 통상적으로 말하는 사람끼리 같은 자리에서 나누는 대화의 경우, 표정과 몸짓에 의해서 여러 가지 의미와 뉘앙스를 부연할 수가 있고 경우에 따라서는 그런 비언어적 수단(어깨를 으쓱하는 것, 상대방의 손을 꽉 쥐는 것, 눈썹을 치켜뜨는 것 등등)만으로도 뜻을 전달하는 것이 가능하다. 최근에 비디오폰이 발명되기까지(물론 여전히 발전 초기 단계에 머물러 있지만), 전화로 대화를 나누는 사람들은 이런 의사소통의 수단들을 활용할 수 없었다. 같은 이유로 전화 통화 시에 서로 볼 수 없다는 사실은 상대방을 속이는 데 이용되거나, 대화자들 간에 쉽게 혼란, 오해 그리고 낯설음을 유발할 수 있다. 그러므로 전화는 서사적 잠재력이 풍부한 도구이다.

이블린 워는 소설에서 대화가 지닌 표현력에 특히 관심을 기울인 작가 세대에 속하는데, 여기에는 헨리 그린, 크리스토퍼 이셔우드, 아이비 콤프턴-버넷 등이 있다. 그들의 작품은 이 책에서 '표면에 머무르기'라고 일컬었던 기법(제25장 참조)으로 기우는 경향이 있다. 즉 등장인물들이 스스로 말하는 이야기를 통해서 자신의 본성을 전달하고 무의식중에 내력을 폭로하여 결과적으로 자신에 대한 부정적 판단을 제공하게 되지만, 서술자는 도덕적 논평과 심리적인 분석을 삼가고 냉정하게 거리를 유지하는 것이다. 따라서 워가 영국 작가 중에서 한층 일찍 현대 사교생활에 있어서 전화의 중요성과 그것이 내포하는 희극적이고 연극적인 잠재성을 발견한 것도 놀라운 일은 아니다. 두 번째 작품인 『추잡한 사람들』(1930)에서 전화는 큰 비중을 차지하는데, 그 작품의 한 장(章)은 통째로 주인공 남녀가 나누는 두 차례의 통화로 구성되어 있다. 주석은 일체 덧붙여지지 않으며 '―는 말했다'라는 발화표지도 없이 대화가 진행되는 가운데, 두 사람의 약혼은 취소되고 여자는 남자의 친한 친구와 다시 약혼했다는 것을 알리게 된다. 사용되는 어휘는 진부하고 형식적이다. 두 사람 모두 "그래?(well?)", "그렇군"이라는 말을 반복하지만, 실제로 사태는 무엇 하나 호전(well)되지 않으며 그들은 서로를 마주 볼 수 없으며, 그런 사실이 우스우면서도 슬픈 효과를 야기한다. 위에 인용한 『한 줌의 흙』의 일절도 마찬가지다.

남편 토니와 함께 어마어마한 대저택에 사는 것에 지루해 하던 브렌다 라스트는 무일푼의 한량인 존 비버와 불륜에 빠지고 경제학 강의를 듣는다는 핑계로 시종 런던에 체류한다. 그러던 어느 날 토니가 예기치 않게 런던에 나타나고 아내가 저녁 식사를 하는 것을 목격한다. 낙담한 기분을 전환시키려고 토니는 클럽으로 발을 옮기고, 옛 친구인 멘지스와 그곳에서 시간을 보낸다. 거기서 그는 전화로 브렌다의 메시지를 전달받게 된다.

대화를 하면서 상대방을 볼 수 없는 전화의 특성에서 우선 생겨나는 것은 희극적인 효과다. 토니의 입에서 나오는 정감있는 '여보'라는 말에는 정체가 분명치 않은 제삼자의 매우 형식적인 대응이 뒤따른다. 상대방이 말을 전하려 한다는 것이 토니에게는 이해하기 어려운 것처럼 보이는데, 토니는 술에 취한 사람의 집요함으로 자신의 부인과 통화하고 싶다고 반복해서 말한다. 이 부분에서는 희극적인 것뿐만 아니라 비애감도 느껴진다. 절망적인 고독에 처해있는 토니는 점점 더 자신을 피하려 하는 아내와 대화하고 싶어하고, 그녀가 자신으로부터 떠나가고 있다는 것을 깨닫지 못하기 때문이다. "부인께서는 이미 잠자리에 드셨거든요"라는 말에서, 이 제삼자는 브렌다가 식사를 했던 장소에서 전화하는 것이라고 독자는 상상하게 된다. 그런데 얼마 지나지 않아 사실은 그가 비버였으며 브렌다와 함께 아마도 침대에 있을 것이라는 것을 우리는 알게 되지만, 물론 토니는 그런 사실을 여전히 알지 못한다. "'그 늙은 친구 취했는데,' 하고 비버는 전화를 끊으면서 말했다"라는 문장은 언뜻 보면 단순해 보이지만 절묘하다. 토니가 어떻게 속아 넘어갔는지에 대한 폭로가 지연되면 될수록, 그리고 부가문에 의해서 슬며시 암시되면 될수록 효과가 더욱 커진다. 여기서 발화된 말들은, 그것이 다른 맥락에서였다면 애정 있고 친숙한 것처럼 보였을 테지만, 이 장면에서는 오직 경멸과 냉담 그리고 어떠한 양심의 가책도 없다는 사실만을 보여줄 뿐이다. 브렌다는 토니에게 '좀 안 됐다는 생각'을 하지만, 바로 다음 순간, "이렇게 갑자기 올라와서 어쩌자는 거지?"라고 말하면서 오히려 그에게 잘못이 있다고 암시함으로써 정상적인 윤리를 전복시킨다. 이것이 이 소설의 반복적 모티브이다.

전화벨이 다시 울리고, 또다시 토니는 브렌다를 바꿔달라고 요구한다. "토니, 여보, 저예요. 브렌다." 여기에서는 코미디와 배신이 절묘하게 합쳐져 있다. 토니는 또다시 오해하고, '여보'라는 위선적인 애칭에 의해서 브렌다의 배신은 배가된다. 토니가 브렌다와 통화하고 싶다고 말하는 것은 비논리적이다. 왜냐하면 그는 한밤중에 너무 좁아서 그가 함께 있을 수 없는(그는 현재 클럽에 머물러 있다) 아주 작은 아파트에 전화를 했기 때문이다. 그러니까 만일 누군가 전화를 받는다면 그것은 그녀여야만 하는 것이다. 술에 잔뜩 취한 탓에 토니는 이 전화와 조금 전까지 브렌다가 있었던 장소에서 연락해왔던 '어떤 멍청한 녀석'과의 대화를 혼동하고 있는 것이다. 그러나 물론 이러한 '실수'는 단순한 것이 아니다. 브렌다는 재빨리 위험을 예측하고서 다음과 같은 거짓말을 떠올린다. "저녁 식사를 하고 있던 곳에다 그렇게 전해달라고 부탁을 했었어요"라고 말이다.

소설 속의 모든 대화는 어떤 의미에서는 전화통화와 유사하다. 연극과는 달리 소설은 말하는 사람의 육체적인 현존 없이 대화를 진행하지 않으면 안 되기 때문이다. 실제로 소설의 대화에는 육성이 지닌 음색과 어조조차도 결핍되어 있다. 일부의 작가들은 그것을 보완하려고 말하는 방법을 묘사하는 어구를 첨가하기도 하지만("'아니오', 그는 쉰 목소리로 속삭였다", "'맞아요!' 하고 그는 흥분해서 소리쳤다"), 위는 맥락을 통해 의미를 전달하는 방식을 취하고 있다. 독자가 등장인물들의 말을 머릿속에서 소리로 만들어서 그 말의 공허함과 잔인성 그리고 연민 등을 스스로 판단하도록 유도하는 것이다.

내가 이 글을 쓰고 있을 때, '순(純) 전화소설'이라고 해도 지나치지 않을 작품이 출판되었다. 미국 작가인 니콜슨 베이커의 『복스 Vox』(1992)가 그것이다. 베이커는 그때까지 아주 독창적인 '미니멀리즘' 계열의 소설을 세 권 발표한 바 있는데, 이 작품의 영국판 표지에는 '폰섹스에 관한 소설'이라는 정확한 설명이 붙어 있다. 사실 이 소설은 몇 번인가 '—라고 말했다'와 같은 부가문이 있는 것을 제외하면,

거의가 성인 전화선을 유일한 끈으로 삼고 있는, 북미 지역의 동서 연안에 사는 한 쌍의 남녀가 나누는 오랜 대화만으로 이루어져 있는 작품이다. 그들은 자신들의 성적인 취향, 환상, 체험 등과 연관된 서로의 흥분을 유도하는 상세한 정보를 교환하고, 결국에는 자위행위를 통해 동시에 오르가즘에 이른다. 전화를 성적인 흥분과 발산의 도구로 사용하는 것만큼 의사소통의 수단으로써의 전화에 구비된 부자연스러움을 웅변적으로 보여주는 것도 아마 없을 것이다. 일반적인 성행위에서라면 필요불가결하다고 생각되는 육체적 접촉과 삽입이 여기에는 철저하게 배제되어 있기 때문이다. 이와는 반대로 혹자는 폰섹스가 자위행위의 도착성을 놀랄 만큼 보여준다고 말할 수도 있을 것이다. 이런 내용 때문인지 당연하게도 『복스』는 상당히 다양한 반응들을 양산하는 논쟁적인 소설이 되었다. 이 소설은 일종의 고급한 포르노그라피인가 아니면 에이즈의 시대에 성관계의 불모 상태에 대한 가차 없는 고발인가? 그것도 아니면 두 사람이 협력해서 순수한 쾌락을 달성하는 능력을 축복하는 작품인가? 작가는 일관되게 대화형식을 사용함으로써 이런 질문에 대한 답을 내놓을 책임을 전면적으로 독자의 몫으로 남겨두고 있다. 물론 독자가 그 질문에 대답할 책임은 없지만 말이다.

제38장 초현실주의 Surrealism

나는 몸을 흔들면서 그곳을 벗어나려고 했지만, 무릎이 너무 떨린 탓인지, 계단 쪽으로 나아가는 대신에, 게처럼 옆으로 기듯이, 성큼성큼 냄비에 가까이 가게 되고 말았다. 내가 충분히 가깝게 오자, 그녀는 돌연, 날카로운 나이프를 내 등에 꽂았다. 통증에 비명을 지르면서 나는 끓고 있는 수프 속으로 함께 뛰어들게 되었고, 동석했던 동료들인 인삼 한 뿌리와 당근 두 개의 곤욕을 무시한 채, 엄청난 고통이 닥쳐와 몸이 굳어졌다.

첨벙, 하는 소리에 뒤이어 땅울림과 같은 소리가 울렸고, 나는 냄비 바깥에 서서 수프를 휘젓고 있었다. 수프 속에서 나 자신의 육체가, 다리를 위로 하여, 거기에 있는 뼈 있는 쇠고기와 다름없는 모양으로 흥겹게 끓고 있었다. 나는 약간의 소금과 후추를 더한 뒤에, 화강암 접시에 적당량을 펐다. 수프는 부야베스 스튜만큼 훌륭하지는 않았지만, 나름대로 괜찮은 수프였고, 특히 추운 날씨에는 제격이었다.

철학적 견지에서, 나는 어느 쪽이 나일까 하고 생각했다. 동굴의 어딘가에 잘 닦인 흑요석(黑曜石)이 있을 것 같다는 생각이 들었다. 거울로 쓰려고 주변을 돌아보았다. 그렇다. 그것은 박쥐 둥지 옆 모퉁이에 매달려 있었다. 나는 그것을 들여다보았다. 처음에 냉소적으로 나를 비웃고 있는 타르타로스의 산타 바바라의 여수도원장의 얼굴이 보였다. 그녀가 사라지고 나자 이번에는 여왕벌의 거대한 두 눈과 더듬이가 보였고, 벌이 윙크를 하고 나서 나 자신의 얼굴로 변해버렸는데, 흑요석의 검은 표면 탓인지, 피부의 거칠음도 약간 덜한 것처럼 보였다.

— 레오노라 캐링턴, 『귀 나팔』(1976)

●　　●　　●

初현실주의는 문학보다는 미술에서 보다 잘 알려져 있다. 그에 대한 정의도 미술 쪽이 용이하고, 달리, 뒤샹, 마그리트와 에른스트라고 하면 현대 미술사에서 흔들리지 않는 위상을 부여받는 초현실주의 계열의 작가들이다. 이 예술사조에는 문학적 분파도 있는데, 그것은 1920년대와 30년대에 초기 모더니즘과 다다이즘 실험의 연장선상에서 탄생했다. 사실, 초현실주의 최대의 이론가는 시인 앙드레 브르통이었다. 그는 이 운동이 "지금까지 무시되어져 왔던 특정 종류의 연상형식의 지고(至高)함, 그러니까 꿈의 전능함과 사고의 공평무사한 유희 등에 대한 믿음"에 기초를 두고 있다고 선언했다.

캐링턴은 초현실주의자로서는 예외적으로 시각예술과 언어예술

양 분야에서 균형있게 활동했던 예술가이다. 최근 런던의 서펜타인 갤러리에서 열렸던 그녀의 그림 회고전은 큰 반향을 불러일으켰고, 지금까지 수십 년에 걸쳐 드문드문 출판되고 번역되어온 그녀의 장편소설과 단편소설도 특히 페미니스트들 사이에서 주목을 받고 있다. 영국 출생인 그녀는 제2차 세계대전 이전 파리에서 꽃을 피운 초현실주의의 전성기의 일원으로서 에른스트와 수년간 동거하고 나서 멕시코와 미국 등지로 이주했다. 안젤라 카터와 자넷 윈터슨과 같은 오늘날의 여성작가들은 가부장적 문화의 전제를 전복하기 위해 초현실주의 풍의 기법을 자주 사용하는데, 그런 포스트모더니즘적인 실험의 상당 부분이 캐링턴에 의해서 선취되었다는 점이 오늘날에는 인정되고 있다.

초현실주의는 내가 앞에서 설명한 마술적 리얼리즘(제24장 참조)과 동일하지 않지만, 이 둘 사이에는 분명한 유사점이 있다. 마술적 리얼리즘에서는 현실과 환상 사이에 항상 긴장이 존재한다. 거기에서는 일어날 법하지 않은 사건이 현대사가 배태하는 극도의 역설을 드러내는 일종의 은유가 된다. 그것이 초현실주의에서는 은유 자체가 현실이 되고 이성과 상식의 세계를 지워버린다. 초현실주의가 스스로의 예술을 비유할 때에 언급하고 또 자주 그 창작 활동의 원천이라고 주장하는 행위는 꿈꾸는 것인데, 프로이트가 예시한 것처럼 꿈속에서는 무의식이 깨어 있을 때 작동하는, 논리성에 구애받지 않는 생생한 이미지와 놀라운 서사를 통해서 자신의 숨겨진 욕망과 공포를 드러낸다. 영어로 쓰인 최초의 위대한 초현실주의 소설은 이론의 여지없이 『이상한 나라의 앨리스』로 꿈에 관한 작품이다. 이 소설의 영향력은 캐링턴의 『귀 나팔』에서 인용한 위의 대목에서도 찾아볼 수 있다. 잔인하고 그로테스크한 것이 익숙하고 익살스러운 것과 섞이고, 환상적 사건들이 사실적인 서술로 제시되는 것에 그 영향이 느껴지며, 흑요석 거울에 얼굴이 교체되어 나타나는 것도 어딘가 『이상한 나라의 앨리스』에 등장하는 체셔 고양이의 장면을 연상시킨다.

이 작품의 서술자는 90세의 마리온 리더비라는 영국 여인인데, 그녀는 아들 갤러해드와 며느리 뮤리엘과 함께 멕시코에 사는 것으로 여겨진다. 마리온은 귀가 심하게 안 들리는데, 어느 날 그녀의 친구인 카멜라로부터 놀라울 정도로 감도가 좋은 보청기를 받고, 그 도움으로 자식 내외가 자신을 양로원에 집어넣으려고 의논하고 있다는 사실을 듣게 된다. 이 전반부는 아주 유쾌하고 문체도 기발하며 파괴적이지만, 정신이 맑지 않은 늙은 여인의 내적 사고라는 설정 탓인지 그것이 조금도 부자연스럽지 않다.

시간은, 누구나 아는 것처럼, 흘러간다. 시간이 아주 똑같은 방식으로 돌아올 것인지 어떤지는 의심스럽다. 이 자리에 없기 때문에 이제까지 이름을 거론하지 않았던 어떤 친구가 나에게 말한 바로는, 분홍 우주와 푸른 우주가 두 무리의 벌떼들처럼 입자 상태로 서로를 가로지르며, 서로 다른 색깔의 보석이 부딪힐 때 기적이 일어난다. 일관성 있게 설명할 자신은 없지만 이 모든 것은 시간과 관련되어 있다.

그렇지만 일단 마리온이 양로원의 문지방을 넘게 되면 사건은 점차 일상적 궤도를 벗어나게 된다. 이를테면 그녀가 머무는 공간에서는,

실제 가구는 흔들거리는 의자와 조그마한 테이블밖에 없었다. 나머지는 전부 그려진 것들이었다. 그러니까, 벽에는, 거기에 없는 가구가 그려져 있다. 그것은 너무 정교하게 그려져 있어서, 나도 처음에는 속았을 정도였다. 그려진 양복장과, 책과 그 제목까지 적혀있는 서가를 나는 열려고 했다. 바람에 흔들리는 커튼이 달린 열린 창문, 아니 그것은 만일 실제의 커튼이었으면 분명히 흔들렸을 것이지만…… 이런 일련의 평면적 가구는, 유리문에 코를 부딪치는 것처럼, 이상하게 힘이 빠져버리는 것이었다.

이 양로원은 인생의 중반에 신앙에 눈을 뜬 한 독재적인 기독교도 원장에 의해 운영되고 있다. 식당의 벽에 걸린 불가사의한 미소를 짓고 있는 수녀의 초상화에 영감을 받아, 서술자와 그의 친구들은 힘을 합쳐 이 원장에 대한 반란을 일으킨다. 이 초상화의 수녀는 18세기에 살았던 수녀원장으로 성자의 반열에 오른 인물이지만, 사실은 아프로디테 신앙과 관련된 풍요의 여신과 같은 '태초의 어머니'의 숭배자였던 여성이며, 서술자의 앞에는 여왕벌의 자태를 지니고 나타난다. 이야기는 성배전설의 신-이교주의(neo-pagan) 페미니스트 판본이라고도

불러야 할 방향으로 전개되어, 새로운 빙하시대와 대지진이라고 하는 세상의 종말을 생각하게 하는 자연현상이 일어나 그 진전을 더욱 촉진한다. 탑이 무너져서 계단이 나타나고, 서술자는 그 계단을 따라가 지하세계에 들어가는데, 그곳에서 그녀는 커다란 솥을 젓고 있는 자신의 분신과 만나고 인용문에 서술되어 있는 체험을 하게 되는 것이다. 주체가 보는 자와 보이는 자로, '고기'와 요리사로 분열되고 만다는 것은 꿈과 흡사한 분위기를 불러일으키며, "나는 약간의 소금과 후추를 더"했다는 일상적인 세부묘사가 식인행위의 폭력적이고 그로테스크한 이미지와 병치되는 것과 동일한 효과를 야기하고 있다. 이런 유머러스한 묘사 자체가 초현실주의 예술의 특징으로, 그것이 없었다면 초현실주의는 단지 거만하게 구성되어 있는 지루하고 자기도취적인 작품이 되기 십상이다. 다행히도 캐링턴은 상상력이 풍부한 것 못지않게 위트도 넘친다.

제39장 아이러니 Irony

그녀의 얼굴은, 그렇게 가까이 보자, 과일과 같은 뺨에 보통은 거의 눈에 보이지 않는 색을 띠어서, 놀라울 정도로 아름다웠다. 짙은 눈동자는 말할 수 없을 정도로 몽롱했고, 그녀의 가슴에 숨겨져 있는 충성심이 자신을 향하고 있다는 것을 그는 느꼈다. 그녀는 연인보다 아주 조금 키가 더 컸지만, 가슴을 상대에게 밀착한 채로, 몸을 뒤로 젖히고 있었기 때문에, 그가 상대를 올려다본다기보다 오히려 내려다보는 듯한 모양이 되었다. 그는 그것을 다행스럽게 생각했다. 몸매 자체는 멋지게 균형이 잡혀 있었지만, 키가 작은 것이 그의 약점이었다. 감각이 고조됨에 따라 그의 기분도 역시 고양되어갔다. 불안감은 사라져갔고, 그는 자기만족에 젖어들기 시작했다. 그는 1만 2천 파운드를 상속받고, 이런 종류의 여성의 사랑을 쟁취한 것이었다. 그녀는 그의 획득물이었다. 그는 그녀를 세게 껴안아, 그녀 피부의 미세한 부분을 보았고, 마음껏 그 얇은 옷감을 구겨쥐었다. 내부의 무엇인가가 그녀를 욕망의 제단으로 이끌어, 정성스럽게 바치도록 했다. 태양은 밝게 빛나고 있었다. 그는 더욱 정열적인 키스를 퍼부었지만, 그 태도에는 어딘가 승리를 자랑하는 듯한 차분함이 있었다. 그리고 거기에 응하는 그녀의 정열적인 키스는, 그가 잃어버리고 있던 자신감을 회복시켜주는 것이었다.

"저는 지금 당신밖에 없어요"라고 그녀는 녹아내리는 듯한 목소리로 속삭였다.

세상을 모르는 그녀는, 이런 기분을 전달하는 것이 상대방을 기쁘게 할 것이라고 생각했다. 그녀는 남자들이 대개 그런 말에 오히려 냉담해진다는 것을 모르고 있었다. 왜냐하면, 그것은 상대가 그의 특권보다도 책임감에 무게를 두고 있다는 것을 입증하기 때문이다. 분명히 그 말은, 그녀가 책임질 것을 원하는 듯한 분위기를 전하는 것은 아닐지라도, 제럴드를 냉정하게 만들고 말았다. 그는 애매하게 웃었다. 소피아에게 그의 미소는 끊임없이 새로워지는 기적 같은 것이었다. 거기에는 끓어오르는 듯한 쾌활함과 살며시 호소하는 듯한 욕망이 혼합된 미묘한 느낌이 있었고, 그것이 그녀를 매료시켰던 것이다. 소피아보다 덜 순진한 처녀였다면, 제럴드에 의지하는 것 말고는 어느 것이나 할 수 있다는 것을, 그 사랑스러운 여성적인 미소로부터 읽어낼 수 있었을 것이다. 하지만 소피아는 그것을 알지 못했다.

— 아놀드 베네트, 『늙은 아내의 이야기』(1908)

●　　　●　　　●

수사학에서 말하는 아이러니는 마음속으로 생각하는 것과 반대의 것을 말하는 것 혹은 말의 표면적인 의미와는 다른 의미의 해석을 요구하는 것이다. 은유, 직유, 환유, 제유 등 다른 수사학적 기교와 달리, 아이러니는 특수한 언어형태를 통해 문자적인 표현과 구별되는 의미를 전달하는 것이 가능하지 않다. 아이러니적 표현은 해석 행위를 통해서 인식되는 것이다. 예를 들어 『오만과 편견』의 서두에서 작가적 서술자가 "재산깨나 있는 독신 남자에게 아내가 꼭 필요하다는 것은 누구나 인정하는 보편적 진리다"라고 말했을 때, 재산이 있는 독신 남자들에 대한 명제의 이상한 논리에 눈살을 찌푸리게 되는 독자는 그 '보편적'이라는 일반화를 중매에 강박되어 있는 특정한 사회 집단에 관한 아이러니한 언급이라고 해석하게 된다. 동일한 규칙이 이야기의 전개에도 적용된다. 어떤 상황에 관한 사실과 그 상황에 관한 등장인물의 이해가 다르다는 것을 독자가 알게 되었을 때, '극적 아이러니'라고 일컬어지는 효과가 발생하게 된다. 모든 소설은 본질적으로 순수한 상태에서 경험 상태로의 이행을 그리거나, 혹은 보이는 것 이면에 숨겨진 현실의 발견을 묘사하고 있다고 말해진다. 따라서 소설에서 문체적 아이러니와 극적 아이러니가 광범위하게 활용되어 온 것은 그리 놀라운 일이 아니다. 내가 이 책에서 사용한 대부분의 인용문들은 아이러니의 표제 아래에서 논의하는 것이 가능하다고 말할 수도 있다.

『늙은 아내의 이야기』의 인용 대목에서, 베네트는 그의 인물들의 행동을 아이러니한 시각으로 제시하기 위해 두 가지 서로 다른 방법을 사용하고 있다. 포터리스에 사는 직물상의 딸인 소피아는 아름답고 열정적이지만 세상 물정을 모르고 약간의 재산을 상속받은 무역상 제럴드 스케일즈에 완전히 빠져들어 그와 사랑의 도피를 하기로 결정한다. 여기에 묘사되어 있는 것은 두 사람이 런던의 여인숙에서 비밀리에 나누는 첫 번째 포옹 장면이다. 성적인 황홀함과 감정적 융합의 순간이 되어야 할 장면에서 서로 다른 생각을 품은 두 사람의 육체적인 결합이라는 점이 분명히 드러나 있다.

사실 제럴드는 소피아를 유혹하려고 하지만 그런 계획을 실행할 자신감이 없다. 심지어 위와 같은 포옹의 순간에도 그는 "그녀의 열정이 자기의 것보다 뜨겁다는 것을 인식하고" 어찌 해야 좋을지 모른 채 소극적으로 대처한다. 하지만 친밀한 접촉이 지속됨에 따라 그는 좀 더 확신을 갖고 당당한 태도를 갖게 된다. "감각이 고조됨에 따라 그의 기분도 역시 고양되어갔다"라는 표현에는 아마도 성적인 의미도 숨겨져 있을 것이다. 왜냐하면 베네트는 자신이 드러내놓고 입 밖에 낼 수 없는 것들을 이런 방식으로 자주 암시했기 때문이다. 그렇지만 제럴드의 성적인 흥분의 원천은 애정도 아니고 심지어 정욕도 아니다. 그것은 그의 허영심과 자존심에서 비롯된 것이다. "내부의 무엇인가가 그녀를 욕망의 제단으로 이끌어, 정성스럽게 바치도록 했다." "그녀 가슴에 숨겨져 있는 충성심이 자신을 향하고 있다는 것을 그는 느꼈다"와 같은 화려한 은유는 확실히 그것이 표현하고 있는 생각을 조롱하고 있다. '제단'이라는 단어의 사용으로 인해 아이러니한 분위기가 생겨나는데, 왜냐하면 이 시점(時點)에서 제럴드는 소피아를 결혼의 제단으로 끌고 갈 생각이 추호도 없기 때문이다.

베네트는 이 지점까지 제럴드의 시점으로 장면을 묘사하고 그 세계관에 부합하는 언어를 사용함으로서 제럴드의 성격에 대한 아이러니한 평가를 암시하고 있다. 이런 상황에서 그가 느껴야 할 것으로 생각되는 것과는 전혀 다른 종류의 감정인 소심함, 허영심, 자기만족 등에 대한 묘사와, 그가 스스로의 감정을 표현하는 과장된 수사는 독자의 눈앞에 그를 불쾌한 사람으로서 나타나게 하기에 충분하다. 하지만 두 번째 단락에 오게 되면 베네트는 전지적 작가의 개입의 관습을 활용해서 소피아의 시점으로 전환하여, 그녀의 오해에 관한 주석을 덧붙임으로써 이 장면의 아이러니를 한층 두텁게 만든다.

소피아의 생각이 제럴드의 생각보다는 좀 더 신뢰할 만하지만, "저는 지금 당신밖에 없어요"라는 그녀의 말은 부분적으로 그로 하여금 자신을 사랑하게 만들기 위해 계산된 것이다. 하지만 이것은 단지 그녀의 순진함만을 드러낼 뿐이다. '정열적인' 소피아는 이런 감정을 '녹아내리는' 목소리로 토로하지만, 제럴드는 자신의 책임감을 생각하며 오히려 '냉담'해진다. 그는 애매한 미소로 화답하는데 사랑에 빠져버린 소피아는 거기에서 매력을 찾아낸다. 하지만 그것이 곧이어 찾아올 환멸을 암시한다는 것을 독자는 서술자의 말투에서 확신한다. 사물을 담담하고 정확하게 묘사해내는 세련된 목소리는 소피아의 '내부의 목소리'를 사라지게 함으로써 그녀의 판단의 의심스러움을 전하고 있는 것이다.

이야기의 당사자들도 모르는 사실을 알게 되는 독자는, 소피아를 동정하고 제럴드를 경멸하면서 서술자의 어깨너머로 장면을 엿보는 입장이 되는 것이다. 베네트의 <작가노트>의 한 구절 중에는 "진정으로 위대한 소설가의 본질적인 특성 : 그리스도와 같이 모든 것을 껴안을 수 있는 동정심"이라는 놀랄 만한 내용이 적혀 있지만, 제럴드를 다루는 방법에 있어서는 이런 기준이 지켜지지 않는다. 이런 유형의 아이러니에는 추측하거나 해석할 여지가 거의 없고, 우리는 단지 작가의 현세적인 지혜를 경청할 수밖에 없다. 만일 이런 효과가 고압적으로 느껴지지 않는다면, 그것은 베네트의 심리학적인 관찰의 정확함이 우리의 공감을 이끌어냈기 때문이며 그가 소피아와 같은 등장인물들이 자신들의 실수를 통해 '배우고' 살아남을 수 있도록 배려했기 때문일 것이다.

제40장 동기부여 Motivation

그러나 열 하루째 되는 날, 리드게이트는 스톤 관을 나올 때에 빈시 부인의 부탁을 받았다. 페더스톤 씨의 용태가 눈에 띄게 악화되었으니 남편에게 그날 중으로 스톤 관에 오도록 전해달라는 것이었다. 이런 용건이라면 빈시 씨가 있는 창고에 들러도 되고, 아니면 수첩 종이에 용건을 적어서 그것을 현관에 놓고 와도 될 것이었다. 그런데 아마도 이런 간단한 방법이 떠오르지 않았던 모양이고, 그렇다고 한다면, 빈시 씨가 외출 중인 시간에 이 집을 방문하여 그 용건을 아가씨에게 전하는 것을 리드게이트가 반드시 꺼렸던 것만은 아니라고 단정해도 무방할 것이다. 사람이 교제를 하다가 그만두는 데는 여러 가지 이유가 있겠지만, 아무리 현명한 사람일지라도, '어떻게 지내고 있을까' 하고 생각해줄 사람이 아무도 없다면, 마음 편하게 있을 수는 없을 것이다. 왜 자신이 기분 전환하는 일을 거부했는지, 왜 아름다운 목소리에까지 오랫동안 귀를 막으려 했는지를 농담 삼아 로사몬드에게 말한다면, 지금까지의 습관에 새로운 습관을 매끈

하게 연결하는 의미에서 나쁘지 않을 것이었다. 그는 불현듯 벌 스트로드 부인의 빈정거림은 도대체 어떤 근거가 있어서 한 말일까 하는 의문이 떠오르곤 했는데, 그런 생각이 마치 옷감 짜는 실에 얽힌 머리카락처럼, 그의 생각의 보다 본질적인 사색의 그물망에 가볍게 달라붙을 정도였다는 것도 여기에서 분명히 밝히지 않으면 안 된다.

— 조지 엘리엇, 『미들마치』(1871–1872)

●   ●   ●

小설이 '실제의' 이야기가 아니라는 것을 알면서도 우리는 소설을 읽어서 무엇을 얻으려 하는 것일까. 이 질문에 대한 전통적인 대답은 인간의 심리 혹은 정신에 관한 지식을 얻게 된다는 것이다. 소설가는 자신이 묘사하는 인물이 마음속 깊숙이 품은 상념까지도 꿰뚫어볼 수 있는데, 이것은 역사가와 전기 작가 혹은 심리분석가들은 할 수 없는 일이다. 그러므로 소설은 사람이 어째서 그리고 어떻게 어떤 행동을 하는가에 관해서 나름대로 설득력 있는 모델을 보여준다. 포스트모더니즘과 후기구조주의는 이런 기획의 근저에 있는, 스스로의 행동을 스스로의 책임 하에 행하는 유일하고 자율적인 개인이라는 기독교적 혹은 인간주의적인 생각을 해체해 왔지만 완전히 폐기하지는 않았다.

『미들마치』와 같은 소설에서의 동기부여는 인과관계의 약호이다.

단순히 플롯에 적합하다는 이유만으로 등장인물이 어떤 행동을 하는 것이 아니라(물론 플롯에 적합한 행동이 채택되긴 하지만 말이다. 즉, 제31장에서 리드게이트가 로사몬드를 방문하지 않았다면 『미들마치』의 플롯의 절반은 성립되지 못했을 것이다), 내적·외적인 여러 가지 요인의 조합에 의해서 그들이 필연적으로 그런 행동으로 나아가게 된다는 것을 인과관계의 약호는 우리로 하여금 믿게 한다. 리얼리즘 소설에서 동기부여란 프로이트식으로 말한다면 '중층결정'되는 경향이 있다. 다시 말하면 어떤 특정한 행동은 성격의 중층적인 차원에서 생겨나는 복수(複數)의 심리적인 동기와 갈등의 산물인 것이다. 반면에 민담이나 전통적인 로맨스에서는 한 가지의 이유만으로도 인물의 행동이 충분히 설명될 수 있다. 예를 들어 주인공은 주인공이기 때문에 언제나 용감하고 마녀는 마녀이기 때문에 사악한 것이다. 리드게이트는 로사몬드를 방문할 몇 가지 이유가 있는데 현실적인 이유 중에는 자기만족, 자기기만에 기초한 것도 있고 특히 잠재의식적인 욕구도 있다.

이 단락의 맥락은 다음과 같다. 리드게이트는 재능 있고 야심찬 젊은 의사로 1830년대 중반에 미들마치라는 시골 마을에 오는데, 그때만 해도 의사로서의 성공적 미래가 보장된 것처럼 보였다. 그곳에서 그는 부유한 상인의 딸로서 매력적이지만 다소 천박한 로사몬드 빈시를 만나 즐겁게 지내기 시작한다. 로사몬드에게 리드게이트는 그녀가 알 만한 사람들 가운데 가장 적합한 남성이었고, 그녀는 자신이 그와 사랑에 빠졌다고 생각하게 된다. 그녀의 숙모인 벌스트로드는 로사몬드에게 관심을 갖는 것은 구혼하는 것으로 오해될 위험성이 있다고 리드게이트에게 충고한다. 결혼으로 인한 중압감 때문에 의사로서의 장래가 방해받은 것을 걱정한 리드게이트는 즉시 빈시 가문을 방문하는 것을 멈춘다. 하지만 10일 간의 자제 끝에 말을 전하기 위해 오랜만에 그 집을 방문하게 되는 것이다.

엘리엇이 아이러니한 눈으로 거리를 두고 등장인물을 바라보고, 그 흉중에 있는 동기를 숨겨둘 때의 글쓰기 방식은 앞 장에서 논한 베네트의 필치와도 유사하지만 등장인물에 대한 배려와 동정의 기미가 좀 더 농후하다. 작가는 적어도 리드게이트에 대해 동정적이다. 자주 지적되는 것이지만 엘리엇은 로사몬드와 같이 자의식이 강한 여성을 참지 못했다고 한다. 인용된 대목의 바로 앞 단락에는 리드게이트가 열흘 동안 방문하지 않은 것에 대한 로사몬드의 불안이 다음과 같이 경멸적으로 요약되어 있다.

사랑 때문에 까칠해져서 여윈다든가 몸무게가 준다든가 그 밖에 눈에 띌 만큼 변모하는 데는 열흘도 안 걸리지만, 상대방의 변심에 놀라 억측을 하거나 낙담하거나 하며 마음속의 모든 고뇌를 한 차례 거치려면 열흘 가지고는 너무 짧다고 생각하는 사람이 있다면, 그 사람은 우아한 시간이 흐르는 젊은 여성의 머릿속에서 무슨 일이 일어나고 있는가를 알 이유도 없다.

'우아한 시간 elegant leisure'이라는 표현에는 로사몬드의 감정적인 긴장을 우습게 보려는 신랄한 야유가 포함되어 있다. 리드게이트의 동기에 대한 분석은 이 정도로 간단하지 않고, 문체적으로도 보다 동정이 느껴진다.

리드게이트가 용건을 전할 다른 수단을 모두 버린 것은 로사몬드와 만나고 싶었기 때문이라고 간단히 말하는 대신에, 서술자는 "아마도 이런 간단한 방법이 떠오르지 않았던 모양이고, 그렇다고 한다면, 빈시 씨가 외출 중인 시간에 이 집을 방문하여 그 용건을 아가씨에게 전하는 것을 리드게이트가 반드시 꺼렸던 것만은 아니라고 단정해도 무방할 것"이라고 말한다. 이런 우회적인 표현을 통해 엘리엇은 우리가 실제 삶의 행위의 동기를 추론하려는 심리와 진정한 동기를 스스로에게마저도 숨기려는 심리를 동시에 모방하고 있는 것이다. 여기에도 아이러니가 드러나지만 그것은 유머와 인간미가 가미되어 있는 아이러니다. "아무리 현명한 사람일지라도, '어떻게 지내고 있을까' 하고 생각해줄 사람이 아무도 없다면, 마음 편하게 있을 수는 없을 것이다"라는 문장은 리드게이트의 허영심이 인류 공통의 결점이라는 것을 말해주고 있다. 그래서 서술자는 자유간접화법으로 슬며시 전환하여 로사몬드를 만났을 때의 태도를 머릿속으로 연습하는 리드게이트의 심리를 보여주는 것이지만, "기분 전환하는… 농담 삼아"라는 표현은, 그가 그녀에 대해 진지한 태도를 갖고 있지 않다는 것을 암시하고 있다. 이 단락의 마지막 문장은 작가의 목소리로, 로사몬드를 찾아간 리드게이트의 동기의 아주 깊은 곳에 맞닿아 있다. 즉, 그는 스스로 인정하려고는 하지 않지만, 그녀가 자신을 사랑하고 있는 듯하다는 가정 때문에 황홀해 하고 들떠있는 것이다. 이것을 말할 때에 엘리엇이 사용하는 그물망의 비유는 그녀가 즐겨 사용하는 것인데, 그것은 아마도 인간의 경험이 복잡하게 얽혀 있음을 암시함에 있어서 그물망이 아주 잘 들어맞는 이미지였기 때문일 것이다.

리드게이트의 허영심과 호기심이 그의 파멸을 초래한다. 보통 때에는 침착하게 자제심을 잃지 않는 로사몬드가 예상치 못한 리드게이트의 방문에 감정을 통제하지 못하고 결국 두 사람의 재회는 그가 계획했던 것과는 전혀 다른 방향으로 나아가게 되는 것이다. 이 두 사람은 자연스럽고 자발적인 행위가 당시 사회에서는 심상치 않은 결과를 가져온다는 사실에 놀라게 된다. 동요하게 된 로사몬드는 손에 쥐고 있던 '사슬 무늬 자수'를 떨어뜨린다. 리드게이트는 허리를 굽혀 그것을 줍게 되고 그가 일어섰을 때 그녀의 눈에는 거부할 수 없는 눈물이 맺혀 있는 것을 알아차린다. 서술자는 "자연 그대로의 그 순간은 가벼운 깃털로 슬쩍 건드리기만 해도 결정(結晶)시키는 힘을 가지고 있었다"라고 말한다. 몇 분 뒤에 리드게이트는 로사몬드를 품에 안은 채 약혼자가 되고 만다. "그 사슬 무늬 자수가 어디로 갔는지 그것은 알 이유도 없었"지만, 이 상징적인 표현의 연장으로서 그 사슬은 그의 목에 휘감기게 되었다고 말할 수도 있다. 의사로서의 그의 장래는 그에게 아무 행복도 충만함도 가져다주지 않게 될 부르주아적 결혼에 저당 잡힌다. 이 장면은 영국 소설의 '사랑 장면'들 중 가장 뛰어난 장면에 속한다. 그 이유 중의 하나는 로사몬드의 강력한 성적 유혹에 리드게이트가 자기 자신을 노출시켜가는 동기가 아주 섬세하고 설득력 있게 제시되어 있기 때문이다.

제41장 지속 Duration

허버트는 크리스마스에 찰스와 아이린에게 멋진 아기를 선물했다. 사내아이였으며 이름은 폴이었다. 수년 동안 아이가 없었던 찰스와 아이린은 기뻐했다. 두 사람은 유아용 침대 주위에 서서, 폴을 바라보았다. 아무리 쳐다보아도 싫지 않았다. 검은 머리에 검은 눈동자를 가진, 예쁜 아이였다. 어디에서 이 아이를 데려온 거예요, 허버트? 하고 찰스와 아이린은 물었다. 은행에서, 라고 허버트는 대답했다. 이상한 대답이었고, 찰스와 아이린도 의아해했다. 모두 포도주를 마셨다. 폴은 그들의 모습을 침대에서 지켜보았다. 찰스와 아이린을 기쁘게 한 것에 허버트는 기분이 좋았다. 그들은 더 많은 포도주를 마셨다.

에릭이 태어났다.

허버트와 아이린은 남몰래 관계를 맺고 있었다. 찰스가 알아차리지 못하게 하는 것이 중요하다고 그들은 생각했다. 그래서 침대를 사서, 찰스, 아이린 그리고 폴이 살고 있는 집으로부터 조금 떨어진 다른 집에 놓아두었다. 새 침대는 작지만 충분히 안락했다. 폴은 생각에 잠겨 허버트와 아이린을 쳐다보았다. 그들의 불륜은 12년간 계속되었고 매우 성공적이라고 생각되었다.

힐다.

힐다가 커가는 모습을 찰스는 집의 창문을 통해 지켜봤다. 처음에 그녀는 아기였지만, 이내 4살이 되었고, 그로부터 12년이 흐르자, 폴과 같은 나이인 16살이 되었다. 얼마나 사랑스러운 소녀인가! 하고 찰스는 속으로 생각했다. 폴도 찰스와 같은 생각이었다. 그는 이미, 힐다의 어여쁜 젖꼭지를 이빨로 물곤 했던 것이다.

— 도널드 바셀미, 「말해주지 않을래」, 『돌아오라, 칼리가리 박사』(1964)

● ● ●

제16장에서 연대기적 시간의 문제를 언급할 때 소설에서 그것이 어떻게 재배열될 수 있는지에 대해서 살펴보았다. 소설 속 시간이 지닌 또 다른 요소로서 지속이 있다. 지속은 한 사건이 실제 일어나는 데에 걸린 시간과 그 해당 부분을 읽을 때 걸리는 시간을 비교하면 어느 정도 측정할 수 있다. 지속은 이야기의 템포를 좌우한다. 이야기의 템포가 빠른가 혹은 느린가는 지속에 의해 결정된다. 모험소설은 위기에서 위기로 빠르게 이동한다. 물론 결정적 순간은 서스펜스를 고조시키기 위해서 인위적으로 연장될지도 모르지만 말이다. 의식의 흐름 기법을 활용하는 소설이라면 아무리 진부하더라도 매순간

의 시간을 길게 늘려서 묘사한다. 『미들마치』와 같은 소설은 삶 자체의 리듬을 가장 잘 모방하는 것처럼 보이는데, 왜냐하면 등장인물들이 나누는 대화와 행위가 현실의 시간의 흐름 속에서 행하는 것처럼 확대된 장면들로 구성되어 있기 때문이다. 두 달에 한 번씩 간행되는 잡지로, 2년에 걸쳐서 이 소설을 구독한 최초의 동시대 독자들에게는, 인생과 예술의 그런 템포적 대응이 보다 자연스럽게 받아들여졌을 것이다. 위에 인용된 바셀미의 혼란스러운 단편소설이 우리를 당혹스럽게 하는 것 가운데 하나는, 보통의 소설이라면 느긋하게 말했을 감정적이고 성적인 관계의 표면을 재빠른 속도로 움직여나가도록 한다는 점이다.

1989년에 사망한 바셀미는 미국 포스트모더니즘 소설의 중요 작가 가운데 한 명으로 소설 형식의 한계를 지속적으로 실험해왔다. 물론 이 단편소설의 도입부에서 비관습적으로 취급되는 것은 비단 시간의 지속만이 아니다. 인과관계, 연속성, 의미의 일관성, 시점의 일관성 등 이야기를 매끄럽고 쉽게 융합하기 위한 리얼리즘 소설의 일련의 요소들이 폐기되거나 분열되어 있기 때문이다. 앞 장에서 살펴본 『미들마치』에서 전형적으로 드러나는 인물의 동기 같은 것은 어느 것 하나도 제시되지 않는다. 이를 통해 바셀미는 사람이란 합리적인 동기에 기초하여 행동하는 존재가 아니며 순간적인 기분, 우연, 무의식적 충동에 반응하는 존재라는, 부연하면 삶 자체의 부조리함을 암암리에 말하는 것으로 보인다. 그는 이 단편에서 기이한 행동과 놀라운 행위를 담담하고 소박하게 마치 초등학교의 교과서라든가 학생들의 작문을 떠올리게 하는 문체로 제시하고 있다. 단순한 평서문을 열거하고, 종속절을 사용하지 않고, 같은 단어를 수시로 반복하고, 인용부호를 생략하는 등의 방법이 이런 인상을 불러일으킨다. 등장인물들도 '철수'와 '영희' 정도로 단순화된 인물들이며 때때로 어리석은 것처럼 보이기까지 한다.

첫 단락은 기술적인 측면에서 하나의 '상황설정'이 되는 것으로 아주 간결한 형태로 묘사된다. 크리스마스 선물로 아이를 받게 되는 상황을 사람들은 조금도 이상하게 생각하지 않으며, 선물을 준 사람이 그것을 '은행'에서 가져왔다는 말에 관해서도 두 사람은 의아하게 생각할 뿐이다. 그들은 더 이상의 질문 없이 조용히 포도주를 마신다.

한 문장으로 이루어진 다음 단락에서는 '에릭이 태어났다'는 사실이 간략하게 보고된다. 그가 누구의 아이인지 폴의 탄생과 어떤 전후관계에 있는 것인지 우리는 알 수가 없다.

세 번째 단락은 허버트와 아이린의 불륜관계를 묘사하고 있다. 두 사람이 사용할 침대에 대해서는 필요 이상의 정보가 제공되지만 그들의 감정, 성적 쾌락, 찰스를 속인 방법, 기타 간통 이야기에서 통상 예상되는 정보는 거의 제공되지 않는다. 허버트가 그 부부에게 폴을 선물한 시점이 아이린에 대한 연애감정이 싹트기 이전인지 아니면 그 후인지도 분명치 않다. "폴은 생각에 잠겨 허버트와 아이린을 쳐다보았"기 때문에, 아이린은 아기를 만남의 장소에 데리고 갔다고 추정할 수 있다. "불륜은 12년간 계속되었고 매우 성공적이라고 생각되었다"라는 부분은 불륜보다 오히려 결혼생활에 걸맞은 진술과 평가다. 특정한 순간의 사건을 묘사한 문장에 12년간의 경험을 요약한 문장이 이어지는 것에서도 독자는 혼란스럽지 않을 수가 없을 것이다.

힐다라는 또 다른 등장인물이 한 문장으로 된 단락으로 제시된다. 그 다음 단락에서 우리는 그녀가 찰스와 아이린의 집 곁에서 사는 아이일 것으로 추측한다. 유년기부터 사춘기까지의 그녀의 성장과정은 아주 명확한 한 문장으로 요약된다. 어른들이 아이들처럼 행동하는 반면 아이들은 비정상적으로 조숙한 것으로 보인다. 찰스는 힐다가 귀여운 소녀라고 평범하게 말하는 반면, 폴은 벌써 "힐다의 어여쁜 젖꼭지를 이빨로 물곤 했"기 때문이다. 이렇게 20여 행의 문장 속에서 다른 작가였다면 장편소설이 되었을 정도의 사건이 망라되어 있다. 이런 종류의 글쓰기가 효과를 얻기 위해서는 보다 일반적인 리얼리즘적인 소설의 담론을 독자가 잘 알고 있는 것이 절대적으로 필요하다. 일탈은 규범과의 비교를 통해 처음으로 알려지는 것이기 때문이다.

제42장 함축적 의미 Implication

"**창**가에서 물러나는 게 낫다고 생각하지 않아요, 자기?"

"왜?"

"아무것도 걸치지 않았잖아요."

"이게 더 낫지 않을까?……" 그녀의 세심함을 존중해서, 나는 창을 소리나게 닫으면서 이어지는 뒷말을 지워버렸다.

그녀는 웃으면서 나를 보고 있었다. 나는 그녀 쪽으로 걸음을 옮겨 그녀 옆에 섰다. 팔을 괴어서, 검은 머리가 벗은 어깨에 흘러내리고 있는 모습은 매력적이었다. 나는 그녀의 정수리 부분을 내려다보았다.

갑자기 그녀가 불었다.

"멋진 알버트," 하고 그녀가 말했다.

말해두지만 내 이름은 알버트가 아니다. 조다. 조 룬.

머틀은 의미심장한, 묻는 듯한 눈으로 나를 보았다.

나는 싱긋 웃어서 답했다고 생각했다.

잠시 후 그녀는 멈췄다.

"남자들은 좋겠어,"라고 그녀는 진지한 어조로 말했다. 나는 아무 말도 하지 않았다. 지금은 진지하게 사색할 때가 아니라고 생각했다. 나는 맞은편 벽을 응시했다.

마침내 그녀는 멈췄다.

"어때?" 나는 알맞은 때에, 흥분된 표정으로 그녀가 진정되는 것을 내려다보았다.

"그런데," 하고 나는 말했다. "차가 나오려면 좀 더 기다려야만 해."

"아……" 머틀은 무겁고 흡족한 듯한 숨을 내쉬었다. 눈은 감겨 있었다.

뒤이어 우리는 차를 마셨다.

— 윌리엄 쿠퍼, 『시골살이의 풍경』(1950)

●   ●   ●

어떤 사건도 아주 완벽하게 묘사하는 것은 가능하지 않다. 그러므로 소설은 모두 필연적으로 틈과 침묵을 포함하게 된다. 후기구조주의자들 식으로 말하자면 '텍스트를 생산'하기 위해서 독자는 스스로 그 틈을 채워넣지 않으면 안 되는 것이다. 그런 틈과 침묵이 작가의 무의식적 회피 또는 억압의 결과인 경우도 있고, 거꾸로 의도적 전략으로써 노골적으로 의미를 전하는 대신에 함축적으로 의미를 전하는 경우도 있다.

함축적 의미는 성(性)을 다루는 데에 특히 유용한 기법이다. 소설은 예로부터 에로틱한 매력과 욕망을 주요 관심사로 삼아왔지만 성행위를 노골적으로 묘사하는 것은 최근까지 금기시 되어왔다. 그에 대한 하나의 해결책은 번거롭지만 에둘러 말하는 것이다.

> "그런데, 당신," 하고 어머니가 말했습니다. "시계 밥 주는 거 잊지 않으셨지요?" ⋯ "어럽쇼! 이런 바보 같은," 하고 아버지가 외쳤습니다. ⋯ "유사 이래, 그런 바보 같은 질문으로 남자를 방해한 여자는 없었을 거요." 예? 도대체 당신 아버지는 무슨 말씀을 하시는 거죠? ⋯ 아무것도 아닙니다.

트리스트럼 샌디와 가상의 독자가 나누는 대화를 통해, 그의 아버지가 하고 있었던 일이 그러니까 트리스트럼과 같은 자식을 만들려고 하고 있었음을 추측할 수 있다.

악명 높을 정도로 위선적이었던 빅토리아 시대에 성(性)은 훨씬 더 조심스럽게 다루어졌다. 당시에 소설은 가족들이 함께 읽는 장르였기 때문에 디킨즈의 인물인 포드스냅의 표현을 빌리면 '젊은 이들의 뺨을 붉게 만드는' 것들은 쓰여서는 안 되었다. 일전에 『아담 비드』를 각색한 BBC 드라마에는 아더 도니손이 반나체의 헤티 소렐과 소파에서 뒤엉켜 있는 장면이 등장하는데, 이것은 엘리엇의 원작 소설에는 없는 장면으로 좀 더 순진한 독자였다면 헤티가 한 차례의 키스로 임신하게 되었다고 생각했을지도 모를 일이다.

『미들마치』에서 도로시아와 캐소본의 결혼은 명시적으로 제시되지 않은 채 아주 미묘한 암시만으로 독자들에게 전달되는데 그마저도 대부분 은유적이다. 1908년 작품인『늙은 아내의 이야기』의 베네트는 소피아의 결혼 첫날밤에 대해 아무 말도 하지 않고 지나가지만, 그것이 불쾌하고 환멸적인 경험이었다는 것을 다른 사건으로 환치하여 전하고 있다. 신혼여행 도중에 제럴드가 피와 남근의 상징이 흘러넘치는 공개 단두대 처형을 그녀에게 강요하며 보여주는 에피소드를 통해서 말이다.

쿠퍼가『시골살이의 풍경』을 발표한 1950년 당시에는 허용범위도 제법 넓어졌지만, 그럼에도 불구하고 여기서처럼 연인들이 나누는 행위를 솔직히 묘사할 수 없었으며, 따라서 모르긴 해도 비난을 면하기는 어려웠을 것이다. 쿠퍼는 노골적인 묘사를 한 걸음 더 밀고 나가, 독자들의 기분을 돋우어 위트와 에로티시즘 양자를 갖춘 이 장면을 독자로 하여금 추측하고 구성하게 한다.

서술자와 그의 여자친구인 머틀은, 친구인 톰과 공유하고 있는 시골 통나무집의 침대에 나란히 누워 있다. 여자친구에게 차를 만들어주려는 찰나에 톰의 자동차 소리로 생각되는 소리가 들리자, 그는 그것을 확인하기 위해서 침대에서 나온다. 머틀의 말에서 그가 벌거벗고 있다는 것을 알 수 있다. "이게 더 낫지 않을까?……"(All the better……)라는 말의 뒷부분은 쉽게 채울 수 있다. 왜냐하면 이 구문은 '빨간 망토 소녀'에게 늑대가 한 말과 동일한 구성을 취하고 있어서 생략된 구절이 그리 세밀한 부분이 아니라는 것을 알려주기 때문이다.[*] 다음 단락에서는 벌거벗은 서술자가 옆으로 누워 있는 벌거벗은 연인 위에 서 있는 모습까지 그려볼 수 있다. "갑자기 그녀가 불었다"에서 '불다blow'라는 동사는 사람을 주어로 할 경우, 종종 'on'과 같은 전치사를 동반해서 목적어를 취하기도 하는데, 여기서 그녀가 무엇을 불었는지는 독자 스스로 추측해야 한다. "'멋진 알버트'라고 그녀는 말했다." 그 다음 단락에서 알버트에 해당하는 사람이 누구인지가 배제되어 있기 때문에, 이것은 그녀가 '분' 대상의 별명이라고 생각할 수밖에 없다(서술자가 자신의 이름을 바꿔 부르는 장면이 나오는 것도 또 하나의 재미를 선사한다). 머틀이 샌디와 함께 무엇을 하다가 '멈춘' 것인지는 알려지지 않지만, 그녀가 멈춘 후에 말을 하기 시작하므로 멈춘 것이 말하는 행위는 아니었음을 알 수 있다. 이처럼 한 마디 한 마디에 함축적 의미가 포함되어 있고, 비정상적으로 짧은 단락이지만 말해지거나 묘사된 것보다 더 많은 것이 진행되고 있다는 사실을 강조한다.

스턴과 마찬가지로 쿠퍼가 암시하는 것도 단순한 방편이 아니다. 그로 인해서 유머라는 창조적인 부가효과도 생겨나기 때문이다. 그러나 그로부터 10여 년이 지난 후 『채털리 부인의 사랑』의 재판을 계기로 하여 이처럼 예술적으로는 간접적으로 표현해야 하는 의무적인 금기가 일소되어서 많은 독자와 몇몇 작가들을 한탄하게 만들게

● **역주** 이 동화에서 빨간 망토 소녀가 할머니로 변장한 늑대에게 눈이 크다고 말하자, 늑대는 "너를 더 잘 보기 위해서란다. 아가야"(All the better to see you with, my dear)라고 말하고, 입이 정말 크다고 말하자, "너를 잘 잡아먹기 위해서야"(All the better to eat you up with)라고 말한다.

된다. 예를 들어 킹슬리 에이미스는 작품에서 성을 중요하게 취급하고 있지만, 그의 경우 행위 자체를 묘사하지 않으려는 일종의 페티쉬를 시도해 왔다. 다음은 그의 최근 소설인 『언덕 위에 사는 사람들』의 한 대목인데, 이 대목은 일상생활에서 섹스가 화제가 되는 경우 어떤 식으로 함축적 의미를 활용할 수 있는지를 잘 보여준다.

"오늘은 멋지게 이른 저녁에 잠자리에 들자"고 데지레가 말했다. 직설적인 것처럼 보이는 이 제안에는 여러 층위의 의미가 담겨져 있다. 이른 저녁이라고 하면 단지 그것뿐으로, 기본적으로는 시간에 관한 표현으로, 그날 밤에는 사교적인 모임이나 어떤 특별한 행사가 없다는 것을 의미하지만, '멋지게' 이른 저녁은 주변 사람들과 연관된 사항이 모두 배제된다고 하는 것 말고도, 일단 성행위라고 불리는 것이 타당한, 실제로 그렇게밖에 부를 수 없는 것이 포함되어 있다는 것을 의미하는 것이다. 이런 사정은⋯⋯ 묘사되는 것보다 짐작되는 편이 더 나은 것이다.

성행위를 명시적으로 기술하는 것은 분명히 소설가의 예술적 효과에 대한 또 다른 도전이다. 소설이 포르노그라피의 언어로 전락하는 것을 어떻게 피할 것인가, 성행위라는 본질적으로 제한된 레퍼토리를 어떻게 낯설게 할 것인가 하는 것 등으로 말이다. 하지만 이 책에서는 이런 것들에 대해서 다루지 않을 것이다.

제43장 제목 The Title

그 마지막 권은 14일 만에 끝났다. 단순히 작문을 한다는 고역 이상의 많은 것들과 투쟁해야 했기 때문에, 그 성취에서 리어던은 거의 영웅적이기까지 했다. 일을 시작한 것이 너무 일렀을까, 갑작스런 요통이 그를 엄습했다. 약 2, 3일 동안은 책상에 앉아 있기조차 힘들었으며, 몸을 움직이는 것도 부자연스러웠다. 설상가상으로 두통이 생기고 목감기에 걸렸으며, 몸 전체가 쇠약해졌다. 그리고 2주일도 안 돼서, 다시 돈을 조금 마련해야 할 일이 생기고 말았다. 그는 손목시계를 전당포에 맡겼고(이게 그다지 큰 담보가 되지 못하리라는 것은 상상할 수 있을 것이다), 책을 몇 권 더 팔았다. 이런 고난에도 불구하고, 어쨌든 소설은 완성되었다. 그는 '끝'이라는 말을 쓰자마자 누워서 두 눈을 감고 약 15분 동안 아무 생각 없이 늘어져 있었다.

남은 것은 제목뿐이었다. 그렇지만 그의 머리가 노동을 거부했다. 그는 몇 분간 대충 생각한 끝에, 단순히 여자 주인공 마가렛 홈의 이름을 택했다. 일단 책 제목으로는 괜찮겠지. 그럭저럭 그 마지막 단어를 쓰고 나자, 모든 장면, 인물, 대화가 망각 속으로 사라져버렸다. 그것들을 전혀 기억할 수도, 기억하고 싶지도 않았다.

— 조지 기싱, 『새로운 그러브 거리』(1891)

●   ●   ●

小설의 제목은 텍스트의 일부—실제로 우리가 접하게 되는 최초의 부분—이며, 그 때문에 독자의 관심을 불러일으키고 그 방향을 결정짓는 힘을 갖고 있다. 초기 영국 소설들의 제목은 『몰 플랜더스』, 『톰 존스』, 『클라리사』 등 주인공의 이름을 따는 것이 보통이었다. 소설이란 전기와 자서전을 모방한 것, 혹은 그렇게 위장된 것이었다. 이후의 소설가들은 제목으로 주제를 제시하거나(『이성과 감성』), 음모의 미스터리를 제시하거나(『흰 옷을 입은 여인』), 특정한 종류의 장면이나 분위기를 설정(『폭풍의 언덕』)하는 것이 가능하다는 것을 깨달았다. 19세기경에 이르러 작가들은 자신의 소설이 유명한 문학작품과 공명하도록 그 선행작품에 나오는 표현을 제목으로 채택했다(예를 들어 하디는 토머스 크린의 시의 일절을 택해서 자신의 작품을 『광란의 무리를 떠나서』라고 제목 붙였다). 그리고 지금은 다소 진부한 것으로 간주되기는 하지만 이런 경향은 20세기 내내 지속되어왔다(『천사들도 발 딛기 두려워하는 곳』은 알렉산더 포프의 시에서 따온 것이며, 『한 줌의 흙』은 엘리엇의 「황무지」에서, 그리고 『누구를 위하여 종은 울리나』는 존 던의 시에서 따온 것이다). 위대한 모더니즘 작가들은 상징적이거나 은유적인 제목을 붙였던 반면(『암흑의 핵심』, 『율리시즈』, 『무지개』), 좀 더 최근의 작가들은 『호밀밭의 파수꾼』, 『10과 1/2장으로 쓴 세계 역사』, 『무지개가 떴을 때 자살을 생각한 흑인 소녀들을 위하여』 등과 같이 기이하고 수수께끼 같고 별난 제목들을 선호한다.

소설가에게 제목 선택은 소설의 내용을 명확하게 초점화할 수 있기 때문에 창작과정에서 중요한 부분에 속한다고 말할 수 있다. 예를 들어 디킨즈는 1854년 초부터 연재를 시작하려고 예정했던 소설에 관한 제목후보군을 14개나 적어두었다. <정확히 말하자면>, <증명해봐>, <인색한 것들>, <그래드그라인드의 사실들>, <그라인드스톤>, <어려운 시절>, <2 더하기 2는 4>, <연약한 것>, <우리의 냉혹한 친구>, <녹과 먼지>, <단순한 계산>, <계산의 문제>, <단순한 숫자들의 문제>, <그래드그라인드의 철학> 등이 그것이다. 이 대부분의 제목을 보면, 당시 디킨즈가 그래드그라인드가 구현하는 공리주의의 주제를 머릿속에 염두에 두고 있었다는 사실을 알 수 있다. 그가 최종적으로 선택한 『어려운 시절』이라는 제목은 완성된 소설의 광범위한 사회적 관심에 걸맞은 제목이라고 할 수 있다.

리어던이 자기 소설의 제목에 무관심하다는 사실은 자신의 직업에 대한 신념을 갖고 있지 않다는 것을 보여준다. 제법 쓰기는 했지만 그다지 팔리지는 않는 소설을 몇 권 출판한 끝에 경솔하게 결혼을 해버린, 그래서 가계를 지탱할 필요에 쫓긴 그는 당시 자신이 경멸하던 삼부작 소설을 건강을 해칠 정도로 맹렬한 기세로 쓰지 않으면 안 되었다. 기싱은 이 책 속에서, 악전고투하는 작가로서 자신의 초조감을 표현하고 있으며 제목에도 그만큼의 주의를 기울였다. 외국에 있는 한 친구에게 보낸 편지에서 그는 다음과 같이 적고 있다. "그러브 거리(Grub Street)는 150여 년 전에 런던에 실제로 있었던 장소야. 교황과 그의 동시대 작가들 사이에서 그 이름은 고작해야 싸구려 문인과 동의어였다고 해도 지나치지 않아… 거기에는 가난한 사람뿐만 아니라 무명의 작가들이 많이 살고 있었거든." 기싱이 살던 시대가 되면 문학시장의 규모는 더욱 확대되고 경쟁은 더욱 치열해졌으며 세평에 대한 의식도 점점 커져갔다. 리어던은 이런 세계에서 명성을 넓힐 정도의 문학적 기량도 풍자의 재능도 갖지 않은 작가의 전형으로서 기억될 만한 등장인물이다. 그의 나이 어린 친구로 이상주의적 작가인 비펜 역시 그런 싸구려 작가 가운데 한 사람이지만 비펜은 정열과 이상을 잃지 않고 보통 사람의 평범한 이상을 충실히 묘사하는 획기적인 소설을 쓰려고 한다. 그가 자기 작품의 제목을 발표하는 장면은, 『새로운 그러브 거리』에서 웃음을 주는 몇 안 되는 장면 가운데 하나이다. "나는 책 제목을 '베일리 채소점'이라고 지을 거야." 정작 책이 출판되었을 때, 동료들의 칭찬도 헛되게 비평가들의 혹평을 받게 되자 비펜은 과로사한 리어던의 뒤를 따라 아무도 모르게 자살한다. 『새로운 그러브 거리』는 그리 유쾌한 작품은 아니지만, 불공평한 대우를 받은 문학 작가들의 삶의 병리학에 대한 연구로서 오늘날에도 여전히 놀라울 정도의 의미를 지닌다.

소설은 미술작품과 마찬가지로 하나의 상품이며 그렇기 때문에 상업적 고려가 제목을 좌우하기도 한다. 하디는 <힌톡 마을의 피츠파이어스>와 <숲지대의 사람들>이라는 두 개의 제목을 제시했는데, 그리 놀랍지 않게도 맥밀란 출판사는 후자를 선택했다. 포드의 『훌륭한 병사』의 원제는 <가장 슬픈 이야기>였지만 제1차 세계대전 중에 출판된 점도 있고 해서 출판사는 좀 더 밝고 애국심을 북돋우는 제목을 붙이도록 그를 설득했다. 마틴 에이미스의 두 번째 소설의 제목인 『죽은 아이들』은 그것을 최초의 페이퍼백판으로 펴낸 출판업자들에게는 너무나도 충격적인 제목이어서 2년 후 출판되었을 때에는 『어두운 비밀』로 제목이 바뀌었다. 내 소설 『얼마나 멀리까지 갈 수 있나』의 미국판은 『영혼과 육체』라는 제목이 붙여졌다. 원래 제목대로 미국의 서점에 깔렸을 경우에 자기계발서 코너에 비치되고 말 것이라고 우려했던 미국 출판사의 주문에 응했기 때문이었는데 그런 어리석은 주장에 굴복하고 만 것은 지금까지도 후회스럽다. 그렇다면 캐럴 클루로의 『여성들을 위한 불륜 지침서』라든가 조르주 페렉의 『인생사용법』 등을 출판한다고 하면 그들은 어떻게 했을까? 내 세 번째 소설도 처음에는 <(런던의) 안개 낀 날>이라는 노래에서 따온 <영국박물관이 매력을 잃어버리고>로 붙이려고 했는데 거쉰 출판사가 허락하지 않았다. 그 때문에 막판에 『영국박물관 무너지다』로 바꿔야 했지만 그 노래의 이미지는 안개에 뒤덮인 어느 날의 사건을 묘사한 이야기 속에 살아 있다. 작품의 제목은 독자들보다는 작가들에게 더 많은 의미가 있는 것 같다. 모든 작가가 알고 있듯이 독자들은 종종 자신들이 좋아한다고 주장하는 책 제목을 잊어버리거나 혼동하곤 한다. 나 자신의 경우도, <아내 교환>이라든지 <객원교수> 혹은 <작은 변화> 등의 소설을 쓴 사람으로 취급받곤 했다. 언젠가 버나드 크릭 교수가 편지를 보내와서 내가 쓴 <교수가 훔친 작은 일>을 즐겁게 읽었다고 했는데 아마도 그는 나를 놀렸던 것일 게다. 나는 아직도 그가 언급한 내 책이 무엇인지 모른다.

제44장 관념 Ideas

"제발, 댁을 위해서 무슨 일이라도 해야 돼요. 부츠를 닦아 드릴까요? 보세요, 꿇어앉아 신발을 핥아드릴게요." 여러분이 이 말을 믿지 않는다면 내 쉐리나 핥으라지. 난 무릎을 꿇고 야흐 직을 한 자쯤 내밀어서 놈의 그래흐즈니하고 보니한 신발을 핥 았다니까. 그런데 놈은 내 입 근처를 그다지 세게는 아니었지만 걷어찼지. 그때 이런 생각이 든 거야, 비록 손으로 놈의 발목을 꽉 잡아서 바닥에 쓰러뜨린다 해도 그것 때문에 메스꺼움이나 고통을 느끼지 않을 것 같았어. 그래서 그대로 했더니 녀석이 화들짝 놀라서 더러운 관중들의 웃음소리 속에 바닥으로 꽝 하 고 넘어졌던 거지. 그런데 녀석이 바닥에 누운 것을 보니 그 끔 찍한 느낌이 덮쳐 왔고, 난 놈을 일으켜 세우기 위해서 잽싸게 손을 내밀었고 놈이 일어났지. 놈이 내 얼굴을 진짜 심술궂고 세게 때리려는 순간, 브로드스키 박사가 말했지.

"그만 됐어. 충분해." 그랬더니 그 끔찍한 놈이 절 비슷한 것 을 하고 배우처럼 춤을 추며 사라졌지. 나는 조명 때문에 눈을 깜빡거리고 울고 있었는데 말이야. 브로드스키 박사가 관중에게 말했지. "우리의 임상 대상은, 여러분도 보다시피, 강제적으로 착한 일을 하게끔 되었습니다. 역설적이게도 나쁜 일을 하도록 강요당해서 말입니다. 폭력적으로 행동하려는 의도에 동반해서 육체적 괴로움을 강하게 느끼게 됩니다. 이 고통을 물리치기 위해서 임상 대상은 극적으로 정반대되는 태도를 취하게 되는 것입니다. 질문 있습니까?"

"선택은 말이오." 어떤 굵은 목소리가 울려 나왔지. 난 그게 교화사(教化師)의 목소리란 것을 알았어. "저 애에게는 진정한 선택의 여지가 없어요, 그렇지 않나요? 자기 이익, 육체적 고통에 대한 두려움 때문에 자신을 모독하는 괴이한 행동을 하게 된 거죠. 그게 진심에서 한 행동이 아니라는 걸 확실히 알 수 있어요. 그는 더 이상 나쁜 짓을 하지 않겠지요. 그러나 또한 도덕적 판단을 내릴 수 있는 신의 피조물도 더 이상은 아니지요."

— 앤서니 버지스, 『시계태엽 오렌지』(1962)

●　　　●　　　●

일반적으로 '관념소설'이라고 하면, 비정상적일 정도로 명석한 등장인물들이 수시로 철학적 질문을 서로에게 제기하고, 그 사이사이에 간간히 먹고 마시고 시시덕거리는 장면이 삽입된 소설이라는 인상을 주곤 한다. 넓은 의미의 관념소설은 플라톤의 『대화』까지 거슬러 올라갈 수 있는 오랜 전통을 자랑하지만 대단히 낡은 장르라고도 말할 수 있다. 예를 들어 19세기에는 고교회파(高敎會派)와 저교회파(低敎會派)의 영국 국교, 로마 가톨릭교, 비국교도, '성실한 회의'파 등의 이런저런 주장과 장점을 이야기하는, 순회도서관을 위해 약간의 멜로드라마도 가미된 관념소설 수백 권이 쓰였지만 오늘날엔 거의 대부분 완전히 잊히고 말았다. 거기에 기술되어 있는 관념은 더 이상 흥미를 끌지 못했으며 인물도 이야기도 생명력이 사라져버렸다.

이런 종류의 소설에 부여되는 다른 이름 중의 하나는 '명제소설 roman à thèse', 곧 하나의 명제가 있는 소설인데, 이 용어가 프랑스어에서 차용되었다는 사실은 중요하다. 어떤 특정한 명제, 좀 더 일반적으로 어떤 성찰이라든가 변증법적 사고가 중심이 되어 있든지 없든지 간에 관념소설이라는 것은 언제나 영국보다도 유럽대륙 쪽이 더 어울리는 것처럼 생각된다. 이것은 아마도 종종 언급되듯이 영국 사회에는 분명하게 스스로를 규정한 인텔리겐치아가 없었다는 것과 모종의 관련이 있을 것이다. 지식계급이 존재하지 않았다는 것 자체는 영국이 17세기 이래로 혁명을 경험하지 못하고 근대 유럽 역사의 소용돌이에서 상대적으로 자유로웠다는 사실에 기인한다고도 말할 수 있다. 그 이유가 무엇이든 간에 도스토예프스키, 토머스 만, 로버트 무질, 사르트르 등과 같은 작가에 대응하는 인물은 영국 근대문학사에서는 찾아볼 수 없다. 아마도 로렌스(특히 『사랑에 빠진 여인들』의 작가로서)만이 그런 예에 가장 근접할 텐데, 그의 작품에서 논의되고 설명되는 관념이 기이하다는 것은 말할 것도 없고 매우 사적(私的)이며 근대 유럽 사상의 주류로부터 벗어나 있다.

물론 조금이라도 읽어볼 만한 가치가 있는 소설이라면 관념을 담고 있거나 불러일으키며 또 관념이라는 견지에서 연구될 수 있다. 그러나 일반적으로 '관념소설'이라는 용어가 사용되는 것은 관념이 그 소설의 활력의 원천이 되는 것처럼 생각되는 경우에 국한된다. 감정, 도덕적 선택, 인간관계, 인간의 운명의 변화뿐만이 아니라 그것이 이야기에 탄력을 부여하고 이야기를 만들고 추진시키는 것처럼 생각되는 소설이 관념소설인 것이다. 이런 의미에서 영국 작가들은, 코믹이나 풍자적 형식(아카데믹 소설을 포함해서)으로 아니면 우화나 유토피아적 혹은 디스토피아적 환상의 다양한 형식으로 관념을 직접적으로 다루는 것에 더 편안함을 느껴왔다. 예를 들어 나는 앞서 두 유형의 예들(브래드버리의 『역사 인간』과 버틀러의 『에레혼』)을 살펴본 바 있다. 버지스의 『시계태엽 오렌지』는 두 번째 유형인 『에레혼』 계열에 속한다.

버지스는 자서전에서 이 소설이 원래 1960년대 영국의 모드족과 로커족이라 불리던 젊은 훌리건들의 탈선행위와 그들이 던지는 영원불변의 문제, 즉 문명사회는 어떻게 하여 스스로의 윤리적 수준을 외면하지 않고 무정부주의적인 폭력으로부터 스스로를 지킬 수 있는가 하는 문제로부터 영감을 받았다고 기록한 바 있다. 반체제적인 가톨릭교도인 버지스는 "이 소설은 과학적 통제에 의한 자유의지의 박멸이 자유의지에 의해 악을 선택하는 것 이상으로 큰 악은 아니지 않을까라는 문제의… 형이상학적 혹은 신학적 기반을 가졌어야만 했다"라고 회상한다.

이 소설은 알렉스라는 젊은 폭력단원의 고백적인 목소리로 이야기되는데, 그는 성과 폭력의 소름끼치는 범죄를 저지른 혐의로 기소된다. 그는 형무소로부터 석방되기 위해 파블로프식의 조건반사 실험에서 영향을 받은 반감요법(反感療法 : 루도비코 요법)을 받는 것에 동의하는데, 그것은 메스꺼움을 유발하는 약을 먹고 자신이 저지른 것과 동일한 종류의 범죄가 나오는 영화를 끊임없이 보는 것이다. 이 치료법의 효과가 위에서 인용한 장면에 나타나 있다. 범죄학자들이 지켜보는 가운데, 알렉스는 이 목적을 위해서 고용된 배우에 의해서 조롱받고 학대받는데, 그러나 그는 보복하고자 하는 충동을 느끼자마자 메스꺼움에 압도되어 패배를 인정하지 않을 수 없게 된다. 형무소의 교화사(敎化師)는 알렉스의 그런 모습을 보고, 그 교화 과정에서 알렉스가 인간다움을 잃어버리고 만 것이 아닌가라는 질문을 던지는 것이다.

모리스의 『미지로부터의 소식』, 헉슬리의 『멋진 신세계』, 오웰의 『1984』 등의 많은 관념소설들처럼, 『시계태엽 오렌지』는 미래를 배경으로 하고 있어서(비록 그리 멀지 않은 미래이지만) 작가는 리얼리즘에 구속되지 않고 자신의 윤리적 논쟁의 모든 조건을 명쾌하게 설정할 수 있었다. 버지스가 뛰어난 것은 이런 전략에 이 책에서 내가 샐린저의 『호밀밭의 파수꾼』을 다루면서 '십대의 눈으로 바라보기'라고 명명했던 것(제4장 참조)의 고도의 독창적인 판본을 통합시켰다는 점이다. 일반적으로 십대들과 범죄자들은 또래들끼리만 통하는 은어(隱語)를 사용하여 어른들의 세계와 자신들의 세계를 구별하려고 한다. 버지스가 상상한 1970년대 영국의 비행 청소년들은 러시아어의 많은 영향을 받은 화법을 사용하고 있다(당시는 스푸트닉 1호 인공위성의 시대여서 그렇게 놀라운 것으로 생각되지 않았을 것이다). 알렉스는 자신의 이야기를 가상의 은어인 '나드사트 nadsat'(러시아어의 '십대'를 의미하는 접사)로 가상의 '드루그 droogs'(러시아어로 drugi는 친구들이다)에게 말한다. 물론 공식적으로 대화를 할 때에는 표준 영어를 사용하지만 말이다. 약간의 런던 토박이 방언이 있지만(찰리 = 찰리 채플린 = 채플랜 = 교화사), 기본적으로 이것들은 러시아어에서 온 것이다. 하지만 러시아어에 대한 별도의 이해가 없더라도, 인용한 두 번째 문장에서 쉐리(sharries)는 '엉덩이', 야흐직(yahzick)은 '혀', 그래흐즈니(grahzny)는 '더러운', 보니(vonny)는 '악취 나는' 등을 의미한다는 것을 추측할 수 있으며, 특히 이 부분에 앞선 99장을 읽었다면 더욱 쉽게 예측할 수 있다. 버지스는 독자가 작품을 읽어나가면서 '나드사트'어를 맥락과 그 밖의 다른 증거들을 통해서 서서히 배워나갈 수 있도록 계산해서 글을 쓰고 있다. 그래서 독자도 처벌보다는 보상(이야기를 따라갈 수 있다는 의미에서)에 의한 강화를 통해서 일종의 파블로프식의 조건반사를 겪게 되는 것이다. 다른 또 하나의 효과는 언어가 이런 식으로 양식화됨으로써 거기에서 나오는 잔혹한 행위가 어느 정도 일정한 미학적 거리를 두고 말해지게 되고 그로 인해 우리도 과도한 혐오감이나 흥분을 느끼지 않게 되는 것이다. 이 소설이 큐브릭에 의해 영화화되었을 때

조건 반사의 효과는 그 힘을 보다 아이러니하게 실증해 보였다. 즉, 큐브릭은 이 폭력적인 행위를 보다 몽환적이고 접근 가능한 시각 매체로 전환함으로써 이 영화가 대상으로 하는 비행 청소년들의 폭력 행위를 결과적으로 선동하게 되었던 것이다. 결국 큐브릭은 영국에서 이 영화의 상영을 중지하지 않으면 안 되었다.

제45장 논픽션 소설 The Non-Fiction Novel

머지않아 둥근 모자와 가발을 쓴 남자가 하인 혹은 안내인 인 듯한 사람들과 어깨동무를 하고 오는 것을 볼 수 있게 된다. 그 남자 또한 빌뤼에르 문을 통해 나온 것인지 경비소를 지나칠 때는 구두를 맨 끈이 풀어져서 그것을 다시 고쳐 매기 위해 몸 을 숙인다. 하지만 남자는 유리창이 달린 마차의 마부에게 지금 까지 승객 이상의 환대를 받는다. 그런데, 그의 승객이 다 찬 것 일까? 아니, 아직은 아니다. 마부는 다시 기다리고 있다. 이런! 왕실 가족이 오늘밤 도망가려고 한다는 것을 가짜 시녀가 구비 옹에게 알리자 그는 의심 가득한 눈을 게슴츠레 뜨고서 라파예 트 쪽에 급사를 보냈던 것이다. 그래서 라파예트의 마차가 황황 히 불빛을 일렁거리면서 바야흐로 카루젤의 개선문을 달려나온 다. 그런데 거기에는 귀부인 한 사람이 넓은 창이 있는 모자로 얼굴을 가린 채, 마차가 지나가도록 하인의 팔에 몸을 의지한 채 옆으로 비켜서 있다. 마차 바퀴살을 가는 지팡이로 가볍게 두드려보인다. 당시 미인들이 지니고 다닌 것과 같은 바딘이라고 부르는 작은 마법의 지팡이였다. 라파예트 마차의 불빛이 지나쳐간다. 성내는 다시 고요해진다. 경비는 각자의 위치에 있고 궁전은 침묵을 머금는다. 당신의 가짜 하녀가 틀렸던 것인가? 잘 지켜보라 구비옹, 백 개의 눈을 가진 거인 아르고스처럼. 이 성벽 안에서는 틀림없이 무언가 일어나고 있다.

그런데, 집시 모자를 쓰고 바닥으로 바퀴살을 두드렸던 귀부인은 어디로 간 것일까? 오, 독자여, 바퀴살을 두드린 그 귀부인이야말로 틀림없이 프랑스의 왕비였던 것이다. 왕비는 개선문을 통해 카루젤 광장까지 무사히 탈출했던 것이다. 하지만 에슐레 거리까지 가는 것은 용이하지 않았다. 왕래하는 사람들이 떠드는 소리에 당황해서 왕비는 왼쪽이 아니라 오른쪽으로 돌았다. 그녀도 그녀의 안내인도 파리 거리를 전혀 알지 못했다. 그 남자는 사실 안내인으로 변장했지만 실제로는 충성심밖에 없는 전직 호위병이었다. 탈출한 것까지는 좋았지만 두 사람은 길을 잘못 들어 로얄 다리로 나아가고 말았고 뤼 드 박 거리를 정처없이 걸었다. 마부는 어느 정도 먼 거리에서 계속 기다리고 있다. 마부는 심장의 고동을 느끼면서 이런저런 생각을 외투로 감싸고 있는 것이다.

도시의 첨탑 종이 자정을 알린다. 소중한 한 시간이 그렇게 흘러가버린 것이다. 모든 생명 있는 것들은 잠이 든다. 마부는 기다린다. 하지만 그 얼마나 초조한가! 동료 마부가 와서 말을 건네어, 유쾌한 마부들의 은어를 교환한다. 함께 담배를 나누어 피우고, 술은 사절하고, 작별인사를 나눈다. 오오, 하늘이시여!

드디어 집시모자의 왕비가 나타났다. 스스로 길을 찾고, 위기를 넘기고. 왕비도 옳게 길을 잡는다. 안내인으로 위장한 호위병이 뛰어 오르자 또 한 사람의 가짜 안내인도 올라탄다. 그리고 이제 독자 여러분도 알겠지만 마부로 변장한 페르센 백작이 말고삐를 쥔다.

— 토머스 칼라일, 『프랑스 혁명』(1837)

●　　　　●　　　　●

'논픽션 소설'이라는 용어는 트루먼 카포트가 자신의 작품 『냉혈 : 다중 살인의 실제 사례와 그 결과』(1966)를 지칭할 때 사용한 이후에 서서히 쓰이기 시작했다. 1959년 미국 중서부에 살던 무고한 가족 네 명이, 하층계급 출신으로 주거가 불분명한 두 명의 사이코패스에 의해 잔인하게 그리고 이유 없이 살해당했다. 카포트는 이 가족의 가족사와 사회적 환경을 조사했고 처형 직전 범인의 독방을 방문하여 그들의 이야기를 듣고, 특히 두 사람의 사형집행에도 참석했다. 그리고 나서 그는 사건의 전말을 한 권의 책으로 썼는데, 면밀한 조사기록으로 가득한 감동적인 이야기는 문체에 있어서나 구조에 있어서 소설과 구분되지 않았다. 이것이 불씨가 되어 최근 이른바 다큐멘터리 서사가 유행하기 시작했는데 대표적인 것으로는 톰 울프의 『급진 성향』과 『필사의 도전』, 노먼 메일러의 『밤의 군대들』과 『집행자의 노래』, 그리고 토머스 케닐리의 『쉰들러 리스트』 등을 들 수 있다. '논픽션 소설'이란 용어는 분명히 역설적인 표현으로, 그렇게 일컬어지는 책이 속해야 하는 장르에 관해서 회의적인 논쟁이 있어온 것도 무리는 아니다. 과연 이 작품들은 역사책인가 르포르타주인가 아니면 상상력의 산물인가? 예를 들어 나치 지배하에 있던 폴란드에서 강제노동에 동원될 노동자를 고용할 수 있는 위치를 이용해서 수많은 유대인의 목숨을 구한 독일인 실업가와 관련된 실화를 바탕으로 한 『쉰들러 리스트』 같은 작품은, 미국에서는 논픽션으로 출판되었지만 영국에서는 소설 작품으로 부커(Booker)상을 수상했다.

울프는 미국 대중문화의 기이한 영역을 취재하는 저널리스트로서 문필활동을 시작해서 이후에는 긴 이야기 형태로 주제를 전개하는 작품을 썼다. 대표적인 예는 『급진 성향』인데 이것은 블랙팬더당을 위한 자금조달 행사를 주최한 현대풍의 뉴욕의 인텔리를 우스꽝스럽고 악의적으로 묘사한 이야기다. 1960년대와 1970년대에 걸쳐 미국에서는 다른 작가들도 이와 같은 활동을 펼쳤는데 울프는 그런 새로운 문학운동의 선도자임을 자임했다. 그는 이러한 문학운동을 '뉴 저널리즘'으로 명명하고 1973년에 자신이 편집한 선집(選集)에 그 이름을 붙이기도 했다. 그는 그 책의 서문에서, 뉴 저널리즘이란 신화와 기교와 메타픽션적인 책략만을 추구하는 소설가들이 간과해 온, 사회의 현실을 묘사하는 소설의 전통적인 기능을 이어받은 것이라고 주장했다. 이후에 울프 자신은 『허영의 불꽃』이라는 작품을 통해 파노라마적인 사회소설을 되살려 내려고 시도해서 어느 정도 성공을 거두었다.

　논픽션 소설, 뉴 저널리즘 픽션 등 여러 가지 이름으로 일컬어지는 이 소설 기법은 정통적인 르포르타주 작가와 역사편집자에게서는 생각할 수 없었던 흥미진진함과 박력과 감정에 호소하는 힘이 있었고 동시에 독자에게는 실화에 바탕을 두고 있다는 점에서 소설이 갖지 못한 매력이 되었다. 오늘날에 와서 논픽션 소설이 하나의 이야기 형식으로 정착한 감이 있지만, 사실은 다양한 형태로 위장되어 옛날부터 존재해왔던 것이다. 문학형식으로서의 소설은 부분적으로 초기의 저널리즘에서 진화한 것이다. 신문기사, 팸플릿, 범죄자의 고백, 재난이나 전쟁 이야기, 기이한 사건 등은 이야기를 쉽게 믿는 사람들에게 실화로서 회자되곤 했지만, 대부분의 경우 어느 정도의 창작된 부분을 포함하기 마련이었다. 디포는 다큐멘터리 서사의 문장을 모방한 형태로 소설가로서의 문필활동을 시작해서 『빌 부인의 유령』과 『전염병이 유행하던 해의 일기』 등의 작품을 집필했다. 19세기 후반에 '과학적인' 역사기술의 방법이 발달하기까지 소설과 역사서술은 서로에게 영향을 주었다. 스콧은 스스로를 소설가이며 어느 정도는 역사가라고 간주해 왔으며 『프랑스 혁명』의 저자 칼라일도 현대 역사가라기보다는 오히려 한 사람의 소설가로서 글을 썼다.

　『뉴 저널리즘』 선집의 서문에서, 울프는 그것이 소설에서 빌려온 기법을 다음과 같이 네 가지로 구분하고 있다. (1) 요약보다는 장면 묘사를 통해 말하기, (2) 보고문보다 대화를 많이 사용하기, (3) 비인격적 시점보다 특정한 참여자의 시점에서 사건을 제시하기, (4) 리얼리즘 소설에서 계층, 인격, 지위, 사회환경 등의 지표로써 기능하는 외모, 복장, 소지품, 몸짓의 세부묘사를 짜 넣은 것 등이다. 칼라일은 이런 모든 기법을 『프랑스 혁명』(1837) 속에서 이용하고 있는데 그 과정에서 울프가 언급하지 않은 기법도 등장하고 있다. 예를 들면 독자가 마치 역사적 사건을 목격하거나 엿듣고 있는 듯한 환상을 만들어내기 위해 '역사적 현재' 시제를 사용하여 독자를 텍스트 속으로 끌어들이고 있는 것이다.

위에서 인용한 대목은 1792년 6월에 루이 16세, 마리 앙투아네트 그리고 두 명의 아이가 튈르리 궁전에서 탈출하는 장면을 묘사하고 있다. 루이 16세 일가는 군주제를 채택한 이웃 국가가 프랑스에 침입하는 것을 두려워한 국민의회에 의해서 말하자면 인질처럼 유폐되어 있었다. 스웨덴의 페르센 백작이 계획한 야간도주라는 역사적 사실로부터 칼라일은 이런 재미있는 이야기를 끌어내오고 있다. 우선(인용한 대목의 바로 앞에서) 그는 (개인적으로 고용한) 보통의 유리창이 달린 마차의 마부가 튈르리 궁전에 가까운 레쉘르 거리에서 승객을 기다리는 모습을 묘사한다. 그러다가 전신을 완전히 가린 정체불명의 인물이 경비가 없는 문으로부터 궁전 밖으로 나온 후 이 마차 내부로 미끄러져 들어간다. 그 사이에 변장한 국왕으로 보이는 인물이 경비병 앞을 지날 때 "구두를 맨 끈이 풀어"지게 되는데 이것은 서스펜스 효과를 높이기 위한 모험소설의 상투수단이다. 칼라일은 특히 서술자의 목소리를 빌려서 그 효과를 높이고 있다. "그런데, 그의 승객이 다 찬 것일까? 아니, 아직은 아니다." 그 사이, 궁전 안에는 의

혹이 증폭되고 계획이 위태롭게 된다. 시간을 잘게 쪼개어 말하는 듯한 제시를 통해서 칼라일은 사건의 핵심을 재현하고 바야흐로 국민군 총사령관 라파예트가 현재형으로 시찰에 나선 그 시점까지 이야기를 되돌리는 것이다. 마부가 기다리던 마지막 승객인 집시모자로 얼굴을 가린 여성은 앙투아네트로, 그녀는 라파예트의 마차를 지나가게 하기 위해 옆으로 물러선다. 마치 아슬아슬한 탈출이었다는 것을 말하려는 듯 그녀는 "당시 미인들이 지니고 다닌 것과 같은" 바딘이라고 부르는 가느다란 지팡이로 마차 바퀴살을 건드린다. 칼라일은 이 대목에서 복장의 묘사를 통해 등장인물들의 실제의 사회적 지위와 그렇게 변장하기까지의 수고로움을 암시하고 있는데 이것들이야말로 울프가 선호했던 수법이다.

왕비와 그녀의 호위병이 자신들의 수도인 파리의 지형을 몰라서 길을 잃어버리고 마는 장면의 묘사는 멋질 만큼 신랄한 풍자를 내포하며 또한 긴장감을 고조시키는 데에도 일조하는데, 그 긴박감은 "마부는 심장의 고동을 느끼면서 이런저런 생각을 외투로 감싸고 있는 것이다"라는 문장에서도 드러난다. 이 인물이 페르센 백작이라는 것은 이미 독자도 알아차렸을지 모르지만 그 사실을 알리는 것을 지연시킴으로써 칼라일은 이야기의 완성에 미스터리를 가미하고 있다. 두 번째 단락은 폰 페르센의 시점으로 기술된다. "오오, 하늘이시여!"라는 표현은 마침내 앙투아네트가 모습을 드러냈을 때 그가 실제로 한 말이거나 혹은 미처 발화되지 못한 마음의 외침이다. 물론 이런 이야기 기법은 부득이하게 도망치는 왕가의 궁지를 독자가 자신의 일처럼 실감하도록 만든 것인데, 공교롭게도 칼라일 자신이 기본적으로 그들을 동정하고 있었다는 것을 여실하게 보여주고 있다. 다만 이 책 전체를 보게 되면 그는 혁명을 구체제가 스스로 초래한 것으로 이해하고 인과응보적으로 묘사하고 있다.

칼라일은 프랑스 혁명과 관련된 산더미 같은 자료에서 드러나는 사실(史實)들을 역사가처럼 한데 모아 소설가다운 필력으로 도덕적 해석을 행하면서 각색했다. 디킨즈가 이 책에 매료되어 어디를 가든지 지니고 다녔다는 것도 그리 놀라운 일이 아니다. 비단 『두 도시 이야기』 말고도 영국 사회의 거대한 파노라마를 그린 디킨즈의 다른 작품들도 이 예로부터 모방한 대목이 많다. 여기서 인용한 대목이 세부에 이르기까지 역사적인 자료에 근거를 두고 있는 것인지는 알 수 없다. 그렇지만 지팡이를 가지고 있는 앙투아네트의 모습은 너무나 구체적으로 묘사되어 있어서 아무 근거도 없이 칼라일이 창작한 것이라고는 생각되지 않지만, 그 자신은 출전을 밝혀놓지 않았다. 한편 마부로 변장한 페르센 백작이 진짜 마부들과 대화를 나눔으로써 시험받는 장면은 좀 더 미심쩍다. 왜냐하면 그것은 아주 편리하게 서스펜스 효과를 높이고 있기 때문이다. 이런 반응을 예상했는지 이 에피소드에 관해서는 칼라일 자신도 두 가지의 출전을 각주를 통해 밝히고 있다. 이런 종류의 문학이 근거로 하는 격언이 있다면 그것은 분명히 '진실은 소설보다 기이하다'는 것이다.

제46장 메타픽션 Metafiction

꼽추들, 뚱뚱한 여자들, 바보들—누구도 좋아하지 않는 지금의 자기가 된 것은 아닐까, 견딜 수 없는 말이다. 영화였다면 그는 유령의 집에서 아름다운 소녀를 만났을 것이다. 다음에 엄습해오는 진짜 위험을 두 사람은 아슬아슬하게 도망쳤을 것이다. 그는 완벽하게 행동하고, 완벽하게 말했을 것이다. 그녀도. 결말에서 두 사람은 연인이 된다. 두 사람의 대화는 어긋남이 없고, 그는 완벽하게 휴식을 취할 것이다. 그녀 편에서도, 그를 나름대로 좋아하는 것은 물론, 그를 최고라고 생각할 것이다. 그를 생각하면서 그녀는 잠 오지 않는 밤을 지새우겠지만 그 반대의 경우는 없을 것이다. 그의 얼굴이 다양한 빛 아래에서 어떻게 보일까를, 그의 선 자세를, 그가 하는 말을, 그녀는 떠올릴 것이다. 그럼에도 불구하고, 그의 멋진 인생에서 이것은 많은 에피소드 가운데 사소한 하나에 지나지 않는다. 중대한 전환점은 아니다. 공구실에서 있었던 일은 아무 의미도 없었기 때문이었다. 부모라면 지긋지긋했다. 유령의 집에서 길을 잃게 되는 이야기를 쓰지 않는 한 가지 이유는, 엠브로즈가 느끼는 것은 누구라도 느꼈기 때문이거나, 이 경우라면 말할 필요도 없다. 아니면 어떤 정상적인 사람들도 그런 것을 느끼지 않기 때문일 텐데, 이 경우라면 엠브로즈는 괴짜에 불과하게 된다. "소설에서, 예민한 청소년들의 문제만큼 지루한 것이 있을까?" 그리고 이 작가의 경우처럼, 그것은 아주 길고 두서없는 이야기일 것이다. 처음이라면 모를까, 실제로 결말은 모퉁이를 돌면 있을지도 모른다. 어쩌면, 이미 몇 번이나 손닿는 곳까지 와 있다고 하는 것도 불가능하지는 않다. 반면에, 사실은 아직, 출발점조차 제대로 넘어서지 않은 줄도 모르고, 이도 저도 아니면 이제부터인지도 몰라서, 그것은 그래서 견디기 힘들다.

　　　　　　　　—존 바스, 『유령의 집에서 길 잃은 아이』(1968)

●　　　　●　　　　●

메타픽션은 소설에 관한 소설이다. 즉 소설 자체가 허구라는 사실과 소설 자체가 쓰이는 과정에 주의를 환기하는 소설을 의미한다. 모든 메타픽션의 원조는 『트리스트럼 샌디』로 서술자 트리스트럼이 가상의 독자와 나누는 대화도 보통의 리얼리즘이라면 감추려고 하는 허구와 현실과의 간격을 일부러 드러내기 위해 작자 스턴이 사용하는 여러 수단 가운데 하나이다. 메타픽션은 결코 현대의 발명품이 아니지만 대다수 현대 작가들이 특히 즐겨 매혹되는 수법인 것만은 확실하다. 그것은 현대 작가가 문학사의 선배들에게 압박을 느끼지 않을 수 없는, 무엇을 쓰더라도 이미 누군가에 의해 말해진 것에 불과한 것이 아닐까 하는 불안에 짓눌리게 되는 현대문화의 풍조로부터 자의식의 과잉에 빠져들게 되는 양식 가운데 하나인 것이다.

영국 소설의 경우 메타픽션적 담론은 인물과 이야기를 묘사하는 전통적인 소설적 임무에 초점을 맞춤 작품들의 '외곽'에서 주로 등장해 왔다. 이런 작품들은 리얼리즘의 수법을 사용하면서 리얼리즘이라는 관습의 인공성을 드러내버린다. 비평을 선취(先取)함으로써 비평을 무장해제시키는 것이다. 독자를 지적으로 대등한 인간으로 취급하여 소설 작품이 인생의 한 단면이라기보다는 언어적 구성물에 불과하다고 말함으로써 기가 질리게 만든다. 예를 들어 마가렛 드래블의 소설 『황금의 왕국』은 두 명의 여주인공들 중에서 좀 더 억압적인 사람이 주관한 교외의 저녁 파티에 관한 장황하고 리얼리즘적인 묘사 뒤에 제3부를 다음과 같이 시작하고 있다.

그런데, 자넷 버드는 일단 그 정도로 충분했다. 충분한 것 이상이었다고 당신은 생각할지도 모른다. 그녀의 삶은 대단히 느렸고, 실제로 여기서 묘사하는 것 이상으로 느렸기 때문이며, 그녀의 저녁 파티가, 당신에게 그랬듯이 그녀에게는 너무 길다고 생각되었기 때문이다. 프랜시스 윈게이트의 삶은 훨씬 빨리 흘러갔다. (비록 이 책에서 시작되는 것은 조금 느렸지만, 그것은 아마도 전략상의 실수였을 것이다. 조증(躁症)이 온 순간에 그녀를 시작해야겠다는 생각도 몇 번인가 머리에 떠올랐지만, 그렇게 쓰는 것에 대한 부정적인 요인이 긍정적인 요인보다 클 것이라는 결론에 이르렀기 때문이다.)

드래블의 소설에는 『트리스트럼 샌디』의 흔적이 엿보인다. 비록 어조와 주제, 독자에게 유머러스하게 사과하는 태도와 '지속'(제41장 참조)의 측면에서 이야기 구성을 강조한다는 차이가 있지만 말이다. 하지만 이 소설에서 이런 고백은 작품의 주제를 근본적으로 방해할 만큼 빈번히 일어나는 것은 아니며, 이 작품은 전체적으로는 어디까지나 교육을 받은 여성들이 현대사회에서 차지하고 있는 위치를 리얼리즘적인 전통적 형식으로 상세하게 읽을 만한 가치가 있는 이야기 속에서 탐구한다.

주로 영국 이외의 작가들(아르헨티나의 보르헤스, 이탈리아의 칼비노, 그리고 미국의 존 바스 등이 우선 떠오르지만, 영국의 파울즈도 이런 범주에 든다)의 경우, 메타픽션적 담론은 단순히 작가가 전통적인 리얼리즘의 제약에서 벗어날 수 있는 수단으로써의 빠져나갈 구멍이나 알리바이에 그치는 것이 아니라 오히려 중심적인 관심사, 영감의 원천이 된다. 언젠가 존 바스는 「고갈의 문학」이라는 제목의 유명한 에세이에서, '메타픽션'이라는 용어를 사용하지는 않았지만 메타픽션을 "예술가가 우리 시대의 극한 상태의 감정을, 자신의 작품을 위한 소재나 수단으로 역설적으로 전환하는" 수단이라고 옹호한 점이 있다. 물론 톰 울프(앞 장 참조)처럼 그런 것을 퇴폐적이고 나르시시즘적인 병적 문학풍조의 증상에 지나지 않는 것으로 간주하여 반대하는 작가들도 존재한다. "소설을 쓰는 작가에 대한 소설이라니! 또 다른 무한후퇴다! 그런 식으로 스스로가 만드는 과정을 노골적으로 흉내 내는 예술보다, 적어도 무언가 다른 것을 정정당당히 모방한 예술 쪽이 낫지 않을까?" 하지만 이런 불평은, 다름 아닌 바스 자신에 의해 단편집 『유령의 집에서 길 잃은 아이』의 한 편인 「인생 이야기」에서 이미 언급되어 있다. 이처럼 메타픽션 작가들은 예상할 수 있는 비평을 사전에 텍스트 속에서 취급하여 그것을 교활하게 '소설화'하는 경향이 있다. 그들은 또한 패러디 수법을 사용해서 정통적인 소설의 신빙성을 훼손시키는 것을 즐긴다.

「유령의 집에서 길 잃은 아이」라는 표제작은 1940년대에 어떤 가족이 행락지인 애틀랜틱 시티에 놀러 왔던 이야기를 쓰려고 하는 바스 자신의 시도를 그린 작품이다. 주인공은 사춘기 소년 엠브로즈로, 그는 부모와 형 피터, 삼촌 칼, 그리고 어릴 적 친구로 현재는 그와 마찬가지로 십대가 된, 그래서 성적인 관심의 대상인 마구다 등과 동행한다. 엠브로즈는 어릴 적 마구다와 함께 했던 <주인과 노예> 놀이를 애타게 떠올린다. 그 장난으로 노예 역을 맡았던 마구다는 그를 공구실에 데려가 "그녀 자신이 설정한 놀라운 대가로 동정심을 사려고 한다." 기본적으로 이것은 자유와 충족을 구하는 사춘기의 갈망의 이야기다. 『젊은 예술가의 초상』과 『아들과 연인들』처럼 '작가로 성장하게 될 소년에 관한 자전적 소설'의 위대한 전통에 대한 '질릴 정도의' 각주(脚註)인 것이다. 이야기는 해안의 산책도로에 있는 유령의 집에서 엠브로즈가 길을 잃는 데에서 절정을 맞도록 의도되어 있는데 어떤 상황에서 어떤 결과가 초래될지 작가도 결코 단정할 수 없다.

위에 인용한 대목에는 이야기의 구성과 연관된 관습에 의문을 던지는 자세가 교묘하게 이중화되어 있다. 우선 엠브로즈의 로맨틱한 열망이 할리우드 류의 소원성취적인 판타지의 패러디를 통해 묘사된다. "영화였다면 그는 유령의 집에서 아름다운 소녀를 만났을 것이다. 다음에 엄습해오는 진짜 위험을 두 사람은 아슬아슬하게 도망쳤을 것이다. 그는 완벽하게 행동하고, 완벽하게 말했을 것이다……" 이것은 분명 삼류 예술이다. 이것과 비교하면, 엠브로즈 자신의, 초조감으로 채색되고 눌변으로 고독한 생활은, 확실히 리얼리즘적인 진실미로 가득 차 있는 것처럼 보인다. 하지만 그 표현도 또다시 메타픽션의 전형적인 전개에 의해서 토대가 붕괴된다. 그것은 사회학자 어빙 고프먼이 '틀 깨기'라고 부른 것으로 드래블의 위 인용 대목에서도 볼 수 있는 기법이다. 작가의 목소리가 불쑥 끼어들어서 엠브로즈가 처한 상황은 너무 흔해 빠졌거나 묘사하기엔 너무 예외적이라고 주석을 가하는데, 이것은 마치 영화배우가 갑자기 카메라를 향해 얼굴을 돌려서, "정말 쓰레기같은 각본이군"이라고 말하는 것과 흡사하다. 『트리스트럼 샌디』의 방식으로 수다스러운 비평가가 이런 방식 전체를 공격하는 목소리마저 들려온다. "소설에서, 예민한 청소년들의 문제만큼 지루한 것이 있을까?" 작가는 자신의 소설에 대한 믿음을 갑자기 상실한 것처럼 보이고 심지어는 너무나 길고 두서가 없다고 고백하는 문장을 끝마칠 힘도 없는 것처럼 보인다.

물론 작가들은 종종 자신들이 하는 작업에서 자신감을 잃게 되지만 일반적으로 자신의 텍스트에서 그것을 인정하지는 않는다. 그렇게 하는 것은 실패를 인정하는 것이다. 하지만 다른 한편으로 그런 고백은 그런 실패 자체가 관습적인 성공보다도 오히려 흥미진진하고 훨씬 진실하다고 암암리에 주장하는 것이기도 하다. 보네거트는 놀라운 틀 깨기 효과와 시간의 이동(제16장)의 기상천외한 활용으로 유명한 소설인 『제5도살장』의 도입부에서, "이런 같잖은 책을 쓰느라고 얼마나 많은 돈과 시간을 들이고 신경을 소모해야 했는지 말하는 것조차 끔찍하다"라고 고백한다. 첫 장에서 그는 드레스덴 폭격과 같은 사건에 대해서 글을 쓰는 일의 어려움을 말하고, 그 이야기의 집필을 의뢰한 인물을 향해 "이 작품은 아주 짧고 뒤죽박죽이고 귀에 거슬려요, 샘. 왜냐하면 대량 학살에 대해 말할 만한 사람이 없기 때문이에요"라고 말한다. 이 작품의 토대가 된 개인적 경험은 보네거트에게는 너무나 큰 외상(外傷)이며 그 상처로 되돌아가는 것은 큰 고통을 수반하는 것이었기에, 보네거트는 자신의 운명을, 소돔과 고모라의 파괴를 되돌아봄으로써 인간의 본성을 보여주었지만 결국은 소금기둥으로 변하는 벌을 받게 된 구약성서에 나오는 롯의 아내의 운명과 비교하는 것이다.

이제 전쟁 소설은 끝마쳤다. 다음번 책은 즐거운 작품이 될 것이다.
이 소설은 실패작이다. 그럴 수밖에 없었기 때문이다. 왜냐하면 이 책은 소금기둥으로 쓴 것이기 때문이다.

실패는커녕 『제5도살장』은 보네거트의 대표작이며 전후에 영어로 쓰인 소설 중에서도 가장 기억될만한 작품 가운데 한 편이다.

제47장 기이함 The Uncanny

승부는 간단했다. 나는 거친 흥분으로 거의 광란에 이르렀으며, 팔에 여러 사람의 에너지가 넘쳐흐르는 것을 느꼈다. 몇 초만에 나는 맹렬한 기세로 그를 벽에 밀어붙인 후, 몇 번이고 그의 가슴을 칼로 찔렀다.

그 순간, 누군가가 문고리를 잡고 문을 열려고 했다. 나는 당황한 채 침입자를 막은 다음 곧바로 죽어가고 있는 적에게로 돌아왔다. 하지만 그 어떤 언어가, 그때 내 앞에 펼쳐진 광경을 보고 느낀 놀라움을 표현할 수 있을까? 내가 잠시 눈을 돌린 짧은 순간에, 방 안쪽의 배치에 물질적인 변화가 생긴 것 같았다. 커다란 거울이 ─ 잠시 혼란했던 내게는 그렇게 생각되었다 ─ 조금 전까지 그런 것은 보지 못했었는데 지금은 세워져서, 그리고 극도의 공포에 사로잡힌 내가 가까이 다가가자, 나 자신과 흡사한 모습이, 새파랗게 질리고 피투성이인 채, 힘없이 비틀거리며 다가오고 있는 것이었다.

눈에는 그렇게 보였지만, 실제는 아니었다. 그것은 내 상대인

윌슨이었다! 윌슨이, 내 눈앞에, 몹시 고통스러워하며 서 있는
것이었다. 그의 가면과 외투가, 아까 벗어던진 채로 테이블에 떨
어져 있었다. 그가 입은 의복의 실 한 오라기, 그의 얼굴의 특이
한 선, 모두가 그대로 나 자신의 것 아닌 것이 없었다.

— 에드거 앨런 포우, 「윌리엄 윌슨」(1839)

●　　　●　　　●

불가리아 태생의 프랑스 구조주의 비평가인 토도로프는 초자연
과 연관된 이야기를 3개의 범주로 나눌 것을 제안했다. 경이(驚異, the
marvellous-초자연적 현상에 대한 어떤 합리적인 설명도 불가능한)와 기이(奇
異, the uncanny-합리적인 설명이 가능한), 그리고 환상(幻想, the fantastic-자
연적인 설명과 초자연적 설명 사이에서 이야기가 결정불가능하게 동요하는 것)
이 그것이다.

이런 의미에서의 환상의 예는 헨리 제임스의 유명한 유령 이야기
인 『나사의 회전』이다. 한 젊은 여인이 외딴 시골집에 두 명의 고아
의 보모로 임명된다. 그녀는 그곳에서 분명히 전임 보모와 그녀를 유
혹했던 사악한 남자 하인을 닮은 인물들을 보게 되는데 그들은 이미
죽은 상태였다. 그녀는 그 사악한 영혼들이 자신이 돌보는 어린 아이
들을 지배하고 있다고 확신하고 아이들을 풀어주려고 한다. 절정부
에서 그녀는 마일스의 영혼을 차지하려는 남자 악령과 사투를 벌이
게 되지만 결국 그 소년은 죽게 된다. "악령에 내쫓긴 그의 작은 심

장은, 멈춰버린 것이다." (보모에 의해서 서술되는) 이야기는 토도로프가 말한 '경이'와 '기이'에 대응하는 두 가지 방식으로 읽힐 수 있고, 또 그렇게 해석되어져 왔다. 즉 '경이'라고 생각한다면 유령은 '실재'하고 보모는 초자연적인 악을 상대로 용감하게 싸우는 것이 된다. 한편 '기이'라고 본다면 유령은 보모 자신의 신경증과 성적인 열등감의 투영이며 그녀는 그에 의해서 보호되지 않으면 안 될 아이들을 오히려 공포에 몰아넣어 죽음에 이르게 한 것이 된다. 비평가들은 이런 독법 중 어느 것이 맞는지를 증명하기 위한 헛된 노력을 기울여 왔다. 이 작품의 핵심은 모든 것이 이중의 해석이 가능하며 그럼으로써 독자들이 회의감에 빠지지 않게 된다는 점이다.

토도로프의 유형분류는 이런 문제를 생각할 때에 유용한 관점을 제공하지만, 한 가지 곤란한 점은 그의 용어(le merveilleux, l'étrange, le fantastique)가 영어로 번역되면 혼란을 야기한다는 점이다. '환상'은 똑같이 번역되지만 확실히 '사실적인' 것에 반대되며 자연/초자연의 경계가 애매하다는 뉘앙스가 전달되지 않는다. '기이'가 『나사의 회전』과 같은 이야기에 더욱 적절한 것으로도 보인다. 물론 이런 적용방법에 이의를 제기할 점이 없지는 않다. 토도로프 자신도 작품에 따라서는 '환상적 기이 fantastic-uncanny' 혹은 '환상적 경이 fantastic-marvellous'와 같은 분류를 해야만 하는 경계적 작품들이 있다는 점을 인정하고 있다. 포우의 「윌리엄 윌슨」이 그런 작품이다. 토도로프 자신은 이 소설을 불편한 양심의 알레고리 혹은 우화로 읽음으로써 자신의 분류법에 따라 '기이'의 이야기로 규정짓고 있지만, 이 작품에는 '환상'의 본질에 속하는 것으로 간주한 애매함의 요소도 포함되어 있다.

「윌리엄 윌슨」은 도플갱어(doppelgänger, 분신) 이야기이다. 작품의 제목과 같은 이름을 가진 서술자는 서두에서 자신의 비행을 고백한 후에 어린 시절 살았던 기숙학교에서의 생활을 이야기한다. 그 낡은 건물에 대해서, "때로는 1층에 있는 것인지 2층에 있는 것인지도 알기 어려울 정도였다"('story'가 이야기와 층을 동시에 의미하는 동음이의어에 의한 장난을 의도적으로 사용하고 있다)고 묘사한다. 서술자는 그 학교에서 자신과 동일한 이름을 가지고 있고 같은 날에 입학했으며 생일도 같은 라이벌과 만난다. 두 사람은 겉으로 봐도 놀랄 만큼 닮아 있고 상대는 서술자의 행동을 풍자적으로 흉내 낸다. 이 '분신'이 서술자와 유일하게 다른 점은 속삭이는 정도 이상의 목소리를 내지 못한다는 점이다.

서술자인 윌슨은 이튼에 입학하고 드디어 옥스퍼드로 진학하면서 점점 더 타락해간다. 그런데 그가 가증스러운 행위를 범할 때면 그와 아주 똑같은 옷을 입고 얼굴을 가린 남자가 나타나서는 영락없이 똑같은 목소리로 '윌리엄 윌슨'이라고 속삭이는 것이다. 이 분신 때문에 카드놀이에서 속임수를 쓴 것이 탄로 난 윌슨은 외국으로 도망가지만 어디를 가든지 분신이 늘 뒤따라 온다. "몇 번이나, 마음속으로 나는 물었다. '녀석은 누구지? 어디에서 온 것일까?' '무슨 목적으로?'" 베니스에서 윌슨이 불륜 상대를 발견하고 가까이하려는 바로 그 순간, "누군가가 내 어깨에 가볍게 손을 얹는 것이 느껴졌고, 저 잊히지 않는, 희미한, 저주의 목소리가 귀에 들려왔다." 분노에 휩싸

여서 윌슨은 가지고 있던 칼을 휘둘러 상대를 습격한다.

말할 것도 없이 이 분신은 윌슨 자신의 양심의 외화(externalization) 또는 그 내부에 살고 있는 더 나은 자아가 밖으로 투영된 환각이라는 설명이 가능하다. 이런 점을 시사하는 암시도 작품 속에 얼마든지 나타나 있다. 예를 들면 윌슨은 기숙학교 시절의 분신에 대하여 "나보다 훨씬 예민한 도덕적 감각을 가지고 있다"고 술회하고 있으며 두 사람의 외모의 유사함에 놀라는 것도 단지 윌슨 한 사람뿐이다. 그렇긴 하지만 그런 '기이' 현상에 신빙성 있는 구체성이 어느 정도 갖추어지지 않았더라면 그 이야기는 그렇게 설득력 있고 매력적인 힘을 갖지 못했을 것이다. 이 소설의 절정부는 특히 그 거울에 대한 애매한 언급에서 예술적이다. 합리적인 관점에서 본다면 격렬한 죄의식과 자기혐오가 엄습한 윌슨은 자신의 거울상을 분신이라고 오해하고 그것을 부수는 과정에서 자신의 몸을 칼로 찌르게 되는 것이 가능할 것이다. 하지만 윌슨의 시점에서 본다면 이야기는 역전되어 처음에는 자기 자신의 반영이라고 생각했던 것이, 사실은 자신의 분신이 피를 흘려가면서 죽어가는 모습이었던 것이 된다.

고전적으로 '기이'한 이야기는 대부분 '나'를 서술자로 하여 이야기를 좀 더 신뢰할 만한 것으로 만들기 위해서 고백, 편지, 증언 등과 같은 다큐멘터리적 형식을 모방한다(메리 셸리의 『프랑켄슈타인』, 스티븐슨의 『지킬 박사와 하이드』를 비교해 보라). 그리고 이런 서술자는 다른 맥락이었다면 지루할 만큼 진부함을 느낄 수 있을 관습적인 미문체를 사용하는 경우가 많다. 예를 들어 위 인용문에서 "거친 홍분으로", "여러 사람의 에너지", "맹렬한 기세로", "몇 번이고" 등의 표현이 그렇다. 포우가 속해 있고 또 그가 엄청난 탄력을 부여한 고딕-호러의 전체적 전통은 이런 종류의 '멋지면서도 신통치 않은 문장'으로 가득 차 있다. 독창성이 결여된 수사의 예측가능성은 서술자의 신뢰성을 보증하고, 그 기이한 경험을 보다 믿을 만한 것으로 만든다.

제48장 서사구조 Narrative Structure

손

나는 내 어린 아이를 때렸다. 나의 분노는 강력했다. 정의(正義)처럼. 그러자, 나는 내 손에 아무 느낌이 없다는 것을 알았다. 나는 말했다. "잘 들어라, 너에게 복잡한 것에 대해 말하고 싶구나." 나는 특히 아버지다운, 진지함과 주의를 가지고 말했다. 내가 말을 끝마쳤을 때, 그 아이는 내가 자기를 용서하고 싶어하는지 물었다. 나는 그렇다고 말했다. 아이는 아니라고 말했다. 트럼프의 마지막 패처럼.

괜찮아

"이런저런 시험을 해보는 건 상관없어" 하고 그녀가 말했다. "하지만 잘못된 느낌이 들어." "나는 괜찮은데"라고 말했다. 그녀는 "너한테는 잘못된 것이 옳은 거잖아"라고 말했다. "나는 옳다고 말한 게 아니고, 괜찮다고 말했어"라고 나는 말했다. "큰 차이가 있지," 하고 그녀는 말했다. 나는, "맞아, 나는 조금만 틀려도 신경이 쓰여. 내 마음은 절대 멈추지 않아. 내겐 거의 모든 것이 항상 틀려 있어. 내 기준은, 기분이 좋으냐 나쁘냐야. 나한 테는, 이건 괜찮아"라고 말했다. 그녀는 "나한테는 역겨워"라고 말했다. 나는 "뭘 좋아하는데?"라고 말했다. 그녀는 "나는 좋아 하지 않는 것을 좋아해. 내 느낌을 뛰어넘는 것에는 관심이 없어. 괜찮을 만큼 충분히 오래 살고 싶지는 않아."

엄마
나는, "엄마, 무슨 일이 일어난 줄 알아?"라고 물었다. 그녀는, "오, 저런," 하고 말했다.
— 레오나르드 마이클스, 『할 수만 있었다면 그들을 구했을텐데』(1975)

●　　●　　●

서사구조는 현대의 고층건물을 지탱하는 대들보의 골조와 같은 것이다. 눈에는 보이지 않지만 건축물의 형태와 개성을 좌우한다. 하지만 소설의 구조의 효과는 공간이 아니라 시간을 통해서 그것도 상당히 오랜 시간에 걸쳐 경험된다. 예를 들어 코울리지가 문학에서 3개의 위대한 플롯 가운데 하나라고 생각했던 필딩의 『톰 존스』(나머지는 둘 다 희곡작품으로 소포클레스의 『오이디푸스 왕』과 벤 존슨의 『연금술사』다)는 펭귄판으로 거의 9백 페이지에 달한다. 제36장에서 언급한 것처럼 이 작품은 전체 18권 198개의 장으로 나누어져 있는데 첫 번째 6권은 시골, 다음 6권은 길 위 그리고 마지막 6권은 런던을 무대로 하고 있다. 정확하게 소설의 중간 지점에서 주요 인물 대부분이 똑같은 여인숙을 거쳐가는데 이야기를 설익은 상태로 결말짓게 될 그들 간의 만남은 이루어지지 않는다. 작품 전체에는 의외성과 수수께끼, 서스펜스가 넘쳐나며 전통적인 '역전'과 '발견'과 더불어 끝을 맺는다.

이런 복잡한 플롯의 전개를 짧은 인용으로 설명하는 것은 불가능하지만, 내가 아는 한 가장 짧은 소설을 쓴 작가 가운데 한 사람인 미국 작가 마이클스의 작품이라면 플롯의 전개를 응축시킨 형태로 음미하는 것이 가능하다. 실제로 위에서 세 부분의 단편을 인용한 것은 약간의 속임수인데, 이 부분들은 원래 전체가 <외식>이라는 제목의 단편연작에 속해 있는 것들로서 그것들 하나하나가 독자적인 의미를 구성하도록 의도되어 있지는 않다. <외식> 연작에 속하는 이야기들 가운데 몇 작품은 등장인물도 동일하고 내용적으로 서로 연관되어 있다. 예를 들어 위에 인용한 「엄마」는 서술자와 그 어머니의 일련의 대화형식의 이야기 가운데 하나다. 전체는 부분의 합계 이상의 큰 의미를 갖는다. 그럼에도 불구하고 각각의 부분들도 그것 자체로 완결된 이야기이며 이런저런 제목도 붙어 있다. 이런 맥락을 벗어난다고 해도, 「엄마」라는 소품의 의미는 충분히 분명하다. 즉 유태인 어머니는 언제나 최악의 상황을 상정한다는 것이다. 아마도 이 텍스트는 이야기와 농담의 경계선에 놓여 있다고 해도 좋을 것이다. 한편, 「손」에는 그런 장르상의 애매함이 없다. 그것은 서사적 통일성이라는 고전적인 관념에 충실한 이야기이기 때문이다. 이 작품에는 아리스토텔레스가 정의한 처음과 중간과 끝이 존재한다. 처음은 그것보다 앞선 것이 없어야 하고 끝은 이후에 남겨진 것이 없어야 하며 중간은 그 앞과 뒤로 무엇인가를 필요로 하는 것이다.

「손」의 시작 부분은 서술자가 그의 아들을 벌하는 것을 묘사하는 3개의 문장으로 구성된다. 어떤 행위가 이런 행동을 야기했는지는 알 필요가 없다. "나는 내 어린 아이를 때렸다"라는 첫 번째 문장은 흔히 있는 가정적 풍경을 상정한다. 전적으로 강조되는 것은 서술자의 감정이다. "나의 분노는 강력했다. 정의(正義)처럼." 동사가 없는 문장은 권력의 행사, 긴장의 발산을 정당화하는 듯한 일종의 사후 판단이다.

이야기의 중간부분은 먼저 자신이 옳다고 믿는 서술자의 마음과 자신의 행동을 정당화하려는 그의 노력이 약화되고 있음을 보여준다. 거기에는 우선 일종의 심신증적 징후가 다음과 같이 나타난다. "그러자, 나는 내 손에 아무 느낌이 없다는 것을 알았다." 손은 감각이 마비된 냉정한 아버지를 나타내는 제유(일부로 전체를 나타내는)이며 또한 그런 아버지의 은유이다. "나는 말했다. '잘 들어라, 너에게 복잡한 것에 대해 말하고 싶구나.'" 구조적으로 보면 유일하게 직접발화로 된 이 문장을 축으로 해서 이야기 전체가 전환된다. 형태상으로는 서술자를 긍정하는 방향으로 작용한다. 직접 발화는 언제나 간접발화보다 발화자가 현존한다는 강한 감각을 전달하기 때문이다. 하지만 성인들이 쓰는 말인 '복잡한 것'이라는 말을 어린아이에게 쓴다는 점에서 게임은 이미 끝이 난 것이다. 그가 자신의 아들과 의사소통을 하고 싶다는 간절한 열망에도 불구하고("나는 특히 아버지다운, 진지함과 주의를 가지고 말했다.") 서술자는 자기 자신의 양심과 힘겨루기를 하고 있는 것이다.

끝 부분은 산뜻한 이중의 역전을 담고 있다. 우선 어린 아이가 아버지의 심리 상태를 꿰뚫어보고 있다는 것이 다음과 같이 드러난다. "내가 말을 끝마쳤을 때, 그 아이는 내가 자기를 용서하고 싶어하는지 물었다." 둘째로, 아버지와 아들 간의 정상적인 권력 관계가 역전된다. "나는 그렇다고 말했다. 아이는 아니라고 말했다." 이 문장들의 대칭은 플롯의 대칭을 반복하고 있다. "트럼프의 마지막 패처럼." 서술자는 애처롭게 자신의 패배를 인정하게 된다.

플롯은 아리스토텔레스의 현대적 계승자인 R. S. 크레인에 의해서 '완성에 이르는 변화의 과정'으로 정의되었다. 하지만 현대소설에는 '완성'이라는 표현이 시사하는 것과 같은 닫힌 감각을 피하고 오히려 변화가 최소화되는 상태에 초점을 맞추는 경우가 많다. 「괜찮아」가 그런 예이다. 이 짧은 이야기의 구조는 「손」보다 훨씬 포착하기 어렵다. 즉 구조가 분명히 드러나 있지 않고 따라가기가 까다롭고, 처음·중간·끝의 구별도 정해져 있지 않다. 이 작품은 내가 '표면에 머무르기'와 '함축적 의미'의 장에서 설명한 기법들을 활용하여 거의 전체가 대화로 구성되어 있으며 인물들의 내면과 동기에 관한 정보는 일체 주어져 있지 않다. 이 남녀가 무언가 일반적이지 않은 성행위를 하고 있다는 것은 추측할 수 있지만 그것이 정확하게 어떤 행위인지 아는 것은 불가능하며 또 그럴 필요도 없다. 시작 부분은 우선 여자의 불신감을 드러내고 있다. 중간은 서술자의 자기정당화와 여자의 불쾌감의 반복("나한테는 역겨워.")으로 구성되어 있으며 결말 부분은 퇴폐적인 성적 유희에 가담하는 것에 대한 그녀의 거절이다. 하지만 이 이야기에는 「손」처럼 서술자가 진실의 순간을 향해 나아가는 착실한 움직임이 없다. 도대체 남자가 어째서 이런 이야기를 하는 것인지도 알 수가 없다. 자신에 대한 여자의 신랄한 비난을 남자는 어떤 논평도 하지 않고 전달하고 있을 뿐이기 때문이다. 「손」이 곧바로 이해 가능한 이야기인 데 반해서 「괜찮아」를 이해하기 위해서는 머릿속으로 대화를 음미하면서 몇 번을 다시 읽어야 한다. ("나는 좋아하지 않는 것을 좋아해. … 괜찮을 만큼 충분히 오래 살고 싶지는 않아.") 이 작품은 발견과 관련된 텍스트라기보다 비난하기 위한 텍스트처럼 생각된다. 전체의 통일성도 그 서사구조보다는 제목에서 특히 강조되는 '괜찮아'라는 단어의 언어 내적인 울림에 빚지고 있는 것으로 생각된다. 이런 의미에서 오히려 산문시와 같은 느낌을 가진 텍스트라고 해도 될 만하다. 그것이 좀 더 긴 이야기의 감칠맛 나는 일부분이든 그렇지 않든 간에 말이다.

제49장 아포리아 Aporia

어디지? 누구지? 지금은 언제지? 질문할 수 없어. 나, 말하
자면, 나. 믿을 수 없어. 이런 것은, 질문, 가설, 그렇게 부르자.
앞을 향해, 계속 나아가, 이렇게 말하는 것을 나아간다고 하는
걸까. 이런 것을 계속한다고 하는 걸까. 혹시 어느 날, 앞으로 잘
나아가, 어느 날 문득, 나는 단지 그 속에 있는 것인지도 몰라,
어느 속이더라, 옛날처럼 바깥에 나가는 대신, 바깥에 나가 낮도
밤도 될 수 있는 한 멀리 가는 대신에, 멀리라고 해도 그렇게 멀
지는 않을 거야. 혹시 그런 식으로 시작할지도 몰라. 그저 쉬는
거야, 여차하면 더 잘 행동하기 위한 이유는 없는 걸까, 어쨌든
일단 쉰다고 생각하면, 금방, 더 무엇을 할 힘도 없다는 것을 알
게 되겠지. 그게 어떻게 일어났다고 해도 좋아. 그게, 그렇게 말
해두자, 그게 무엇인지는 몰라. 만일 내가 단지, 간신히 낡은 것
에 동의한 것뿐인지도 모르지. 하지만 나는 아무것도 하지 않았
어. 나는 말한 것 같아, 그것은 내가 아니라고, 나에 대한 것이
아니라고. 예를 들어 일단 그런 탈 없는 이야기. 어떻게 해야 좋

을까, 무엇을 해야 좋을까, 그런 상황에서 무엇을 해야 할까, 어떻게 진행하지? 과장되지 않고 순수한 아포리아로? 아니면 입에 올리자마자 갑자기, 아니면 늦거나 빨라도 무효가 되는 긍정과 부정으로, 일반적으로 말해서. 다른 수단이 있을 거야. 그렇지 않으면 아주 절망적이야. 하지만 실제로 전혀 희망이 없는 거야. 이 이상 앞으로, 좀 더 나아가기 전에 말해두어야 할 거야, 나는 아포리아라고 하는 말을 의미도 모르고 말하고 있다는 것을.

— 사뮤엘 베케트, 『이름붙일 수 없는 것』(1959)

●　　●　　●

아포리아란 '곤란함, 어찌할 바를 모르는 것'을 의미하는 그리스어로 문자 그대로는 '길 없는 길', 더 이상 나아갈 수 없는 진로다. 고전수사학에 따르면 어떤 문제에 관한 현실의 또는 가정된 의문이나 담론을 어떻게 진척시킬까와 연관된 불확실성을 의미한다. 아마도 햄릿의 '죽느냐 사느냐'라는 독백이 영문학에서 가장 잘 알려진 예일 것이다. 특히 이야기를 말하는 상황이 액자로 설정된 소설 텍스트에서, 아포리아는 서술자가 청중들에게서 호기심을 불러일으키거나 자신이 하는 이야기의 비상함을 강조하기 위해 즐겨 사용하는 장치이다. 아포리아는 종종 또 하나의 수사법인 돈절법(頓絶法, aposiopesis)과 함께 사용된다. 돈절법이란 문장과 발화 도중에 중단되는 것으로 문면에 '……'로 표현되는 방법이다. 예를 들어 조셉 콘래드의 『암흑의 핵심』에서 말로우는 자주 이러한 방식으로 자신의 이야기를 중단시킨다.

"지금도 나는 자네들에게 마치 어떤 꿈 이야기를 하려고 애를 쓰고 있는 것 같다네. 이건 헛된 노력일 수밖에 없지. 왜냐하면 세상에 그 어떤 꿈 이야기도 꿈속에서 느낀 것을 그대로 옮길 수는 없기 때문이야. 발버둥질치는 반항의 떨림 속에 혼재하는 그 부조리함, 놀라움 및 당혹감이라든가, 믿을 수 없는 것들의 세계에 갇혀버린 듯한 느낌이 바로 꿈의 본질이겠지만 이런 것을 어떻게 이야기 속에 옮길 수 있겠나……."
그는 잠시 동안 말이 없었다.
"……옮길 수 없고말고. 그걸 옮기는 건 불가능해. 우리의 일생에서 어떤 특정한 시기의 삶에 대한 지각을 옮길 수는 없다구. 삶의 진실, 그 의미 그리고 오묘하고 꿰뚫는 본질을 구성하는 것 말이네. 그걸 전달하기란 불가능해. 우리는 꿈을 꾸듯이 살고 있고, 그것도 혼자서……."

『유령의 집에서 길 잃은 아이』나 『프랑스 중위의 여자』와 같은 메타픽션적 이야기에서 아포리아는 전지적 서술자가 예술로 삶을 정확하게 재현하려는 해결불가능한 문제로 고심한다든지, 아니면 자신의 허구적 인물들을 어떻게 배치할 것인지에 대한 주저를 고백함에 따라 소설의 구조적인 원칙이 된다. 예를 들어 『프랑스 중위의 여자』의 제55장에서 사라가 엑세터의 호텔에서 모습을 감춘 것을 알게 된 찰스가 그녀를 찾으러 런던행 기차로 되돌아갈 때, 작가를 대변하는 서술자는 찰스가 앉은 객실에 머무르고 있는 승객으로서 이야기에 끼어들어서 찰스를 무례하게 쳐다보는 것이다.

내가 찰스를 쳐다보면서 생각하는 것은… 도대체 내가 너를 가지고 무엇을 하려는 것일까 하는 질문이라고 말하는 쪽이 더 정확하다. 나는 이미 찰스의 인생을 당장 끝내 버릴까도 생각해 보았다. 또는 영원히 런던으로 가는 여정 위에 붙잡아둘까도 생각해 보았다. 그러나 빅토리아 시대 소설의 전통은 미해결의 종말을 허용하지 않았다. 또한 나는 전에 등장인물에게 자유를 주어야 한다고 말한 적이 있다. 내게 닥친 문제는 간단하다. 찰스가 바라는 것이 명쾌하냐 그렇지 않느냐는 것이다. 그렇다. 그것은 명쾌하다. 그러나 소설의 여주인공인 사라가 원하는 것은 그처럼 명쾌하지 않으며, 나는 지금 그녀가 어디 있는지도 모른다.

베케트의 소설, 특히 그의 후기 작품에는 아포리아가 넘쳐난다. 『이름붙일 수 없는 것』(원래는 프랑스어판으로 1952년에 『L'Innommable』이라는 제목으로 출간됨)은 의식의 흐름 계열 소설이지만 조이스의 『율리시즈』와는 변별된다. 『율리시즈』에는 주요 인물들의 오감과 사고, 기억 등을 통하여 더블린 거리의 정경, 소리, 냄새, 부산함이 생생하고 구체적으로 전달되고 있지만 『이름붙일 수 없는 것』에는 자신을 향해 말하고, 떠오르는 생각을 그대로 말로 전하는 목소리만이 존재하기 때문이다. 그 목소리는 소멸과 침묵을 열망함에도 불구하고 계속 말하도록 운명 지어져 있는, 말할 가치도 없고 또 아무것도 확신할 수 없는 이야기임에도 불구하고 그것을 말해야만 하는, 심지어 자신의 시공간적 위치도 확신할 수 없는 서술적 목소리인 것이다.

이름을 알 수 없는 서술자는 어딘가 막연한 장소에 앉아 있다. 그에게는 그 공간의 끝을 보는 것도 만지는 것도 불가능하다. 희미하게 보이는 형상이 그의 주위를 떠돌고 있다. 이들 중의 몇몇은 베케트의 전작 소설들에 등장하는 인물들처럼 보인다. 아니면 그가 다른 사람들의 주위를 돌고 있는 것일까? "눈에서 눈물이 끊임없이 흘러내리기 때문에", 그는 자신의 눈이 떠 있다는 것을 알고 있다. 그는 어디에 있는 것일까? 지옥인지도 모르고 치매의 세계인지도 모른다. 아니면 그곳은 더 이상 쓸 것이 없음에도 불구하고 계속해서 글을 써야 하는 작가의 정신일 수도 있다. 왜냐하면 인간의 조건에 대해서 더 이상 말할 것이 없기 때문이다. 아니면 이 모든 상태는 본질적으로 동일한 것일까?『이름붙일 수 없는 것』은 바르트가 말한 '영도의 글쓰기 zero degree writing'에 들어맞는지도 모른다. 바르트에 따르면 영도의 글쓰기에서 "문학은 패배하였고, 인류의 모든 문제가 꾸며지지 않은 채 드러나고 표현되기 때문에, 작가는 불가피하게 정직하게 되"기 때문이다.

『이름붙일 수 없는 것』의 담론은, 나아가기보다는 단지 증가해갈 뿐이라는 느낌이 든다. 일종의 자기 소거에 의해 한 걸음 나아가면 한 걸음 되돌아온다. 서로 모순되는 진술이 통상의 반의(反意) 접속사인 '하지만', '그러나' 등과 간단히 쉼표에 의해서만 구별되고 있다. "앞으로 나아가"라고 서술자는 스스로를 채근하지만 바로 뒤이어 조롱하듯 그에 대한 답변을 뒤섞어 놓는다. "이런 것을 계속한다고 하는 걸까." 그는 어떻게 해서 그곳에 온 것일까? "혹시 어느 날,⋯ 나는 단지 그 속에 있는 것인지도 몰라." 그 즉시 "어디에서"라는 또 다른 질문이 제기된다. 그는 첫 번째 질문을 내려놓는다. "그게 어떻게 일어났다고 해도 좋아." 하지만 그런 부정적인 제스처도 여전히 의심을 할 만한 여지가 있다. "그게, 그렇게 말해두자, 그게 무엇인지는 몰라."

베케트는 해체주의의 선구자였다. "나는 말한 것 같아, 그것은 내가 아니라고, 나에 대한 것이 아니라고." 이 문장은 『로빈슨 크루소』와 『위대한 유산』을 거쳐 『잃어버린 시간을 찾아서』에 이르는 자서전적 소설 혹은 소설적 자서전의 인문주의에 의해 지지되었던 유구한 전통을 비판하고 있다. 사람은 결국 자기인식에 도달할 수 있다는 낙관적 전망이 공격받게 되는 것이다. 데리다는 언어에 의한 전달에는 불가피하게 '차연 différance'이 있다고 말했는데, 베케트는 그 발상을 선취하고 있다. 데리다에 따르면 말하는 '나'는 언제나 말해지는 '나'와 다르며 언어를 현실에 정확하게 일치시키려는 시도는 언제나 지연된다. "일단 그런 탈 없는 이야기." 보통이라면 이런 무탈할 상투어가 이런 인식론적 진공 속에서는 음울한 유머를 느끼게 하는 것이다. 서술자는 어떻게 해서 나아갈 수 있게 될까? "늦거나 빨라도 무효가 되는 긍정과 부정으로"(특히 자기-모순적인) 또는 "과장되지 않고 순수한 아포리아로?" 아포리아는 해체주의 비평가들이 즐겨 사용하는 개념이다. 해체주의의 사고방식에 따르면 모든 텍스트는 자신이 제시하는 결정적이고 일의적인 의미를 스스로 훼손시키지만 아포리아란 그 과정의 축도 바로 그것이기 때문이다. 하지만 베케트의 서술자는 이후에 "나는 아포리아라고 하는 말을 의미도 모르고 말하고 있다"라고 인정하는데, 이것은 아포리아의 승리다.

"다른 수단이 있을 거야. 그렇지 않으면 아주 절망적이야. 하지만 실제로 전혀 희망이 없는 거야." 놀라운 것은, 이처럼 끝없이 비관적이고 집요한 회의에 물든 텍스트임에도 불구하고 읽게 되면 독서를 중단할 만큼 약화시키지 않으며, 오히려 유쾌하고 감동적으로 극한 상황에 처한 인간 정신의 생존을 긍정하게 된다는 점이다. 이 작품의 유명한 마지막 문장은 이렇다. "너는 계속 나아가지 않으면 안 돼, 나는 나아가지 않아, 나는 나아갈 거야."

제50장 결말 Ending

서로 사랑하는 헨리와 캐서린이, 그리고 두 사람을 사랑하는 모든 사람들이 일의 경과에 관해 불안을 느끼는 것은 필연이라고 하더라도, 유감스럽게도 독자의 가슴에까지 그 불안이 확산될 것 같지는 않다. 독자들은 아마도, 지면도 얼마 남지 않았기 때문에, 이야기가 훌륭한 결말을 향해 서둘러 진행한다는 것을 예측할 수 있을 것이다.

— 제인 오스틴 『노생거 애비』(1818)

랠프는 말없이 장교를 쳐다보았다. 그 순간, 한때 모래사장을 덮고 있던 이상한 빛이 눈앞에 떠올랐다. 그러나 결국 섬은 죽은 나무처럼 변해 버렸다. 사이먼은 죽었다. 그리고 잭은 어떻게 되었는가……. 눈물이 조금씩 흘러 내렸다. 그것은 곧 흐느낌으로 돌변했다. 이 섬에 온 후 처음으로 랠프는 남에게 눈물을 보이게 되었다. 그는 슬픔에 압도되어 눈물을 흘렸다. 결국 섬은 불길에 휩싸였고 검은 연기 아래서 그의 울음소리는 높아졌다.

다른 소년들도 랠프의 슬픔에 전염되어 함께 울었다. 그 소년들의 중간에서, 더러운 몸, 지저분한 머리를 보이고 콧물을 흘리면서, 랠프는 순수함의 상실과 인간 성품의 야만성 그리고 피기라는 진실한 친구를 잃은 것을 한탄하면서 통곡했다.

장교는 눈물을 흘리는 소년들을 보고 감동하고 난처하여 그들이 기운을 되찾을 시간을 주기 위해서 그들을 외면을 했다. 그는 먼 바다에 있는 멋진 순양함을 쳐다보면서 아이들이 진정되기를 기다리기로 했다.

— 윌리엄 골딩, 『파리 대왕』(1954)

●　　●　　●

"**결**말은 대다수 작가의 약점이지만, 그 책임의 일단은 결말이라는 것의 본질에 있다"라고 엘리엇은 말하고 있다. 빅토리아 시대의 작가들에게 결말은 특히 곤혹스러운 것이었는데 독자와 출판사의 요청에 의해 행복한 결말로 끝맺지 않으면 안 되었기 때문이다. 소설의 마지막 장은 출판업계에서는 '매듭'이라고 표현되는데, 헨리 제임스는 이것을 "포상, 상급(賞給), 남편, 아내, 아이, 부, 덤으로 주어지는 단락, 유쾌한 표현을 가장 최후에 분배하는 것"이라고 풍자적으로 표현했다. 제임스 자신은 현대소설의 특징이기도 한 '열린' 결말을 만들어 냈는데, 종종 대화 도중에 소설을 멈추고는 최후의 문구에 의미심장하게 애매한 여운을 전달하는 수법을 즐겨 사용했다. "'그러니까, 그런 것이

죠'라고 스트레처는 말했다"라는『대사들』의 결말처럼 말이다.

　오스틴이『노생거 애비』중의 메타픽션적인 방백에서 지적하는 것처럼 소설가(극작가라든가 영화각본가와 달리)가 이야기가 어느 지점에서 끝나는지를 숨길 수 없는 것은 지면이 얼마 남지 않은 것을 통해 독자가 그것을 알게 되기 때문이다. 파울즈가『프랑스 중위의 여자』를 찰스와 어니스티나가 행복하게 결합된다고 하는 빅토리아 시대풍으로 짐짓 매듭짓는 것처럼 보여준다고 해도 독자는 속지 않는다. 왜냐하면 아직도 읽어야 할 책의 분량이 1/4가량 남아 있기 때문이다. 찰스가 사라를 찾는 이야기를 진행해 나가면서 파울즈는 독자에게 새로운 두 개의 서로 다른 결말을 제시한다. 하나는 주인공이 행복해지는 것이고 다른 하나는 불행해지는 것으로 말이다. 작가는 우리에게 그 둘 가운데 하나를 선택하도록 하지만 후자 쪽이 작가의 의도에 가깝다는 낌새를 전달하고 있는 것처럼 보인다. 그쪽이 보다 슬프기 때문이 아니라 불확실한 미래를 향해 이야기가 계속 진행되어가는 것 같은 더 '열린' 결말이기 때문이다.

　소설의 결말과 텍스트의 마지막 한두 페이지는 구분될 필요가 있다. 결말은 이야기 내용이 독자에게 불러일으킨 의문이 해결되는지 혹은 의도적으로 해결되지 않은 상태로 남아 있게 되는지와 같은 문제와 관련된 것이다. 반면 텍스트의 마지막 페이지는 일반적으로 이야기의 결말이라기보다는 일종의 에필로그와 덧붙이는 말로써 기능하는 것이 많고 이야기를 멈추게 하기 위한 완만한 감속부분에 해당한다. 하지만 이것은 골딩의 소설에는 거의 해당되지 않는다. 골딩

소설의 마지막 페이지는 이때까지의 이야기에 전혀 새로운 빛을 던져주기 위한 것이기 때문이다. 예를 들어『핀처 마틴』(1956)은 어뢰공격을 받은 배의 수병이 대서양의 한복판에 솟아올라 있는 바위에 필사적으로, 그리고 헛되이 살아남는 길을 찾는 이야기처럼 보이지만, 마지막 장에 이르러서는 그가 구두를 신은 채 죽은 것이 밝혀짐으로써 전체 이야기가 물에 빠져 죽어가던 도중에 보았던 환상이라든가 아니면 사후의 연옥의 체험으로서 재해석되어야 하는 것이다.『종이 인간』(1984)은 서술자의 마지막 발언까지 최후의 일격을 아껴두는데, 그것은 "도대체 어떻게 그 모든 것이 릭 터커의 손에……"라는 말과 함께 한 발의 총알에 의해 종지부가 찍히게 된다.

이런 최후의 비틀기는 장편보다도 단편소설에서 전형적으로 보이는 수법이다. 사실 단편소설의 경우 머지않아 결론에 도달할 것이라는 기대를 가지고 읽힌다는 점에서 '결말 지향'이라고 말해도 좋은데, 장편소설의 경우는 작품을 읽기 시작할 때 그것이 어디서 끝나게 될지를 예상할 수 없기 때문이다. 단편을 읽을 때는 예상된 결말의 자력에 이끌리는 것처럼 앉은 자리에서 단숨에 읽어버리는 경우가 많다. 그런데 장편이 되면 독서는 불규칙한 사이를 두고 중단되고 그 최후에 이르게 되면서 오히려 읽기를 끝마치고 싶지 않다는 생각이 들 때도 있다. 예전의 작가들은 책을 읽는 과정에서 생겨나는 독자와 소설 사이에 형성되는 이런 감정적인 연관마저도 작품에 이용하려는 경향이 있었다. 예를 들어 필딩은『톰 존스』의 마지막 권을 다음과 같은 '독자에 대한 이별의 인사'로 시작한다.

독자 여러분이시여. 마침내 우리는 긴 여행의 마지막 단계에 이르렀다. 독자 여러분과 우리는 지금까지 수많은 페이지들 속에서 함께 여행한 입장이니, 같은 역마차를 탄 동료 여행객들처럼 서로를 위해 주어야 할 것이다. 이런 여행객들은 여행을 함께 하면서 여러 날들을 함께 보낸다. 그리고 여행 중 혹 있었을지도 모르는 말다툼이나 사소한 적개심에도 불구하고, 여행이 끝나는 마지막에 가서는 대개 모두 다 화해하고, 즐겁고 기쁜 마음으로 마차에 오른다. 마지막 여정이 끝나고 나면, 흔히 여행객들도 그렇고 우리도 그렇고, 이제 다시는 만날 일이 없을지도 모르기 때문이다.

『파리 대왕』에서는 『산호섬』류의 모험소설로 진행되던 이야기가 마지막 지점에서 갑자기 모든 것이 끔찍하게 잘못되어 악몽과 같은 이야기로 전환되는데, 성인의 시점을 도입하여 그리 어렵지 않게 명확한 결말을 제시할 수 있었다. 비록 전쟁이 있었다는 암시가 있기는 하지만, 그 외에는 모든 것이 불명확한 상황에서 영국 소년들을 태운 비행기가 적도 부근의 섬에 불시착하게 되고, 순식간에 야만과 미신의 세계로 전락한다. 문명화된 성인사회의 제약으로부터 자유로워지고 굶주림과 외로움과 두려움에 사로잡혔을 때, 아이들의 놀이는 미개부족의 폭력으로 퇴화하는 것이다. 소년 두 명이 죽고, 주인공 랠프는 불이 난 숲을 통과해서 나무창을 휘두르는 피에 굶주린 추격자들로부터 도망친다. 그리하여 마침 피어오르는 연기를 보고 그 해안에 당도한 해군장교와 우연히 만난다. 임시변통으로 만든 무기를 들고 전투용 위장을 한 소년들의 얼굴을 보고 해군장교는 "재미있어 보이는 걸"이라고 말한다.

장교의 등장을 알게 된 독자는 랠프와 마찬가지로 놀라면서도 안심하게 된다. 이야기에 몰입해 있었고 또한 랠프의 고난에 줄곧 함께했었기 때문에, 독자는 랠프와 그를 추격하는 잔혹한 무리가 사춘기 이전의 소년들이라는 사실을 망각하고 있었기 때문이다. 그런데 갑자기 해군장교의 눈을 통해서 그들의 진짜 모습, 꾀죄죄하고 더러워진 아이들의 무리가 눈앞에 보이게 되는 것이다. 하지만 골딩은 이런 효과로 인해서 이때까지의 이야기의 본질이 손상되도록 하지 않으며 또 안락하고 행복한 결말로 '정상성'이 회복되도록 하지도 않는다. 해군장교는 마지막에서 두 번째 단락에 멋지게 축약되어 있는 랠프의(그리고 랠프의 입장에 스스로를 놓아둔 독자의) 격렬한 체험—"순수함의 상실과 인간 성품의 야만성 그리고 피기라는 진실한 친구를 잃은 것"—을 절대로 이해하지 못할 것이다. 그는 어째서 랠프의 흐느낌이 다른 소년들에게 번져나가는지를 결코 이해할 수 없을 것이다. "그는 먼 바다에 있는 멋진 순양함을 쳐다보면서 아이들이 진정되기를 기다리기로 했다." 모든 이야기의 마지막 문장은 바로 그것이 마지막 문장이기 때문에 독특한 반향을 획득하지만, 이 문장은 특히 아이러니가 풍부하다. '멋진 순양함'을 보는 성인의 시선은 외딴 섬에 남겨진 소년들의 원시적인 폭력에 대응하면서도 동시에 그것과는 전혀 다른 근대적 전쟁이라는 제도화된 폭력의 자기만족과 진리로부터의 도피와의 공모관계를 암시하는 것이다.

내 작품 『교환교수』를 읽어본 독자라면 기억하겠지만, 이 장의 서두에 인용된 『노생거 애비』의 일절은 필립 스왈로우가 인용하고 소설의 마지막 페이지에서 모리스 자프가 언급하는 부분이다. 필립은 영화의 결말에서 관객이 체험하는 것과 소설의 결말에서 독자가 체험하는 것의 중요한 차이점을 예시하기 위해서 이 대목을 원용하는 것이다.

"이것은 소설가가 어떻게 연구를 한다고 해도 들통나버리는 게 아닐까? 요컨대, 소설이 조만간 끝날 것이라고 하는 것 말이야.…지면도 얼마 남지 않았다는 것에서 독자도 예측할 수 있고… 책을 읽어가면서, 불과 한두 페이지밖에 남지 않았다고 하는 것을 알게 되면, 누구라도 책을 덮으려고 하겠지. 하지만 영화는, 특히 최근의 영화는 알 수 없어. 옛날 영화만큼 빈틈없이 구성되어 있지도 않고, 아주 애매하니까 말이야. 어떤 프레임으로 끝나게 될지 전혀 알 수 없어. 마치 인생처럼 흘러갈 뿐이지. 사람이 행동하고, 술을 마시고, 이야기하고, 이런 것을 하는 것을 우리는 가만히 볼 뿐이고, 그리고 감독은 멈추고 싶다고 생각한 곳에서, 어떤 전조나 해결도, 설명이나 정리도 하지 않은 채, 그냥 끝내고 마는 거지."

이야기의 이 단계에서, 필립은 영화의 각본에 나오는 등장인물로서 묘사되고 이 독백 직후에 소설은 다음과 같이 끝나고 마는 것이다.

> 필립은 어깨를 움츠린다. 카메라는 정지하고, 그 상태 그대로
> 화면은 멈춘다.
>
> <끝>

내가 이처럼 소설을 끝맺은 데에는 몇 가지 서로 관련된 이유가 있다. 한 측면에서, 그것은 '장거리 부부 스와핑'을 중심으로 한 섹스 코미디라고 하는 것을 들 수 있다. 그러니까 이 이야기는 한 사람은 영국인이고 다른 한 사람은 미국인인 두 명의 학자의 운명을 묘사하고 있는 것으로, 이 두 사람은 1969년에 서로 직장을 바꾼 뒤에 서로의 부인들과 관계를 갖기에 이른다. 하지만 이야기가 진행되어 가는 도중에, 이 두 명의 주요 인물은 가치관, 태도, 언어 등 이런저런 요소들도 서로 교환하게 되고, 대부분의 경우 어느 한쪽에서 일어난 일은 다른 쪽에서 일어난 일과 유비관계에 있거나 아니면 서로 거울 이미지의 관계를 갖는다. 이처럼 고도의 대칭성을 이루며 거의 예측 가능한 플롯을 전개하면서, 나는 텍스트의 또 다른 차원에서 독자에게 어떤 다양성과 놀라움을 제공해야 할 필요성을 느껴 각 장을 각기 다른 양식으로 써내려갔다. 최초의 변화는 제1장에서 사용했던 현재형의 말투를 제2장에서는 과거형으로 바꾼 것으로, 비교적 눈에 잘 띄지 않는 것이다. 하지만 제3장은 서간체 형식이며 제4장은 인물들이 읽을 법한 문서라든가 신문으로부터 인용한 것들로 구성했다.

제5장은 양식 면에서는 관습적인 것이지만 두 사람의 주요 인물의 상호 연관된 경험을 하나하나 서로 교차시켜가면서 제시한 그때까지의 패턴으로부터는 벗어나 있다.

소설이 진행됨에 따라서, 나는 형식적 측면과 이야기의 측면 모두에서 만족스럽기 위해서는 어떤 결말을 취하면 좋을까 하는 문제를 의식하게 되었다. 형식에 관해서라면, 마지막 장이 아주 놀랄 만하고 의외의 서술 형식으로 변화하지 않으면 안 되거나, 아니면 미학적인 견지에서 안티-클라이맥스가 되지 않으면 안 된다는 것이 분명해졌다. 이야기의 측면에서는, 어떻게 해서도 스와핑의 줄거리를 해결할 마음은 없었다. 그렇게 하면 문화적인 플롯을 해결해버리는 것을 의미하게 되기 때문이다. 예를 들어 필립이 자프에게서 떠나지 않기로 결정한다면, 그것은 또한 그가 미국에 머무른다는 것 혹은 그녀 편에서 영국에 이주하는 것도 좋다는 것을 의미한다. 나는 텍스트 속의 작가로서 특정 남녀관계나 문화만을 호의적으로 취급하는 결론을 내리기 싫었다. 하지만 모처럼 카드릴(네 사람이 하는 카드놀이)과 같은 규칙적이고 대칭적인 구성으로 진행되어온 플롯에 대해 과격하게 불확정성의 결말을 태연하게 만드는 것이 가능할까?

영화의 각본 형식으로('결말'이라고 제목을 붙인) 마지막 장을 쓴다는 발상에 의해서 모든 어려운 문제가 일거에 해결되는 것처럼 생각되었다. 우선 첫째로, 그런 체재의 장을 만듦으로써, 소설의 '규범적'인 담론으로부터 크게 벗어난 형식으로 변화할 필요성이 충족되었다. 둘째로, 텍스트 속의 작가로서 나는, 저마다의 이야기 내용을 가진 네 명의 주요 인물에 대한 어떤 판단을 내리고 중재를 시도할 의무로부터 해방되었다. 영화의 각본은 회화라든가 인물들의 외적인 행동에 관한 비인칭적이고 객관적인 기술로부터 성립되기 때문에, 텍스트 위에 작가의 목소리의 흔적이 남지 않기 때문이다. 필립, 데지레, 모리스, 힐러리 등 네 명은 미국 서해안과 영국 중서부의 중간 지점인 뉴욕에서 만나 결혼 문제에 대해 함께 이야기하여 해결로 이끌 모든 가능성을 모색하지만 어떤 결론도 얻지 못한다. 저마다 이혼하고 상대를 바꾸어 결혼하거나 각 부부가 화해하거나, 그것도 안 되면 저마다 이혼하지만 재혼은 하지 않는 것 등으로 말이다. 필립을 소설에 나오는 영화의 등장인물로 만들고, 그의 입을 빌려 소설보다도 영화 쪽이 미해결의 결말을 받아들일 여지가 있다는 사실에 독자의 관심을 유도하고자 했다. 이렇게 해서 일종의 메타픽션적인 농담에 의해 나는 『교환교수』의 이야기의 해결을 거부하는 내 스스로의 입장을 정당화하는 방책을 발견했다고 생각했다. 확실성, 해결, 종국을 보고자 하는 사람들의 시대착오적인 욕망은 실제로 너무 강해서, 모든 독자가 이 결말에 만족한 것은 아니었고 자신들이 속았다는 느낌을 받았다고 내게 불평한 사람들도 있었다. 하지만 이 결말은 나를 만족시켜주었다. 그뿐만 아니라, 속편인 『작은 세계』 속에서 이들 주요 인물들이 활약하도록 결정했을 때도, 나는 그들의 삶의 이야기들을 마음대로 만들 수 있었다.

그렇지만 내가 이런 창작여담을 이야기하는 것은 『교환교수』의 결말을 정당화하려는 것이 아니라, 결말을 어떻게 처리할지를 결정하는 데 있어서 소설 바깥의 많은 요소들, 그러니까 내가 지금 이 책에서 다양한 제목 하에 이야기하는 많은 다른 측면들을 포함해야 함을 예시하기 위해서다. 예를 들면 다음과 같다.

① 시점 : 영화 각본 형식을 차용함으로써 시점을 선택할 필요가 없었고, 시점을 설정함으로써 필연적으로 생겨나는 시점인물의 특권을 배제하는 것이 가능했다.

② 서스펜스 : 이중의 불륜이 어떻게 해결되는가 하는 이야기에 관한 의문을 마지막까지 연기하는 효과

③ 놀람 : 의문에 대한 해답의 거부

④ 상호텍스트성 : 제인 오스틴에 대한 언급은 스왈로우와 자프가 그 작품의 분석을 전공하고 있다고 하는 것 때문에 문맥 속에서 자연스럽게 제시되는 것이 가능했다.

⑤ 표면에 머무르기 : 이것도 역시 각본 형식의 효과

⑥ 제목과 장 : 『교환교수』라는 제목의 다의성 — 장소의 교환, 직무의 교환, 입장의 교환 — 이 계통적인 일련의 장 제목을 암시하고 있다. 이를테면, <비행 Flying>, <이주 Settling>, <통신 Corresponding>이라는 장 제목들이 있고, 마지막의 <결말 Ending>은 그것이 책의 마지막 부분이며, 이야기의 결말이며, 그리고 또 내가 그것을 끝마치려 한다는 것을 암시하고 있다. 이 장 제목들은 명사, 분사, 동명사의 어느 쪽으로도 해석이 가능하다.

⑦ 메타픽션 : 마지막 일절에 있는 농담은 독자를 조롱하고 그 기대를 얼버무리는 것이지만 동시에 『소설을 씁시다』

라는 지침서를 포함한 일련의 메타픽션적인 농담을 환기시킨다. 이 책은 자프가 스왈로우의 연구실에서 발견한 것으로, 소설 자체의 기법의 변화에 대한 역설적인 주석을 포함하고 있다. 그것은 "모든 소설은 어떤 이야기를 해야만 한다"라는 명제로 시작한다. "그리고 이야기는 세 종류가 있다. 이른바, 행복하게 끝나는 이야기, 불행하게 끝나는 이야기, 그리고 행복하지도 불행하지도 않게 끝나는 이야기 혹은 다른 말로 하면 전혀 끝나지 않는 이야기가 그것이다."

이런 결말을, 예를 들어 낯설게 하기, 반복, 실험소설, 코믹소설, 에피파니, 우연, 아이러니, 동기부여, 사상, 아포리아 등, 별도의 제목 하에서 논하는 것도 그리 어려운 것은 아니지만 이 이상은 더 말하지 않는 게 좋을 듯하다. 요컨대 소설에 관해서 무엇인가를 결정하고자 한다면 문제가 되는 측면과 구성요소만을 따로 분리하는 것이 가능하지도 않고 반드시 다른 측면과 구성요소가 연관된다는 사실을 잊어서는 안 된다. 소설이란 독일어로 이른바 '게슈탈트 Gestalt'다. 이 말에 정확히 대응되는 영어는 없지만 사전적인 정의를 사용해 말한다면, 이것은 '단순히 부분의 집합으로서 설명하는 것이 불가능한, 유기적인 전체로서 시작되는 패턴 혹은 구조'인 것이다.

끝

- 골딩, 윌리엄(Golding, William): 『파리 대왕』(Lord of the Flies, 1954), 『핀처 마틴』 (Pincher Martin, 1956), 『종이인간』(The Paper Men, 1984)
- 그린, 그레이엄(Greene, Graham): 『브라이튼 록』(Brighton Rock, 1938), 『사건의 핵심』(The Heart of the Matter, 1948), 『사랑의 끝』(The End of the Affair, 1951), 『불타버린 인간』(A Burnt-out Case, 1961)
- 그린, 헨리(Green, Henry): 『삶』(Living, 1929)
- 기싱, 조지(Gissing, George): 『새로운 그러브 거리』(New Grub Street, 1891)
- 나보코프, 블라디미르(Nabokov, Vladimir): 『롤리타』(Lolita, 1955), 『창백한 불꽃』 (Pale Fire, 1962)
- 데이비스, 앤드류(Davies, Andrew): 『대단한 팩시밀리』(Dirty Faxes, 1990)
- 드래블, 마가렛(Drabble, Margaret): 『황금의 왕국』(The Realms of Gold, 1975)
- 디킨즈, 찰스(Dickens, Charles): 『올리버 트위스트』(Oliver Twist, 1838), 『돔비와 아들』(Dombey and Son, 1848), 『황폐한 집』(Bleak House, 1853), 『어려운 시절』 (Hard Times, 1854), 『두 도시 이야기』(A Tale of Two Cities, 1859), 『위대한 유산』 (Great Expectations, 1861), 『우리 서로의 친구』(Our Mutual Friend, 1865)
- 디포, 다니엘(Defoe, Daniel): 『빌 부인의 유령』(True Relation of the Apparition of Mrs. Veal, 1706), 『로빈슨 크루소』(Robinson Crusoe, 1719), 『몰 플랜더스』(Moll Flanders, 1722), 『전염병이 유행하던 해의 일기』(A Journal of the Plague Year, 1722)
- 라클로, 피에르 쇼데르로스 드(Laclos, Pierre Choderlos de): 『위험한 관계』(Les Liaisons dangereuses, 1782)
- 로렌스, D.H.(Lawrence, D.H.): 『아들과 연인들』(Sons and Lovers, 1913), 『무지개』

(The Rainbow, 1915), 『사랑에 빠진 여인들』(Women in Love, 1921), 『채털리 부인의 사랑』(Lady Chatterley's Lover, 1928)

- 로지, 데이비드(Lodge, David): 『영화팬』(The Picturegoers, 1960), 『영국박물관 무너지다』(The British Museum Is Falling Down, 1965), 『교환교수』(Changing Places, 1975), 『얼마나 멀리까지 갈 수 있나』(How Far Can You Go?, 1980), 『작은 세계』(Small World, 1984), 『멋진 일』(Nice Work, 1988)

- 루소, 장 자크(Rousseau, Jean-Jacques): 『신 엘로이즈』(Julie, ou la nouvelle Héloïse, 1761)

- 루시디, 살만(Rushdie, Salman): 『악마의 시』(The Satanic Verses, 1988)

- 리처드슨, 사뮤엘(Richardson, Samuel): 『파멜라』(Pamela, 1740), 『클라리사』(Clarissa, 1748)

- 릴리, 존(Lyly, John): 『유퓨즈, 혹은 지혜의 해부』(Euphues: the Anatomy of Wit, 1578)

- 마르케스, 가브리엘 가르시아(Márquez, Gabriel García): 『백년 동안의 고독』(Cien años de soledad, 1967)

- 마이클스, 레오나르드(Michaels, Leonard): 『할 수만 있었다면 그들을 구했을텐데』(I Would Have Saved Them If I Could, 1975)

- 말로우, 크리스토퍼(Marlow, Christopher): 『파우스트 박사의 비극』(Doctor Faustus, 1593)

- 메일러, 노먼(Mailer, Norman): 『밤의 군대들』(The Armies of the Night, 1968), 『집행자의 노래』(The Executioner's Song, 1979)

- 멜빌, 허먼(Melville, Herman): 『모비딕』(Moby Dick, 1851)

- 모리스, 윌리엄(Morris, William): 『미지로부터의 소식』(News from Nowhere, 1893)

- 모어, 토머스(More, Thomas): 『유토피아』(Utopia, 1516)

- 무어, 로리(Moore, Lorrie): 『어떻게 다른 여성이 될 수 있는가』(How To Be an Other Woman, 1985)

- 바셀미, 도널드(Barthelme, Donald): 『돌아오라, 칼리가리 박사』(Come Back, Dr. Caligari, 1964)

- 바스, 존(Barth, John): 『유령의 집에서 길 잃은 아이』(Lost in the Funhouse, 1968)

- 반스, 줄리언(Barnes, Julian): 『10과 1/2장으로 쓴 세계 역사』(A History of the

World in 10½ Chapters, 1989)

- 밸런타인, 로버트(Ballantyne, Robert): 『산호섬』(The Coral Island, 1857)
- 버지스, 앤서니(Burgess, Anthony): 『시계태엽 오렌지』(A Clockwork Orange, 1962), 『M/F』(M/F, 1971)
- 버틀러, 사뮤엘(Butler, Samuel): 『에레혼』(Erewhon, 1872)
- 번연, 존(Bunyan, John): 『천로역정』(The Pilgrim's Progress, 1678)
- 베네트, 아놀드(Bennett, Arnold): 『늙은 아내의 이야기』(The Old Wives' Tale, 1908)
- 베이커, 니콜슨(Baker, Nicholson): 『복스』(Vox, 1992)
- 베케트, 사뮤엘(Beckett, Samuel): 『머피』(Murphy, 1938), 『이름붙일 수 없는 것』(The Unnamable, 1959)
- 보네거트, 커트(Vonnegut, Kurt): 『제5도살장』(Slaughterhouse Five, 1969)
- 브래드버리, 말콤(Bradbury, Malcolm): 『역사 인간』(The History Man, 1975)
- 브론테, 샬롯(Brontë, Charlotte): 『빌레트』(Villette, 1853)
- 브론테, 에밀리(Brontë, Emily): 『폭풍의 언덕』(Wuthering Heights, 1847)
- 새커리, 윌리엄 메이크피스(Thackeray, William Makepeace): 『허영의 시장』(Vanity Fair, 1848)
- 샐린저, J.D.(Salinger, J.D.): 『호밀밭의 파수꾼』(The Catcher in the Rye, 1951)
- 샹게, 엔토자케(Shange, Ntozake): 『무지개가 떴을 때 자살을 생각한 흑인 소녀들을 위하여』(For Colored Girls Who Have Considered Suicide When the Rainbow Is Enuf, 1975)
- 셰익스피어, 윌리엄(Shakespeare, William): 『햄릿』(Hamlet, 1601), 『태풍』(The Tempest, 1611)
- 셸리, 메리(Shelley, Mary): 『프랑켄슈타인』(Frankenstein, 1818)
- 스몰릿, 토비아스(Smollett, Tobias): 『로더릭 랜덤의 모험』(The Adventures of Roderick Random, 1748)
- 스위프트, 조나단(Swift, Jonathan): 『걸리버 여행기』(Gulliver's Travels, 1726)
- 스콧, 월터(Scott, Walter): 『웨이벌리』(Waverley, 1814), 『미들로디언의 심장』(The Heart of Midlothian, 1818)
- 스턴, 로렌스(Sterne, Laurence): 『트리스트럼 섄디』(The Life and Opinions of

Tristram Shandy, 1759-1767)

■ 스티븐슨, 로버트 루이스(Stevenson, Robert Louis): 『지킬 박사와 하이드』(The Strange Case of Dr. Jekyll and Mr. Hyde, 1886)

■ 스파크, 뮤리엘(Spark, Muriel): 『브로디 양의 청춘』(The Prime of Miss Jean Brodie, 1961)

■ 스펜서, 에드먼드(Spencer, Edmund): 『요정의 여왕』(The Faerie Queene, 1596)

■ 아비쉬, 월터(Abish, Walter): 『알파벳 아프리카』(Alphabetical Africa, 1974)

■ 업다이크, 존(Updike, John): 『달려라 토끼』(Rabbit Run, 1960)

■ 에이미스, 마틴(Amis, Martin): 『죽은 아이들』(Dead Babies, 1975), 『머니』(Money, 1984), 『시간의 화살』(Time's Arrow, 1991)

■ 에이미스, 킹슬리(Amis, Kingsley): 『행운아 짐』(Lucky Jim, 1954), 『그린 맨』(The Green Man, 1969), 『제이크의 취향』(Jake's Thing, 1978), 『언덕 위에 사는 사람들』(The Folks That Live on the Hill, 1990)

■ 엘리엇, 조지(Eliot, George): 『아담 비드』(Adam Bede, 1859), 『미들마치』(Middlemarch, 1871-1872)

■ 엘리엇, T.S.(Eliot, T.S.): 「알프레드 프루프록의 연가」(The Love Song of J. Alfred Prufrock, 1915), 「황무지」(The Waste Land, 1922)

■ 오스터, 폴(Auster, Paul): 『유리의 도시』(City of Glass, 1985), 『유령들』(Ghosts, 1986), 『잠겨있는 방』(The Locked Room, 1986)

■ 오스틴, 제인(Austen, Jane): 『오만과 편견』(Pride and Prejudice, 1811), 『이성과 감성』(Sense and Sensibility, 1811), 『맨스필드 파크』(Mansfield Park, 1814), 『엠마』(Emma, 1816), 『노생거 애비』(Northanger Abbey, 1818)

■ 오웰, 조지(Orwell, George): 『동물농장』(Animal Farm, 1945), 『1984』(Nineteen Eighty- four, 1949)

■ 울프, 버지니아(Woolf, Virginia): 『항해』(The Voyage Out, 1915), 『댈러웨이 부인』(Mrs. Dalloway, 1925), 『파도』(The Waves, 1931)

■ 울프, 톰(Wolfe, Tom): 『급진 성향』(Radical Chic, 1970), 『필사의 도전』(The Right Stuff, 1979), 『허영의 불꽃』(The Bonfire of the Vanities, 1987)

■ 워, 이블린(Waugh, Evelyn): 『쇠퇴와 타락』(Decline and Fall, 1928), 『추잡한 사람들』(Vile Bodies, 1930), 『한 줌의 흙』(A Handful of Dust, 1934)

- 웰던, 페이(Weldon, Fay): 『여자 친구들』(Female Friends, 1975)
- 웰스, 허버트 조지(Wells, H.G.): 『타임머신』(The Time Machine, 1895)
- 윈터슨, 자넷(Winterson, Jeanette): 『처녀딱지 떼기』(Sexing the Cherry, 1989)
- 이셔우드, 크리스토퍼(Isherwood, Christopher): 『베를린이여 안녕』(Goodbye to Berlin, 1939)
- 이시구로, 가즈오(Ishiguro Kazuo): 『남아있는 나날들』(The Remains of the Day, 1989)
- 제임스, 헨리(James, Henry): 『메이지가 알고 있는 것』(What Maisie Knew, 1897), 『포인튼의 전리품』(The Spoils of Poynton, 1897), 『나사의 회전』(The Turn of the Screw, 1898), 『대사들』(The Ambassadors, 1903)
- 조이스, 제임스(Joyce, James): 『더블린 사람들』(Dubliners, 1914), 「이블린」(Eveline, 1914), 『젊은 예술가의 초상』(A Portrait of the Artist as a Young Man, 1916), 『율리시즈』(Ulysses, 1922), 『피네간의 경야』(Finnegans Wake, 1939)
- 존슨, 벤(Jonson, Ben): 『연금술사』(The Alchemist, 1610)
- 카터, 안젤라(Carter, Angela): 『밤마다 서커스』(Nights at the Circus, 1984)
- 카포트, 트루먼(Capote, Truman): 『냉혈』(In Cold Blood, 1966)
- 칼라일, 토머스(Carlyle, Thomas): 『프랑스 혁명』(The French Revolution, 1837)
- 칼비노, 이탈로(Calvino, Italo): 『겨울 밤 한 사람의 여행자가』(Se una notte d'inverno un viaggiatore, 1979)
- 캐럴, 루이스(Carroll, Lewis): 『이상한 나라의 앨리스』(Alice's Adventures in Wonderland, 1865)
- 캐링턴, 레오노라(Carrington, Leonora): 『귀 나팔』(The Hearing Trumpet, 1976)
- 케닐리, 토머스(Keneally Thomas): 『쉰들러 리스트』(Schindler's Ark, 1982)
- 코울리지, 사뮤엘 테일러(Coleridge, Samuel Taylor): 「늙은 선원의 노래」(The Rime of the Ancient Mariner, 1797), 「절망의 송가」(Dejection: An Ode, 1802)
- 콘래드, 조셉(Conrad, Joseph): 『암흑의 핵심』(Heart of Darkness, 1902), 『승리』(Victory, 1915), 『그림자 선』(The Shadow-Line: A Confession, 1917)
- 콜린즈, 윌키(Collins, Wilkie): 『흰 옷을 입은 여인』(The Woman in White, 1859)
- 쿠퍼, 윌리엄(Cooper, William): 『시골살이의 풍경』(Scenes from Provincial Life, 1950)

- 쿤데라, 밀란(Kundera, Milan): 『농담』(The Joke, 1967), 『웃음과 망각의 책』(The Book of Laughter and Forgetting, 1978)
- 클루로, 캐럴(Clewlow, Carol): 『여성들을 위한 불륜 지침서』(A Woman's Guide to Adultery, 1989)
- 키플링, 루디야드(Kipling, Rudyard): 『배서스트 부인』(Mrs. Bathurst, 1904)
- 트웨인, 마크(Twain, Mark): 『허클베리 핀』(Huckleberry Finn, 1884)
- 파울즈, 존(Fowles, John): 『프랑스 중위의 여자』(The French Lieutenant's Woman, 1969)
- 페렉, 조르주(Perec, Georges): 『소멸』(La Disparition, 1969), 『인생사용법』(Life: A User's Manual, 1978)
- 포드, 포드 매독스(Ford, Ford Madox): 『훌륭한 병사』(The Good Soldier, 1915)
- 포스터, E.M.(Forster, E.M.): 『하워즈 엔드』(Howards End, 1910), 『인도로 가는 길』(A Passage to India, 1924)
- 포우, 에드거 앨런(Poe, Edgar Allan): 『윌리엄 윌슨』(William Wilson, 1839)
- 프레인, 마이클(Frayn, Michael): 『매우 개인적인 삶』(A Very Private Life, 1968), 『계략』(The Trick of It, 1989)
- 프루스트, 마르셀(Proust, Marcel): 『잃어버린 시간을 찾아서』(La recherche du temps perdu, 1913-1927)
- 플로베르, 귀스타브(Flaubert, Gustave): 『보바리 부인』(Madame Bovary, 1857)
- 피츠제럴드, F. 스콧(Fitzgerald, F. Scott): 『밤은 부드러워라』(Tender is the Night, 1934)
- 필딩, 헨리(Fielding, Henry): 『조셉 앤드류스』(Joseph Andrews, 1742), 『톰 존스』(Tom Jones, 1749)
- 하디, 토머스(Hardy, Thomas): 『최후의 수단』(Desperate Remedies, 1871), 『푸른 눈동자』(A pair of Blue Eyes, 1873), 『광란의 무리를 떠나서』(Far from the Madding Crowd, 1874), 『귀향』(The Return of the Native, 1878)
- 하틀리, L.P.(Hartley, L.P.): 『연애 중매인』(The Go-Between, 1953)
- 헉슬리, 올더스(Huxley, Aldous): 『멋진 신세계』(Brave New World, 1932)
- 헤밍웨이, 어니스트(Hemingway, Ernest): 「이국에서」(In Another Country, 1927)
- 헬러, 조셉(Heller, Joseph): 『황금처럼 좋은』(Good As Gold, 1979)

삶과 예술의 각 영역을 막론하고, 일종의 제작 지침서라 할 수 있는 매뉴얼 북(Manual Book)에 대한 서구인들의 관심과 실천은 실로 놀랄 만하다. 대상이 실용가구나 건축이든 아니면 요리나 의상이든 가릴 것 없이, 서양인들은 어떤 물건의 완성된 형태를 되짚어 하나의 완성품이 만들어지는 과정을 분석하여 역순으로 그 발생론적 과정을 체계화하고, 그것을 실제 교육과정에 적용시키는 데 일가견이 있어 보인다.

그런 관심에서 예술, 좁혀 말하면 우리가 허구적 글쓰기라고 부르는 작업도 예외가 아닌데, 이 책은 그런 관심을 소설 창작에 적용시킨 특별한 책이라 할 만하다. 이 책은 영국의 소설가이자 비평가인 데이비드 로지(David Lodge : 1935-)가 1991년부터 1992년에 걸쳐 영국 『인디펜던트 온 선데이』지에 연재했던 소설의 기교에 관한 다양한 글을 모은 책을 번역한 것이다. 한 편의 소설이 완성되는 전 과정을 발생론적으로 거꾸로 거슬러 체계화한다는 것은 말처럼 쉽지도 않고 가능하지도 않은 일이다. 하지만 한 편의 이야기를 어디에서 어떻게 시작해서 어떤 방법들을 사용해 인물들을 소개하고, 그들의 상호관계를 통해 긴장과 서스펜스를 조성하고, 그리고 어디쯤에서 이야기를 마무리할 것인가 하는 소설 창작의 전 과정을 일목요연하게 정리한 책은 그것 자체로 일종의 소설 창작의 지침서가 되기에 부족함이 없다.

목차만 보아도 알 수 있을 테지만, '서두'에서부터 시작해서 '결말'에 이르는 방식으로 소설 창작의 전 과정의 의미와 기법을 적절한 예문과 그에 대한 해석을 중심으로 해서 설명해나가는 로지의 방식은, 비단 소설 창작에 뜻을 둔 사람들뿐만 아니라 소설이라는 이야기 구조물을 보다 심도 있게 이해하려는 일반 독자들에게도 여러 모로 유용한 안내서가 되고 있다. 뿐만 아니라 로지는 이 과정에서 현대소설에서 문제적으로 부각되고 있는 용어들, 이를테면 '낯설게 하기'라든가 '상호텍스트성'과 같은 것을 알기 쉽게 해석하고 있는데, 꼼꼼한 독서를 통해 새로운 방법론과 이론이 도출된 맥락과 유용성을 확연하게 설명하는 그의 능력은 참으로 뛰어나다.

이 책이 일차적으로 영어권 독자들을 대상으로 하였기에 지은이가 인용하고 있는 대상작품들이 우리에게 생소한 작품들이라는 점이 어느 정도 거리감을 줄 수도 있을 것 같아 아쉽기도 하지만, 만일 창작에 관심을 가진 사람들이라면 매 항목별로 그에 해당하는 우리 소설의 예들을 보충해 넣거나 비교하면서 읽는다면, 오히려 우리가 모르고 있던 우리 소설의 매력을 새삼스럽게 확인할 수도 있는 가외의 즐거움을 누릴 수도 있을 것이다.

로지는 현재까지 15권에 이르는 장편소설을 발표했고, 『소설의 언어 Language of Fiction』(1966)를 위시한 4권의 현대문학이론서를 집필한 문학이론가이기도 하다. 현재 그의 소설로는 부커상 후보작이었던 『작은 세계 Small World』가 『교수들』이라는 제목으로 우리말로 번역되어 나와 있는데, 본문에도 이 작품이 언급되어 있으니 관심 있는 사람들이라면 참고할 수도 있을 것이다.

번역은 1992년 영국 펭귄 출판사에서 간행된 판본을 저본으로 했으며, 뜻이 불분명한 대목에 한해서는 1997년 일본 백수사(白水社)에서 나온 일역본을 참조했음을 밝혀둔다.

2010년 2월 5일 역자

저자, 역자 소개

저자 데이비드 로지(David Lodge)

영국의 소설가이자 비평가인 데이비드 로지는 1935년 런던에서 태어났다. 1960년부터 1987년까지 버밍엄대학에서 영문학을 가르쳤으며, 버밍엄대학과 모교인 런던종합대학의 명예교수로 재직했다. 현재 버밍엄에 머무르며 전업 작가로 활동하고 있다. 그는 영국 왕립문학회 회원이며, 〈대영제국 커맨더 훈장 CEB〉(1998, 영국)과 〈예술 문학 훈장 Chevalier de l'Ordre des Arts des Lettres〉(1997, 프랑스) 등을 수상하였다.

『교환교수 *Changing Places*』(1975)를 포함하여 캠퍼스 소설 3부작 중에서 『작은 세계 *Small World*』(1984)와 『멋진 일 *Nice Work*』(1988)은 1984년과 1989년에 각각 부커 문학상 소설 부문 최종심에 올랐다. 그리고 이 소설들은 영국의 텔레비전 연속극으로 만들어졌으며 그는 『멋진 일』을 직접 각색하기도 했다. 데이비드 로지는 지금까지 15편의 장편소설을 발표했고, 『소설의 기교』를 포함한 다수의 비평서와 이론서를 펴냈다. 최신작으로는 소설 〈귀머거리 형(刑) Deaf Sentence〉(2008)이 있다.

역자 김경수

서강대학교 국문학과 및 동대학원 졸업
현재 서강대학교 국어국문학과 교수
저서로 『염상섭과 현대소설의 형성』, 『현대소설의 유형』,
평론집으로 『문학의 편견』, 『공공의 상상력』 등이 있다.

역자 권 은

대원외국어고등학교 불어과 졸업
서강대학교 영문학과 및 동대학원 국문학과 박사과정 수료
현재 한림대학교 강사
논문으로 「경성 모더니즘과 역사적 알레고리」, 「구성적 부재와 공간의 정치학」 등이 있다.

소설의 **기교** The Art of Fiction

초판 1쇄 발행 2010년 2월 26일
개정판 1쇄 발행 2011년 9월 16일
지은이 데이비드 로지
옮긴이 김경수·권 은
펴낸이 이대현 | **책임편집** 권분옥 | **편집** 이소희·추다영
펴낸곳 도서출판 역락 | **등록** 제303-2002-000014호(등록일 1999년 4월 19일)
주소 서울시 서초구 반포4동 577-25 문창빌딩 2층
전화 02-3409-2058, 2060 | **팩시밀리** 02-3409-2059
전자우편 youkrack@hanmail.net
ISBN 978-89-5556-752-6 93710

정가 20,000원